BURT FRANKLIN: RESEARCH & SOURCE WORKS SERIES 485
Essays in Literature & Criticism 67

THE DIALOGUE
IN ENGLISH LITERATURE

THE DIALOGUE
IN ENGLISH LITERATURE

BY

ELIZABETH MERRILL

BURT FRANKLIN
NEW YORK

Published by BURT FRANKLIN
235 East 44th St., New York, N.Y. 10017
Originally Published: 1911
Reprinted: 1970
Printed in the U.S.A.

Library of Congress Card Catalog No.: 73-114832
Burt Franklin: Research and Source Works Series 485
Essays in Literature and Criticism 67

PREFACE

The general history of the dialogue has been set forth in Hirzel's *Der Dialog, ein Literarhistorischer Versuch* (Leipsic, 1895), which includes, in addition to a full account of classic dialogues, some brief mention of those in modern literatures. This book has furnished the starting-point for the following discussion, which aims to deal, rather inclusively, with the varieties of dialogue in our literature, as well as to give an account of the English dialogues that are most typical, or of the greatest value artistically. I have grouped these dialogues in certain general classes, after setting aside for separate treatment the mediæval period and the nineteenth century; for, though the classes do indeed overlap, such a grouping reveals some important tendencies. A few translations that have come to form part of English literature, or have closely affected its development, appear in the course of the discussion, but only a few out of many.

The following pages may perhaps suggest that, though English literature has produced no dialogues of such permanent beauty and importance as those which have come to us from the Greeks, and though English dialogues, in general, have been far less dramatic and far more expository in tone than the best of those in classic literature, they have been more numerous and of greater interest than is generally realized.

A portion of the expense of printing this thesis has been borne by the Modern Language Club of Yale University, from funds placed at its disposal by the generosity of Mr. George E. Dimock, of Elizabeth, New Jersey, a graduate of Yale in the Class of 1874.

CINCINNATI, *October* 9, 1910.

CONTENTS

I.

INTRODUCTION

The origins of the English dialogue are clearly to be found in classical times, and especially in the work of Plato, Cicero, and Lucian. So directly did writers of after-times look back to these men for inspiration, that one cannot gain any true understanding of modern dialogues without first calling to mind the general characteristics of their work.

As a developed literary type, the dialogue certainly begins for us with Plato. Tradition tells, indeed, of earlier Greeks who were writers of dialogues, among whom Zeno is reputed the earliest, but the work of these men has left no permanent impress on literature or on mankind. From Plato flowed a steady stream of influence that has affected, in a greater or less degree, all succeeding ages.

Lucian, looking back to the days of Plato, called the dialogue 'a son of philosophy.' Born of such parentage, it was bred up among the beautiful youths and the earnest disciples who followed Socrates about the streets of Athens, and thus, like all the best things we know, sprang naturally and spontaneously from life itself. To Socrates, truth lay within man's soul, and was to be called forth from that inner abode through question and answer. His memorable conversations were stored away in men's thoughts, and repeated to the friends who never wearied of hearing them. The eagerness of the interest they aroused is strongly suggested in the words of praise with which

the brilliant Alcibiades addresses Socrates in the
Symposium. 'The mere fragments of you and your
words,' he declares, 'even at second-hand, and however imperfectly repeated, amaze and possess the soul
of every man, woman, and child who comes within
hearing of them.'[1] Whatever may be the truth of
such a statement with respect to the historic Socrates,
it is hardly an exaggeration with respect to the words
of the master portrayed by Plato. The intellectual
life of that wonderful age in Greece flowered and
found rare fruit in those conversations that ever called
forth each speaker's best strength.

Thus one of the many literary forms bequeathed
to us by the Greeks of Athens was linked in the
closest manner with the life of the city. As Greek
tragedy grew and developed from the songs of the
chorus that worshiped Dionysus and sought to represent his wanderings on earth, so the Platonic dialogue,
as closely united with the life of its birthplace, put
into lasting form the changing scenes of the market,
the street, and the banqueting-hall, in the days when
Socrates gave them permanent significance. And as
the tragedy of Athens came to represent the conflict
of a soul with the forces of life—or of fate, the
dialogue came to represent the conflict of thought
with thought—a conflict that Fénelon has called 'une
espèce de combat dont le lecteur est le spectateur et
le juge.'

As a literary form, the Platonic dialogue was naturally shaped by its origin and purpose. Representing the speech of men, and often filled with intense
lyric fervor, it stands close to the narrative and dramatic[2]

---

[1] Tr. Jowett.

[2] As a matter of detail, its quick interchange of speech may
bear some relation to the stichic dialogue of the dramatists.

types of literature, but is distinguished from both by
dealing with the thoughts, rather than the acts, of
men. That Plato did not gather up the teachings of
his master, interpenetrated as they are by his own
thoughts and beliefs and imaginings, and present them
in the form of treatise or essay, is due, of course, to
the fact that his poet-mind saw things concretely,
and realized that thought, with personality added to
it, is a greater thing than thought alone. Man lives
not by reason only. 'It was something more than
modesty or loyalty,' writes Paul Elmer More, 'that
made Plato put all his philosophy, even when it far
transgressed his master's ideas, into the form of discussions between Socrates and the inquiring youths
or sophisticated doubters of Athens; it was from an
instinctive feeling that reason when severed from the
other faculties is a dangerous guide.' [1]   He suggests
a vital quality of the dialogue-form when he adds:
'The real Platonism, then, is not a dogmatic statement of the truth, but a continuous approximation
thereto, which, for us as we are constituted, is more
veracious than truth.' [2]   The Platonic dialogue, leading
us now to a grassy seat beneath a plane-tree at the
water's edge, now to that room where the disciples
awaited their master's death, shows us men thinking,
and not abstract thought. In subject-matter it is a
search for philosophic truth—at least, for such simpler
truths as affect one's daily life; but it is always
dramatic, poetic. Real men and real life come before
us as we read its pages.

The Platonic dialogues are almost as various in
method as the scenes which form their background.
Sometimes, as in the *Charmides* and the *Republic*,

[1] *Shelburne Essays* 6. 326.
[2] *Shelburne Essays* 6. 346.

Socrates himself is represented as repeating a conversation in which he took a leading part. Sometimes, as in the *Symposium* or the *Phœdo*, a conversation is repeated by some disciple or listener. Sometimes, as in the *Meno*, there is a direct plunge into the dialogue itself. 'Can you tell me, Socrates, whether virtue is acquired by teaching or by practice?' begins this inquirer. Sometimes the setting of the conversation stands out with much prominence sometimes it is barely mentioned. But always there are touches that keep our human interest in the speakers strong and vigorous, as when Socrates, while his friends are tense with doubt as to the soul's immortality, plays with the fair hair of Phædo, whom he loved.

In thinking of Plato as an influence upon English literature, it is important, above all, to remember the rich tissue into which his dialogues are woven, and their many strands. To say that the *Phœdrus* deals with rhetoric, or with love, or with both, is to tell far less than half the tale. A discussion carried on by A and B, who have no local habitation, is something other than that talk of Socrates and Phædrus by the waters of the Ilissus. The Platonic dialogue may almost be described as drama in which the character-element is strong, the action of minor importance, and the leading motive a struggle for intellectual and ethical truth. Sometimes the problem remains unsolved at the end; more often Socrates finds its solution.

There were many other writers of classic times, as, for example, Xenophon and Plutarch, whose dialogues were of considerable importance in their own ages; but as an influence upon English literature the dialogues of Plato are paralleled only by those of Cicero and Lucian. In the numerous dialogues of Cicero, inspired chiefly by those of Aristotle, there is no such wrestling of thought with thought as in the Platonic dialogues. Plato gives us thought in the making, as it is formulated and shaped in the actual speech of men; Cicero puts his own developed thought, with such arguments as may naturally be raised against it, into the mouths of his various speakers. Superficially, indeed, he has imitated Plato. The introductions to the three parts of the *De Oratore*, for example, are lively, easy, and natural. In the *De Finibus Bonorum et Malorum* his definite aim is to portray Plato 'in a Latin dress,' and the result is by no means undramatic. Yet these dialogues of Cicero, with all the charm and polish which have made such of them as the *De Senectute* and the *De Amicitia* familiar classics, with all their easy progress of thought and finish of diction, lack the poet's touch that might have given them the gift of life. Hence we often speak of his works a treatises, or essays, 'in the form of dialogues.'

Let the *De Oratore* illustrate the sense in which this is true. Cicero begins this discussion with an address to his brother Quintus, referring to the wish of the latter that he should give more definitive expression to the rough draft of his views on oratory presented in earlier years. After writing of this matter, and of the importance of the subject, to the length of six pages he declares : 'I shall repeat, not a series of precepts drawn from the infancy of our old and boyish learning, but matters which I have heard were formerly argued in a discussion among some of our countrymen who were of the highest eloquence, and of the first rank in every kind of dignity.'[1] Crassus, Scæ-

[1] Tr. J. S. Watson.

vola, and Mark Antony are then represented as holding forth at considerable length on the subject of oratory, ostensibly for the benefit of two youths who are listeuers. The three books into which the dialogue is divided represent the conversations of one day, and of the morning and afternoon of the next, and the purpose of the whole, as the translator suggests, is 'to set before his reader all that was important in the rhetorical treatises of Aristotle, Isocrates, and other ancient writers on oratory, divested of technicalities, and presented in a pleasing form.' Such a purpose clearly distinguishes it from the Platonic dialogue, which deals with present and living truth.

Cicero's dialogues, then, though imitative of Plato's in their external form, must be considered as representing a distinct influence upon English literature.

After the classic ages of both Greece and Rome were past, a rhetorician of Syrian birth turned writer of dialogues at the age of forty, and, using the Greek tongue almost like a man of the Periclean age, gave to the literary form we are surveying a new and fresh impulse. This writer, of course, was Lucian. A master of 'raillerie,' as Croiset declares him, he turned the dialogue to uses before undreamed of, and he did so largely by infusing into it the spirit of comedy and of satire. He himself was inspired by at least three strains of influence—that of Aristophanes, that of Menander and the New Comedy, and that of Menippus. The first influence leads him to the broader humor of such dialogues as *Zeus Tragœdus* or *The Sale of Creeds*; the second, to such pictures of life as appear in the *Dialogues of the Hetæræ*; and the third, to the keen satirical thrusts of the *Dialogues of the Dead* or the *Dialogues of the Gods*. In his hands the dialogue discovers itself to be a form of great plasticity, adapting itself to many and diverse ends. Save in a few such dialogues as the *Hermotimus*, which is seriously philosophical and much in the vein of Plato, his general spirit is that of a humorist, showing humanity its foibles and frailties under cover of fun and merriment. He gives something of his program in *The Double Indictment*, which is largely autobiographical. 'The bearded old person yonder, whom you may know from his dress to be Dialogue,' complains that Lucian has brought him down from a high level to that of every day. Lucian replies: 'When I first took him in hand, he was regarded by the world at large as one whose interminable discussions had soured his temper and exhausted his vitality. His labors entitled him to respect, but he had none of the attractive qualities that could secure him popularity. My first step was to accustom him to walk upon the common ground like the rest of mankind; my next, to make him presentable by giving him a good bath, and teaching him to smile. Finally, I assigned him Comedy as his yokefellow, thus gaining him the confidence of his hearers, who until then would as soon have thought of picking up a hedgehog as of venturing into the thorny presence of Dialogue. But I know what the grievance is: he wants me to sit and discourse subtle nothings with him about the immortality of the soul. . . It tickles his vanity most deliciously to be told that not every man can see so far into the ideal as he.' [1] When Lucian taught his *protégé* to smile, he not only created a new genre in literature, but, with Aristophanes, became an inspiration to some of the greatest humorists of after-times.

[1] Tr. R. W. Fowler and F. G. Fowler.

The plasticity of the dialogue-form in his hands appears in the number of uses it is made to serve. It may be essentially a narrative, set forth in conversation; it may be a series of tales, conveniently strung together by conversation; it may have enough of action implied to be little short of a play; it may be a satire; in may be made up essentially of description; or it may merely furnish the setting for a thoroughly charming prose idyl. In any case, it represents a humorist's view of the world of his day, a world from which the faith of earlier times had disappeared, and in which the new religion offered to men had not yet gained a full hearing. Lucian was not a profound thinker; he looked upon the world he knew, and set down the rather superficial impressions that came to him, with a lightness and grace and ready turn of wit that made his sketches find many readers. Oftener, at least in his own times, they found hearers, for Lucian read his own work to eager audiences. He laughed at Zeus the thunderer and all the mythological machinery of Homeric and later times. Such beliefs are not worthy of serious opposition or argument, he would say; only see them, and think how foolish they are! His purpose was, then, to satirize through simple characterization.

One group of his dialogues deserves especial attention, as it found numerous imitators in later ages. *The Dialogues of the Dead* gave opportunity to Lucian for keen satire on the living; in the hands of his imitators, such conversations have also served the rather descriptive end of recalling an age that is past, or of picturing a character as seen in clearer perspective against succeeding decades or centuries.

The influence of Lucian in after-times, then, has been upon the lighter forms of the dialogue, and is thus widely divergent from that of Plato. Plato's is the philosophical dialogue, filled with dramatic force and power, and kept closely in touch with the life from which it sprang; Cicero's the dialogue which is a thing of the study, setting forth its author's own exposition of its subject-matter; Lucian's the dialogue which pictures life—men and women as they are—as seen by the laughing spirit of comedy, that benignant creature of Meredith's fancy.

Of the work of these three writers, that of Plato gains significance, apart from any artistic considerations, because it was most deeply rooted in the life of its times. The predominant importance of Socrates in the Platonic dialogues gave those dialogues enduring vitality. Real conditions of a rich national life, even real conversations, are the ultimate foundation of those dialogues; and no such statement can be made as to the work of Cicero or of Lucian. But in the work of all three the dialogue-writers of modern European literatures have found their models and their constant inspiration.

That inspiration, as it came to England, came at first indirectly. Early Christian literature was rich in Greek and Latin dialogues [1] that followed in the footsteps of the earlier masters, using the methods already established to deal with a subject-matter that was new. In some of the earliest of these, the words of Jesus assumed an authority corresponding to that of Socrates in the Platonic dialogues; in those of a later time, matters of doctrinal theology became of most importance. Controversial dialogues argued about immortality, or waged war upon the sectarians who fell away from orthodoxy, and Christian symposia

[1] Cf. Hirzel.

discussed many a debatable point of the new faith. Justin, Augustine, and other Church Fathers, both Greek and Latin, thus transmitted to later times some reflection, at least, of the classical dialogues. Through the instrumentality of the Church, this transmitted influence naturally reached England in the earlier Middle Ages.

There it met with certain other influences, that combined with it to produce the mediæval debate. Chief among these was a native tendency to verbal contests. Such a tendency must have been widespread among European nations, for the Sicilian shepherds whom Theocritus knew, and the Norse gods of the Eddic poems, alike indulged in such contests—under widely different conditions, it is true.

Descendants or analogues of these northern wit-contests, and of the amœbean songs of the southern shepherds, are to be encountered down to modern times (in ballads and games, and in such rhymes as *Who killed Cock Robin?*), forming a popular counter-part to the more learned dialogues, and one of no little importance during mediæval times.

Among the other influences affecting the Middle Ages were the dialogue of Boethius, which reflected a little of the spirit of Plato, and also became a direct influence after its early translation into English; and the *Psychomachia* of Prudentius. This last work, alle-gorical epic though it was, helped to shape the devel-opment of the mediæval debates, because of the oppo-sition it presented of contrasting vices and virtues. In its hard-fought battle, Faith was opposed to Idol-atry, Chastity to Lust, Patience to Wrath, Pride to Humility, Luxury to Sobriety—and so on through the list. The dialogues of mediæval times owed in part to Prudentius their love of allegory, their thought of soul warring with sense, and the sharp contrasts which they preferred to more delicate shadings of character.

But from the time of the Renaissance, all other influences upon the dialogue became of slight importance in comparison with those of Plato and Lucian, who then came to be known directly, and that of Cicero, which had been a more or less continuous force throughout the mediæval period as well. In connection with the work of these writers there was, of course, at any time in the history of English literature, the previous English tradition to draw from, as well as that of other modern literatures. Petrarch and Galileo and Machiavelli and Castiglione wrote dialogues in Italy; Hutten wrote them in the early Reformation days of Germany, and Fénelon and Diderot and Voltaire wrote them later in France. The writings of these men and many others furnished tributary streams to the English dialogues. But we remind ourselves again that, more than most other literary types, the dialogue has been given to direct imitation of classical models.

As we enter upon a survey of English dialogues, then, we must grasp clearly and estimate rightly the significance of the work of earlier times. We must realize that with Plato the dialogue is a true literary *form*, since his purpose and its means of fulfilment are made one: his purpose, the discovery of living truth as shaped and conditioned in the minds of men, and his means, the conversation which leads to that discovery of truth. We must realize that with Cicero dialogue is but a convenient and pleasant *method*, of which the end is exposition; that with Lucian, too, it is, typically, a *method* rather than a *form*, a method of which the end is satire or simple characterization. We shall then naturally consider the work of Plato as in some sort a standard of comparison, and shall think of the ideal dialogue as a conversation that develops thought through the action and reaction upon one another of definitely and dramatically characterized personalities, and that satisfies the demand for unity made by the canons of all art. And we shall agree with Wyclif that its appeal is based on the fact that 'locutio ad personam multis plus complacet quam locutio generalis,'[1] which is perhaps only a different statement of the fact that the many-sidedness of abstract truth needs the interpretation that concrete personality can give it.

Yet while our thought of the best possibilities of the dialogue-form remains, at this point, largely influenced by the work of Plato, and while we feel that the work of Cicero and of Lucian in large measure lacks that form, we shall continue to give to their work the name of dialogue that it has held historically. . And we shall be as inclusive in our attitude toward English dialogues, searching for the elements of true dialogue that exist in them. Thus, gathering in some chaff, perhaps, with the wheat, we shall hope to discover the extent of the English use of the dialogue, both as form and as method.

The path we are to follow may sometimes be dreary, but again it will lead through green pastures. As we travel along it, we shall pass from the so-called dialogues of mediæval England to those that amused persons of leisure during the sixteenth century; to those polemical dialogues that expressed the revolutionary spirit of the same age; to the expository dialogues in which the English love of didacticism so often found utterance during the seventeenth and eighteenth centuries;

---

[1] *Trialogus*, Prologue.

and so on to the philosophical dialogues of that latter age. Finally we shall note the work of Landor, in the nineteenth century, emphasizing the character-element of dialogue, as earlier times had emphasized the thought-element; and discover, it may be, certain new tendencies in the English dialogues of the present day.

II.

1. THE DIALOGUE IN THE MIDDLE AGES

It was natural enough that an age which had not attained to social and intellectual cultivation, however rich in the possibilities of growth, could not spontaneously bring to its fullest perfection a literary form that associates itself with the ripest developments of social intercourse. Nor was the mediæval period ready even to make its own, in the fullest sense, the achievement of earlier times. Hence it is that the dialogues of Early English literature are very imperfect products, from an artistic standpoint; few of them, indeed, true dialogues in any sense, or from any standpoint. Yet they sprang as directly from the life of their time as did the dialogues of the Greeks from the richer intellectual life that forms their background; and they kept alive a native tradition that helped to link ancient and modern times, in some such way as the mystery and morality plays of the Middle Ages helped to link classic and modern drama.

In most European countries, the mediæval dialogue, usually a catechism or debate, grew out of native tendencies that combined readily with the literary influence of Cicero and of Prudentius, and of the Latin writers of eclogues. From Cicero came an impulse toward didacticism that fitted in perfectly with mediæval methods of religious instruction, and led to the writing of catechisms and catechetical expositions of doctrine to be used for the most practical purposes. From Prudentius, who had represented life as a conflict between the forces of good and evil, came an impulse that combined with the native love of verbal contests and the tradition handed down from Theocritus and Virgil, and helped to develop the contention-poem or *débat*, with its narrative or sometimes dramatic tendencies.

Between the extremes of the catechism and the formal *débat* there developed many intermediate types; for in England, even more than elsewhere, these two forms overlap, as do the religious and secular matters with which they deal. But before attempting even to suggest their general course of development, we must linger for a moment over some direct borrowings from the Latin civilization which entered English literature at so early a time that they became thoroughly incorporated in it. The *Consolation* of Boethius, the *Soliloquies* of Augustine, and the *Dialogues* of Gregory the Great, were among the translations given to his people by King Alfred, beginner of many good things in England, and all three were widely read and known. The *Consolation of Philosophy* is a philosophical dialogue, touched with a little of the spirit of Plato, though mediæval in its general method. When the allegorical figure of Philosophy visits Boethius in prison, and when she there cheers and comforts him by discussing with him the problems that vex his soul, she speaks as a teacher, but as the Socratic teacher who draws out thought by suggestion and skilful questioning, rather than as a teacher who awaits catechetical and prescribed answers. The larger part of the discussion, indeed, is hers, but it is broken up by the songs she sings, and the questions asked and answered, and thus impresses the reader quite otherwise than as a merely expository treatise. The *Consolation* portrays a struggle of thought with thought, and hence is of Plato's line, though it is mediæval, too. The limitation of the number of his speakers to two, and the fact that these speakers in some sense represent two conflicting tendencies in the writer's own mind—these conditions show a trend toward the distinctly mediæval debate, and link Boethius with later as well as earlier times, not only in his thought, which strongly colored that of several centuries, but also in the shape it here assumed. Furthermore, the *Consolation* in the translation of Alfred is an English dialogue, too, as well as a mediæval one, and this is due to the many additions to the original, as well as interpretations of it, that were made by the king. All of these show the poetic impulse toward greater concreteness. The twinkling gleam of light seen from out the darkness, the eagle soaring above the clouds in stormy weather, bring truth home through figure : and the famous passage as to the duty of a ruler, in all its sweetness and humility of spirit, certainly adds to the intrinsic value of this version of the dialogue.

The *Soliloquies* of the great Latin churchman, Augustine, are in many ways close to the dialogue of Boethius. Again Reason converses with a troubled being, who desires to understand God and know his own soul ; and again Alfred—if, as is probable, he translated this dialogue also—adds to his translation passages which make the thought more concrete, and always more poetic. These additions are of considerable length in proportion to the whole; the second book, indeed, is mainly Alfred's, and the third wholly his. Such dramatic touches as were given by Boethius when he represented the womanly figure of Philosophy as clothed in tattered garments are lacking here ; for the deep earnestness of Augustine in this search for truth lingered over no external matters. As his mind went faring after wisdom, there addressed him 'something, I know not what, whether myself or another thing; nor know I whether it was within me or without,' and Reason began her converse with him. The title of the dialogue indicates Augustine's prominence in it, and a long prayer uttered by him shows his yearning after God.

Gregory's *Dialogues*, the other foreign work that entered English literature about the same time, was translated at Alfred's request—so runs the tradition—by Wærferth, bishop of Worcester. These dialogues are a group of tales linked together by conversation. As Gregory sat in sad meditation, the younger friend, whom he calls 'my son Peter, dearest of my deacons,' came to him and saw his grief. After some conversation, in which Gregory referred to miracles performed in Lombardy, Peter asks him to tell of these wonderful events. Gregory agrees, and soon proceeds with the tale of Honoratus. In the midst of this, Peter interrupts him with one question, and at the end declares his pleasure, and asks for a new tale. Dialogue enters into the structure of the whole no more fully than this, and it is therefore unimportant for our purpose to enter into any consideration of the character of the individual tales. Such groups of tales were included among dialogues in classical times when they centred on one thought or subject, as in the case of Lucian's *Toxaris*, which is a group of tales on friendship; and the test, applied somewhat leniently, holds for Gregory's *Dialogues*. Hence this collection of stories is equivalent to an expository dialogue, merely substituting stories that point a moral for direct expository preachments.

These early translations brought into England actual

examples of more fully developed foreign dialogues, at a time when the two mediæval forms of which we have spoken, the catechetical dialogue and the contention-poem, were still comparatively undeveloped : and their influence must be thought of as parallel to the influences already mentioned.

The catechism and the debate both appear in germ, in a native setting, in the Old English poem, *Salomon and Saturn*,[1] which forms an especially interesting page of mediæval history. The Biblical mention of the visit of the Queen of Sheba to the great Jewish king, and the questions interchanged during that interview, probably formed a starting-point for a story which soon assumed Teutonic rather than Oriental coloring, and in which Saturnus, and later Marcolphus, came to be the opponent of Solomon. The love of gnomic wisdom, associated in the Bible and in mediæval tradition with the name of Solomon, joined forces in the dialogues with the Teutonic love of verbal contest.

The first part of the Old English *Salomon and Saturn* has no connection with the matter of the numerous Continental versions. In it Saturn offers treasures of gold to Solomon if he will win him through the power of the Scriptures. After some slight interchange of speech between them, Solomon begins holding forth at length on the glory of the Pater Noster. There is a prose passage inserted in which Saturn asks such questions as :

> But who will shoot the devil with boiling shafts ?[2]
> But what kind of head hath the Pater Noster ?
> But what is the Pater Noster's beauteous heart like ?

[1] Cf. *Salomon and Saturn*, ed. Kemble, London, 1848; and *Die Altenglischen Dialoge von Salomon and Saturn*, by Arthur Ritter von Vincenti, Leipsic, 1904.

[2] Tr. Kemble.

The Pater Noster's heart is declared to be 'twelve thousand times brighter than the seven heavens that are set over us'; and so the allegorical exposition goes on.

The second part of the poem represents the contest of tradition, beginning,

> Lo! I have learnt that there contended in days of yore men wise of mood.

Two characteristics are to be noted in the lines that follow. Sometimes, as in the amœbean pastorals of Virgil and Theocritus, each speaker merely attempts to outdo the other, and there is no such thing as question and answer. Thus:

> Saturnus quoth.
>
> Bold is he that tasteth
> of book-craft;
> ever is the wiser
> he that hath power over them.

> Salomon quoth.
>
> Victory they send
> to every steadfast man,
> the refuge of heal
> to him that loveth them.

But there is also the question which demands an answer:

> Saturnus quoth.
>
> But what is the wonder
> that fareth throughout the world,
> fiercely goeth,
> beateth the foundations,
> wakeneth drops of sorrow,
> often struggleth hither;
> neither star nor stone,
> nor the lofty gem,
> water or wild beast,
> may aught escape it?

Salomon quoth.

Age is on earth
powerful over everything,
with its capturing
chain of war,
with its vast fetter
wide it reacheth.

Here we can see the working of the same impulse that
created the Old English riddles and the contests in
wit of the Eddic poems.[1]

These quotations indicate sufficiently well the general
nature of a dialogue in which there is practically no
reaction of speaker upon speaker. The first part of
it, which is definitely expository and didactic, leads
toward the catechism and the expository dialogue;
the second part, the Teutonic war of wit, leads toward
the debate.

In addition to this poetical dialogue, there is also
a prose *Salomon and Saturnus*, consisting of catechetical questions and answers that have no connection
with those of the poem. Most of them are based on
the narrative of the book of Genesis, but they also ask
of their catechumens such questions as why the sea
is salt, how many are the kinds of birds that fly, and
who first invented letters. This catechism, as well as
a group of analogues that stand close to it, shows
the tendency of the first part of the poem carried a
little further.

The *Adrian and Ritheus*,[2] possibly derived from a
source used also by the *Salomon*, in like manner
intermingles theological or Scriptural questions with

[1] Dialogue had, indeed, been associated with riddles as early
as the time of Aldhelm, who died in 709, for he followed Augustine's example in using the dialogue-form when, in his *Epistola
ad Acircium*, he addressed a series of riddles to the Northumbrian
Alfred.   [2] Kemble, p. 198.

such as refer to the physical wonders of the universe. These dialogues present a strange conglomeration of mediæval lore, mingling Biblical statements as to Adam or Enoch with the dimly comprehended phenomena of the world of that day. When the tendency toward asking riddles was emphasized, they developed readily into such secular productions as the *Demaundes Joyous*, translated from a French original and printed by Wynkyn de Worde in 1511, and the chapbooks of popular fame. When the theological element was emphasized, they developed into such questionings as the so-called Master of Oxford's Catechism, the *Questions bitwene the Maister of Oxinford and his Scoler*,[1] which dates from the time of Henry V, and is merely a translation into later English of various questions from dialogues of the *Adrian and Ritheus* type.

In addition to these fragmentary catechisms that represented the popular interpretation and summarizing of religious teachings, were the *Elucidaria*, or elucidaries, in which the Church herself summed up her doctrines. Such, for instance, was the *Elucidarium sive Dialogus de Summa Totius Christianæ Theologiæ*, written by Honorius of Autun probably before 1092, and interesting to us because a manuscript that gives what seems to be a translation into Old English [2] of two chapters of this, affords one of the best examples of the purely theological catechism. It contains questions and answers dealing with the story of the resurrection, and covers the ground in a thoroughly dignified and serious manner.[3] *A Lytell Treatyse, intituled or named the Lucydary, good and profitable for every welldisposed per-*

---

[1] Kemble, p. 216.

[2] Cf. *An English Miscellany presented to Dr. Furnivall*, pp. 88 ff.

[3] For another name applied to catechisms, cf. the *Interrogatio Damasi Papæ.*

son, printed without date by Caxton, was possibly translated from Anselm's *Elucidarium* of the twelfth century.

The tendency of the Middle Ages toward unification appears in all such elucidaries, as it appeared in the still larger aim of the great work of Thomas Aquinas, which also used the method of *quæstiones* to summarize knowledge. Of all the catechisms, the elucidaries best deserve the name of dialogues, for they are the most unified in subject-matter. They connect themselves with the manner of the popular traditions, but their purely didactic aim helps them to work to a definite end. Yet they represent only the summing-up of doctrine, and, of course, merely use the *method* of dialogue for exposition of the most technical sort. This is true also of Ælfric's *Colloquium,* a text-book written for the purpose of teaching schoolboys the Latin tongue through conversation—as Greek had been taught [1] to Roman officials in the time of the Empire —and interesting to us now largely because of the pictures of the life of the time presented in its pages.

Such a book as this, as well as the catechisms, reflects the influence of Alcuin,[2] who had carried English learning to the Continent, and written text-books in dialogue for the instruction of Charlemagne and his court. His treatises on rhetoric and dialectic consist of courtly conversations between King Charles and Magister Albinus, who represents Alcuin himself; and he teaches grammar through a conversation carried on by two schoolboys. The wide renown of Alcuin naturally gave prominence to the method of instruction used in these books, and to others of his dialogues,

[1] Cf. *Translations from Old English Prose,* ed. Cook and Tinker, note on p. 177.

[2] Cf. Ebert, *Allgemeine Geschichte der Literatur des Mittelalters im Abendlande* 2. 16 ff., Leipsic, 1880.

such, for instance, as the *Interrogationes Sigewulfi*. He was followed by many others, as well as by Ælfric. The same method appears, for instance, in a Latin dialogue on the Exchequer, purely expository in its purpose, which was written early in the thirteenth century, though it came into English literature in a fuller sense when it was translated five hundred years later. These secular books of questioning, as well as the more serious catechisms, use the manner of the popular wit-contests (and hence are justly called by Herford [1] pseudo-debates), but they do so in the spirit of Cicero.

The influence of Cicero appears most clearly, however, in the purely expository dialogue written about 1200 A. D., and known as the *Vices and Virtues*.[2] This shows how readily the form of the Ciceronian dialogue, as well as the barer form of catechism, could be turned by the church-authorities to the purposes of religious or moral instruction. It is frankly didactic and expository, for the lengthy speeches of the Soul and of Reason are practically only monologues inserted into a framework of dialogue, and implying a listener. And it suggests Boethius as well as Cicero in the very nature of the two speakers, besides reminding us of the mediæval debate in its opposition of abstract vices and virtues.

The repentant soul begins by confessing its many sins, enumerated in detail, and goes on to ask for help : 'I will blithely listen to thy counsel, and all the more blithely if thou wouldst show me thy unknown name.' Reason answers, explaining that she is 'a gleam of God's face that was shaped in thee, dear, dear soul, Ratio by name, that is, Discernment.' That

[1] Herford, *Literary Relations of England and Germany in the Sixteenth Century*, Cambridge, 1886.

[2] Ed. Holthausen, 1888 (E. E. T. S. 89).

the soul may overcome the sins he has confessed, she goes on to instruct him in a lengthy series of virtues, after which she ends by speaking, in true mediæval fashion, of the 'sore toil' with which she made 'this little writ.' The author concludes, in the manner of a Ciceronian preface, with a final word as to the wisdom he has gathered 'from His hoard and from many a holy man's labors, who worked much for the love of God and in order to teach us'!

The moral elevation of this dialogue gives it dignity of tone and expression, and makes it a worthy product of mediæval times. Moreover, one interesting detail links it with many other mediæval productions. This is a brief dialogue within the dialogue—a conversation carried on by the virtues Mildce (Mercy), Soð (Truth), Rewðe (Pity), Sibnumnesse (Peace), and Rihtwisnesse (Justice), and based on the Psalter verse 'Misericordia et Veritas obviaverunt sibi, etc.' Truth and Justice urge man's sins while the others implore God's mercy, in a bit of dialogue that is developed in many and various ways in mediæval literature.[1] In the *Vices and Virtues*, it is used to give dramatic interest to the discussion of the virtue of mercy.

In some of the ways suggested, then, the didactic tendencies evinced in the first part of the early *Salomon and Saturn* worked themselves out in mediæval English literature in popular and learned catechisms, and joined with influences of a more literary nature to produce such a dialogue as the *Vices and Virtues*. Another mediæval use of the dialogue-method for expository purposes has recently[2] been suggested as a probable

---

[1] Cf. Hope Traver, *The Four Daughters of God*, Philadelphia, 1907.

[2] Cf. E. N. S. Thompson, *The English Moral Plays* (*Publications of the Connecticut Academy of Art and Sciences*, Vol. 14, 1910).

starting-point for the morality play. The clergy of the Middle Ages early discovered the dramatic effectiveness of dialogue as a means of instruction, and used it often in their sermons. They not only repeated the simple and stirring dialogues of the Biblical narrative, but, as Mr. Thompson has shown, often originated longer dialogues that were directly suited to the lessons they were inculcating. We merely note in passing that such narrative and dramatic dialogues, used for expository purposes, help to link the type of literature we are discussing to the morality play—itself hardly more than a spoken dialogue.

The second part of the *Salomon and Saturn* pointed clearly in the direction of the more fully developed debates that were to follow it. These had grown into being in other countries in the earlier Middle Ages, usually dealing with the abstractions dear to the Schoolmen, and familiar as opposing forces in the *Psychomachia* of Prudentius. The native fondness of the European peoples for amœbean contests, and vague reminiscensces of Cicero and perhaps even Plato, as well as of Virgil's eclogues, helped to shape the form of these debates, to constitute them dialogues, though dialogues of a more or less stereotyped sort. The earliest examples of such contests are probably the Latin *Conflictus Veris et Hiemis*[1] and the *Certamen Rosæ Liliique*, of the ninth century, which stand in fairly direct line with the eclogues of Virgil that tell of contests held by shepherd-poets. Many other Latin duel-poems, following them, set a fashion which was continued in the *contrasti* of the Italians, and in such forms as the *débats* and *tensons* of the French and Provençals. The chief characteristic of all these forms, as compared with the classical dialogues

[1] Cf. Ebert, *op. cit.*, p. 68.

is that they are contests for supremacy. The aim of
Socrates in the Platonic dialogues, however much he
shaped the argument, was the ascertaining of truth,
not the winning of a personal triumph for himself;
but Solomon and Saturn contend for victory, as do
the water and wine, or the body and soul, of the
conventional debates.

These mediæval forms of the dialogue developed
most artistically in France, and were passed on from
France to England. The French *débats*, such as the
Desputoison du Vin et de l'Eau and the *Desputoison entre
Hiver et Esté*, are distinguished by the fact that their
characters are abstractions; the *tensons* are distinguished
by the trial-motive their disputes, being settled through
the aid of a judge. It is needless to mention here such
other specialized forms as the *partimen* and the *jeu-
parti*; in all of these types the contention most often
represents a literary exercise rather than the expression
of deep thought; and the number of speakers is usually
limited to two.[1]

The English examples of the contention-poem, which
grew out of the direct Latin tradition, partly under
French influence, are in general less apt than the
French poems to conform closely to the conventional
types. They show many variations, but they nearly
always appear in a narrative framework. Of them all,
the most artistic is probably *The Owl and the Nightingale*,
but another, which shows the French influence much

---

[1] This clearly marked mediæval habit is interesting in connection with the current etymology of the word *dialogue*, when
spelled *dyalogus*. The fact that the word was thought of as
describing a conversation carried on by two speakers is borne
witness to by Wyclif, who coined the word *Trialogus* as a
title for the Latin argument into which he introduced three
speakers.

less clearly, is interesting as a type because of its very symmetrical structure. This is *A Dispitison bitwene a God Man and þe Devel*,[1] which tells how the devil wickedly tempted a devout Christian.

The mechanical structure of this poem, naively inartistic as it is, makes it particularly easy to follow the general plan. After one introductory speech by each of the two opponents, there are seven arguments on each side, the devil first attacking a so-called sin, and the good man following with a successful defense of it. It is also to be noted that there is distinct mention of the fact that the devil is defeated; that the speakers are not personified abstractions, though they stand, indeed, for the opposing forces of vice and virtue; that there is a setting of narrative, though this is restricted to a few lines; that only the two speakers appear; that the exciting force, if it may be so called, is the Christian's account of the sermon he has heard, though no question is definitely proposed for debate; that the good man makes no attempt to answer categorically the arguments of his opponent, which are largely attacks upon the clergy, but proclaims instead the superiority of soul to body, and the joys of heaven that await the triumphant soul, thus vanquishing his enemy as it were, by moral force and spiritual fervor; and lastly, that the poem is thoroughly didactic in character.

As has been suggested, *The Owl and the Nightingale,* written twenty-five years or more earlier,[2] and called by its recent editor the earliest extant contention-poem, stands closer to the French models. It is called by the scribe of one of its manuscripts an *altercatio*, and the argument of the birds, though not the poem itself,

---

[1] Cf. *Engl. Stud.* 8. 259.

[2] Probably by the year 1325. Cf. *The Owl and the Nightingale,* ed. Wells, Boston, 1907.

is referred to in the words *plaid*, *plait*, and *plaiding*. Though its speakers are not mere abstractions,[1] the contrast it presents is that between two such opposing ways of life as are pictured by Milton in the *L'Allegro* and *Il Penseroso*. The nightingale stands for the joy of life, its grace and beauty, as opposed to the solid but duller-hued goodness and honesty of the serious-minded owl. This, at least, suggests the more positive and pleasing side of their natures; the other side, brought out in their attacks upon each other, is that the nightingale entices men to the follies and vanities and lusts of the flesh—to all joys of the lighter sort; and that the owl is a foul bird of darkness, solitude, and melancholy.

The discussion, left unsettled at the end, when the owl flies away to report it to Master Nicholas, chosen as the judge, is strongly vituperative, and based almost entirely on personalities. In the poem previously mentioned, neither speaker makes direct answer to the arguments of the other; in this poem each bird's answer usually consists of an explanation of her own conduct followed by the heaping of further abuse on her opponent. Quotations from the 'proverbs of Alfred' appear now and then, and a didactic tone pervades much of the poem. The writer presents two views of life, and, pending our choice, gives bits of sound advice.

Various characteristics of the *Dispitison* and *The Owl and the Nightingale* appear again and again in many other English contention-poems. One might go on to tell of *The Thrush and the Nightingale* and *The Misogynic Nightingale*, the numerous *Debates of the Body and the Soul*—a favorite mediæval subject, which gave large opportunity for moralizing, or *The Dispute between Mary and the Cross*, *The Disputison bitwene Child*

[1] But priest and minstrel, according to Professor Brandl.

Jhesu and Maistres of þe lawe of Jewes, The Disputisoun bytwenv a Cristine Mon and a Jew, the poem *Merci Passith Rigtwisnes,* and many more. One might tell of the lively *Debate of the Carpenter's Tools,* which bears the marks of its origin as a French fabliau, though it is didactic to the extent of suggesting that too much ale may be bad for carpenters. But all these, though shorter and slighter than the two poems discussed, are sufficiently represented by them.

Closer to the second part of the *Salomon* is a later version of the same legend, *The Dialogue or Communing between the Wise King Salomon and Marcolphus,* in which Marcolphus the fool takes the place of the earlier Saturn. The fool appears at the court of Solomon, and is challenged by him to a contest, in which each attempts to outdo the other in verbal wit. The gnomic character of such wisdom as appears in their utterances is also marked in Chaucer's *Tale of Melibeus,* a debate in which a real argument is carried on, and far greater unity attained. The various stages of the argument in this dialogue are usually settled, however, merely by the mention of a sufficient number of authorities, and the proverbial character of the whole is strongly marked.

There are many mediæval English poems, such as the *Pearl,* of which a central dialogue forms the very substance; and there are many wooing poems, such as the very short one which bears the heading ' Hic incipit Interludium de Clerico et Puella '—in which the unfortunate Clericus woos a disdainful Puellam— that tell a whole story by means of dialogue. *The Nut Browne Maide* is a good example of many ballads of which this is true.

But the ballads, interesting as they are, have no connection with the later development of the dialogue, and must not lead us aside from its course. By the beginning of the sixteenth century, England was ready for the new impulses which were to be stirred to life by the revival of classical learning, and the mediæval dialogue was to be touched to new life by those impulses. Yet some of its old tendencies lingered on for a time, and helped to give entertainment to the Tudor court.

2. MEDIÆVAL ELEMENTS IN SIXTEENTH CENTURY DIALOGUES

The dialogue shared with the lyric poem, the drama, and the romance in the new life that came to England in the sixteenth century. New impulses directed it to satirical ends, and, when issued as a polemical pamphlet, it often expressed the feelings of men who were profoundly stirred by the living issues of their times. But the older impulses and traditions had not disappeared, and so it was that side by side with this newer dialogue there appeared others closely resembling the mediæval debate, and written chiefly for purposes of entertainment.

Dialogues of this sort were sometimes intended to be spoken as interludes, and thus came to be linked for a time with the progress of the drama. Sometimes, too, they were intended to be read; but in any case they represent a survival of the old, soon to be taken up and absorbed by the new. They lack the importance of dialogues with a more vital purpose; they are dialogues in method only; yet they suggest a passing phase that cannot altogether be overlooked in considering the history of the English dialogue.

The contention-poem, formal as it was, contained within itself elements so dramatic that it was connected with the beginnings of modern drama in more than one country of Europe. It has been pointed out that many *contrasti* of the Italians, and ˙certain Spanish dialogues,[1] were close to the earliest comedies of Italy and Spain. Moreover, dialogue-games in the French castles of the Middle Ages, the numerous fabliaux in the form of dialogues, the *tenson* and *débat*, so often recited, had made the dialogue a familiar form of entertainment in France even before the sixteenth century. And in England a poem definitely described by its author as a *strif* is referred to by Jusserand[2] as 'the oldest dramatic fragment in the English language.' This is the *Harrowing of Hell*, which begins:

> Alle herkne to me nou,
> A strif will I tellen ou,
> Of Jesu and of Satan.

It was by a natural development, therefore, that the dialogue, never, at its best, without dramatic qualities, should for a time in England serve purposes more or les dramatic, while still remaining dialogue rather than drama.

The time during which this was especially true was the earlier part of the sixteenth century; yet the word *strif* is used to describe the *Harrowing of Hell*, as has been said, as early as the first quarter of the fourteenth century; and nearly three hundred years later the word 'contention' was still used to name an inter-

---

[1] As, for instance, the *Couplets* of Mingo Revulgo (1472). Cf. Ward, *Hist. Engl. Dram. Lit.* 1. 227 ff. ; and Ticknor, *Hist. Span. Lit.* 1. 260.

[2] Cf. *A Literary History of the English People from the Origins to the Renaissance* 1. 443.

lude in the title of Sir John Davies' *Contention betwixt a Wife, a Widow, and a Maid,* which was presented before Queen Elizabeth in 1602. The word *dialogue* was directly connected with *interlude* when, in 1554, Udall was licensed to set forth 'Dialogues and Enterludes' before the queen, for her 'regell disporte and recreacion.'[1]

A glance at a few of these interludes shows their close relation to the mediæval dialogue. Some of those written by John Heywood, often called the inventor of the interlude, can scarcely be thought of as more than conversations intended to be spoken, for their effect depends entirely on their thought and wording. This is notably true of the *Dialogue on Wit and Folly,*[2] or *Concerning Witty and Witless,* recognized as a dialogue by its very title. In this interlude questions lead up step by step to the admission that though the witless man have his place in heaven, he who has done good deeds wisely shall be more richly rewarded, according to his life on earth; and there is constant playing on the words *witty* and *witless,* a habit that suggests scholastic subtleties. The owl and the nightingale, or any other mediæval beasts or birds, save that they would often have substituted proverbs quoted from 'Alfred' for the quicker turns of wit of the sixteenth century, might well have been the speakers of such a debate as this.

Another dialogue attributed to Heywood with some uncertainty (it was possibly the work of the printer Rastell) shows many of the same characteristics. Its full title is *Of Gentylnes and Nobylyte, A dyaloge betwen the Marchant the Knyght and the Plowman dysputyng who is a verey Gentylman and who is a Noble man and*

---

[1] *An English Miscellany,* Oxford, 1901, p. 82.
[2] Ed. Fairholt, London, Percy Society, 1846.

how men shuld come to auctoryte compilid in maner of an enterlude with divers toys and gestis addyd therto to make mery pastyme and disport.[1] It is worth noting that the action is here conceived by the author as something to be *added* to the conversation itself. Though it is true that there are more dramatic qualities in this interlude than in the one just spoken of—qualities depending largely on the more marked characterization of the three speakers—the elements of the debate still remain. Money and land and honest labor are arguing for preeminence in a dispute that is ancient and modern, and yet, through its very abstractness, mediæval in a still greater degree. Such a dialogue as this, affording opportunities for costuming, and for the representation of class-distinctions in acting, was a bridge by which Heywood and others could pass over to the interlude, which depended on clever acting alone. The conclusion of the argument is fittingly expressed in the words of the Knight:

> For musyke makyth one a musycyon,
> Gramer to be good gramareon,
> And also geomytry a good geometrycyon,
> And chorlysh condycyons a chorle for to be.
> . . . .
> Then as vertew makyth a good man,
> So gentyl condycyons a gentyl man.

And it is evident that it is the argument here that is still of most importance. Furthermore, Heywood's own characterization of such productions as these shows that he thought of himself as writing dialogues.

Another typical interlude[2] of this period, of which only a part remains, is perhaps even more mediæval in tone, though written somewhat later. This is the

---

[1] 1535?

[2] Hardly a polemical pamphlet, as Herford suggests.

*Booke in Meeter of Robin Conscience against his Father
Covetousnesse his Mother Newgise and his sister Proud
Beautye,*[1] dated by Hazlitt about 1550. This piece
consists of three successive conversations, in which
the somewhat priggish Robin rebukes in turn his
father, mother, and sister, all of them speaking in
Chaucerian stanzas which end with a set burden.
Robin is troubled by his father's love of worldly
goods, and urges him to give constant alms to the
poor. He seems, toward the end, to soften his father's
heart, but he is less successful when he reasons with
his mother as to her love of gay apparel. The burden of her reply is ever:

> To live and goe gentle like, gallant and gay,
> Oh, Sonne, it is my cheefe desire alway.

He urges his sister to give up her love of vain pleas-
ures, but his prosy advice has no influence upon her.
There is much monotony in the tone of his speech;
and the interlude, as a whole, lacks all poetic grace,
and is drearily moral in tone. It is clearly a dialogue, or group of three dialogues, and just as clearly
mediæval in thought and manner.

As the dramatic spirit grew strong in England
with the progress of the century, the interludes that
were merely spoken dialogues were absorbed into the
actual drama, and no longer appeared as separate
productions. Occasionally, however, a debate of the
same sort appeared in the midst of a play. In *King
Darius*, for instance, three disputants uphold wine,
the king, and woman, respectively, as exerting the
strongest influence on mankind.[2] The fascinating

[1] Hazlitt, *Remains of the Early Popular Poetry of England*, London, 1866.

[2] Cf. E. N. S. Thompson, *The English Moral Plays*, pp. 345 ff.

scene that ends *Love's Labor's Lost* is full of plot and
movement, and far more than a series of dialogues;
yet the bantering wit with which it overflows gives
importance to the conversation for its own sake, from
the time when the approach of the disguised lovers
is thus announced by Boyet:

> Arm, wenches, arm! encounters mounted are
> Against your peace: Love doth approach disguised,
> Armed in arguments; you'll be surprised:
> Muster your wits; stand in your own defence.

In another play [1] Shakespeare makes Falstaff the ans-
werer of his own questions, in a brief debate:

> Well, 't is no matter; honor pricks me on. Ye, but how if
> honor prick me off when I come on? how then? Can honor
> set to a leg? no: or an arm? no: or take away the grief
> of a wound? no. Honor hath no skill in surgery, then? no.
> What is honor? a word. What is in that word honor? what
> is that honor? air. A trim reckoning! Who hath it? he
> that died o' Wednesday. Doth he feel it? no. Doth he hear
> it? no. 'T is insensible, then? Yea, to the dead. But will
> it not live with the living? no. Why? detraction will not
> suffer it. Therefore I'll none of it. Honor is a mere scut-
> cheon: and so ends my catechism.

Such passages as these merely suggest what tribute
the drama took of the dialogue.

In addition to the dialogues intended to be spoken
as interludes, and those which found their way into
the drama, there were others intended to be read;
these also carried on the mediæval tradition, and were
of essentially the same nature. Suggestive titles among
those of the lost ballads [2] recorded in the Stationers'
Register are the *Dialogue between Age and Youth, God
and Man*, and *Death and Youth*, the second of these
being recorded as late as 1568. And then there are

---

[1] *1 Henry IV* 5. 1. 132 ff.   [2] Cf. Herford, p. 32.

such pieces as the *Pretie and Wittie Discourse betwixt Wit and Will*[1] of Nicholas Breton, as slight and artificial as its title. Very far from reality, in an age when the Marprelate pamphlets dealt with the subject that fired men's hearts, it yet touches life through the fact that it represents, in some measure, the manner of speech of the Euphuistic courtiers of Elizabeth. Its theme suggests that of the earlier *Debates of the Body and the Soul*, for it portrays the Will searching for its lost Wit. Will and Wit meet and converse, in balanced and alliterative sentences, with many clever turns of phrasing, and each, in the good old-fashioned manner of early novels, gives a complete story of his wanderings.

The Debate between Pride and Lowliness,[2] though largely in the form of narrative, and in the artificial manner of the courtly speech, is interesting because it contains the trial-motive, which had already, by this time, been used in polemical dialogues; and because it describes many and various classes of English travelers. The quarrel between the breeches of cloth and those of velvet is settled only in the unsatisfactory fashion of dreams, since before the jury pronounces its verdict a company of wayfarers rend apart the humble breeches of cloth. The story appears again, however in Greene's *A Quip for an Upstart Courtier,* or *A quaint Dispute between Velvet-breeches and Cloth-breeches.*

Eclogues that led back, through Mantuan and Virgil to Theocritus as an ultimate source, were fairly common among the Elizabethans. Barclay, Barnaby Googe, and Spenser were among the earlier writers who made use of this form, always necessarily lim-

[1] In *Elizabethan and Jacobean Pamphlets*, ed. Saintsbury. One of many written by Breton.

[2] Ed. Collier, London, 1841.

ited in scope by its fondness for a pastoral setting that
existed only in the imagination. Some of these eclogues are close to the more artificial courtly dialogues
of the day. In *Maye* of the *Shepheards Calender*, the
two arguing shepherds represent Protestantism and
Catholicism; in *October*, Piers and Cuddie discuss
'pierlesse Poesye'; and in *Februarie*, youth and old
age contend. When the subject-matter is unified, as
in these cases, there is nothing save the pastoral coloring to distinguish the eclogue that is made up of
conversation from a dialogue of any other sort. Hence,
though many Elizabethan eclogues are too slight, too
much lacking in unity as to subject-matter, or of too
purely narrative interest, to be counted among the
specimens we are now considering, some few of them
deserve the name of dialogues quite as much as do
any contests for supremacy.

One might well turn also to the Elizabethan ro-
mances for examples of the more formal sort of conversation on a single and definite topic, scarcely to
be distinguished from the true dialogue. In Lyly's
Euphues the habit of such conversation is still more
strongly marked. Sections of it might easily be cut
out as examples of the expository dialogue, in which
the speakers set out by proposing a definite subject,
saying, in substance: 'Go to! Let us now discourse
of friendship, or of women, or of love.' That such
conversations often result in something not far from
a monologue does not certainly distinguish them from
many didactic dialogues that are so called.

In all the dialogues just considered, the main purpose is the same. They were written not as weapons
of warfare, not to teach, not to gain philosophical truth,
nor to portray character, but to amuse. Hence their
fondness for verbal wit, and for the sharp contrasts so

characteristic of the mediæval debate.   They could not fail, indeed, to be touched by many more nearly contemporary influences in that age of quickened life, though they followed the mediæval tradition in the main.   Such a production as the Spanish *Celestina*, which appeared in an English adaptation perhaps as early as 1530, was rather a series of dialogues than a drama, and must have been known to most English writers of that time.   And Castiglione's *Il Cortigiano*, translated as *The Courtyer* in 1561, and by general agreement the finest of Renaissance dialogues, must have been widely known, for it was mentioned [1] in 1591 as one of the two books most commonly read by those who wished to learn Italian.[2]   This, though more dramatic, and of livelier narrative interest, continued the tradition of Cicero in certain ways, that tradition being, of course, an element of mediævalism. Both of these foreign dialogues combined with the influences of Elizabethan court-life to add to the more serious mediæval manner the tone of the life of pleasure.

Thus the mediæval debate, developed in one special direction, became the courtly and artificial dialogue or interlude of the sixteenth century.   From it we now turn to the more vital polemical dialogue of the same period.

[1] In Florio's *Second Frutes*, 1591.
[2] The other was 'Guazzo his dialogues'.

III

THE POLEMICAL DIALOGUE

When the dialogue appeared in its new guise as a polemical pamphlet in the early years of the sixteenth century, it had not broken entirely with mediæval tradition. It was part of the glory of the Renaissance in England that it gathered up into itself the life and thought of mediæval times, as well as the newer impulses which came from the classic nations of the past. Indeed, we cannot think of the classic and mediæval influences which mingle in the English literature of that age as altogether distinct, for the thought of mediæval times had itself grown from a blending of the forces of Christianity, the racial traditions of the Teutons and Celts, and the riches of Greek and Roman civilization. Such a mediæval form as the *débat* in France or in England, or the fourteenth century elucidary or catechism, however far removed even from Cicero, could hardly have been what it was had Cicero been entirely unknown to the Middle Ages. And so when the classical impulses grew strong in England through the inspiration of Erasmus, More, Colet, Linacre, and their band of fellow-laborers, those impulses combined with a tradition already made up in part of the same original elements.

Yet the classic influence was important as a new factor in the development of a form of expression adequate to meet certain demands of a rapidly changing age. The coming of Erasmus to England in the

year 1499 is a suggestive circumstance in the history
of the English dialogue, as it is suggestive of much
that came to England in those early years of the Tudor
rule. It relates itself to the history of the English
dialogue through the fact that Erasmus brought with
him the direct inspiration of Lucian. Both he and
More translated several of Lucian's dialogues from
Greek into Latin; and the original Latin dialogues of
Erasmus, called *Colloquia*, show plainly the influence
of Lucian. This book of *Colloquia* was begun, like
Ælfric's *Colloquium*, as a textbook for schoolboys,
but the simple interchange of conventional phrases
of the earlier dialogues soon grew into the dramatic
characterization of the later ones. The book was
widely read, according to all accounts. It is said,[1]
indeed, to have been the most popular book of the
century, and this is easily believed when one reads
that it went through ninety-nine editions before 1546.
No complete English translation of it was made before
1733, but the dialogues must have been so widely
known in their original form as to have been a real
influence in the early sixteenth century.

Save for their greater didacticism, the influence they
exerted is of the same strain as Lucian's. Just as
Lucian had laughed at the weakness of the gods of
Olympus, Erasmus laughed at the corruptions of the
church and priesthood of his day, and the natural
result followed when he scandalized the more orthodox of his time. A Latin dialogue,[2] written in the
early years of the century, bears witness to the ire he
roused among some worthies. 'Nunc iste latinizator
Erasmus dicit, quod nostra Biblia nihil valet,' is the
declaration of certain narrow-minded doctors who fur-

---

[1] Cf. *Cambridge History of English Literature* 3. 22.
[2] *Dialogus Novus et Mire Festivus* . . . . 15 . .

nish much amusement to Erasmus and Reuchlin. His satire was keen and well directed, and his colloquies are almost as readable and modern in tone, in their English form, as those of Lucian himself; they are lively, familiar, and often decidedly dramatic. Since, however, they represent chiefly an older influence revived, we refrain from discussing them more fully, and content ourselves with merely noting their merit and their popularity, and the influence which must have resulted therefrom.

Side by side with this influence, and that of the classic past which it represented, came parallel impulses from Germany. The literary relations of England and Germany were close [1] during the Tudor period, and the polemical dialogue, as written by various Germans of that age, attained almost classic excellence. The lively dialogues of Hans Sachs, mingling satire with vivid pictures of the life of the tradesman ; the highly dramatic *Krankheit der Messe* of the Swiss Niklaus Manuel, in which doctors stand at the bedside of the death-doomed Mass, and Pope and Cardinal tremble ; and the keen and vehement dialogues poured forth by Hutten, are among the best examples of the German satires which had a far-reaching influence in those Reformation days. The struggle of religious thought in Germany drew to itself the eyes of thoughtful men in England and elsewhere; and personal intercourse, too, was sure to be close at a time when English reformers often wrote their treatises in Germany, and issued them from German printing-presses. Thus the spirit of satire, employing the dialogue-form as an instrument, passed readily from the Germans to the English.

[1] Cf. Herford, *The Literary Relations of England and Germany in the Sixteenth Century*, Cambridge, 1886.

With Hutten, as with Erasmus, the classic influence
was strong; but such dialogues as those of Hans Sachs
and Niklaus Manuel take us back to the mediæval debate and the morality play. The influence of the debate,
fostered through the Middle Ages by the arguments
of the Schoolmen and the subtleties of the Courts of
Love; the influence of the church catechism, itself a
conventionalized debate; and the influence of the morality play, were all strong in England, too, in the early
sixteenth century. Contrasting abstractions had given
way to actual persons as speakers in very many of
the English contention-poems; only the elements of
satire, therefore, and of a vital subject-matter, were
needed to change the mediæval debate into a polemical
dialogue.

The impulses of humanism, which led back to Plato
and Cicero and Lucian, among many others, and the
closely related impulses which came from Erasmus
and the German satirists, combined with the mediæval
tradition already existing, then, to produce the pamphlet-dialogues of the sixteenth century, and to these
the conflicting tendencies and beliefs of that stirring
age gave the vitality of human interest. As we glance
over the two centuries that followed the accession of
Henry VII, we find several groups of dialogues that
give an invaluable picture of the time. They differ
in value; for though some few of them are of real,
intrinsic merit, others are chiefly valuable as human
documents, while only a few of them have anything
like the literary distinction of contemporary German
dialogues.

They served the purpose of pamphlets or tracts:
their interests were political, social, literary, or, most
often, religious. Pamphleteering flourished apace, and
pamphlets innumerable came hot from the pens of

writers whose zeal, as has been suggested, was not always equaled by their ability. These pamphlets proceed from a real and moving impulse, however; and it is especially true of the dialogue, representing the speech that mirrors the thought of men, that it gains in power as it keeps close to current issues. In our twentieth century we turn oftenest for such thought to the more powerful editorials of leading newspapers, thus hearing one side at a time of the questions to be solved by nations or individuals. In those earlier days the pamphlet-dialogue, sold sometimes for threepence, read first, and then handed on to one's neighbor, accomplished much the same end; and the transition from the hot argument of actual debate to the written dialogue was easy and natural. One might give each side in the argument its best possible strength, and present a truly Socratic contest, if one were large-minded and generous; if, as was more likely, one were somewhat bigoted, one merely caricatured one's adversaries.

Among the groups of English polemical dialogues, that which is concerned with religious questions is of most permanent interest. In the year 1500, in spite of Lollard doctrines, England was almost entirely Catholic; by the year 1700, a Protestant succession had been secured for the throne, and, in spite of the presence of many 'Papists,' England was essentially Protestant. The two centuries which fall between these years witnessed all stages and reversals in the progress of the Protestantism which finally triumphed, and, more than this, the bitter struggles, within the Protestant camp itself, between the High Church party and the Puritans. Protestant versus Papist, Puritan versus Bishop—these adversaries fought many a hard-won field. The gentleness of Christianity dis-

appeared in keenness of satire, for the warfare seemed,
at the time, an actual struggle for survival.

The dialogue-form had been used for religious
argument in the earlier days of the church, and
Wyclif's use of it in his Latin *Dialogus* and *Trialogus*,
of which the first at least was widely read and discussed, had helped to familiarize the reading public
with the dialogue as a religious polemic. But Herford has shown the still closer connection between
the pamphleteering movement in Germany and that
in England. The vigorous and dramatic *Krankheit
der Messe* of Manuel certainly inspired one of the
earliest English dialogues of the same character, the
Rede me and be nott wrothe [1] of William Roy and Jerome
Barlowe, printed at Strassburg in 1528.

Its subject is the death and burial of the mass:

> Seynge that gone is the masse
> Nowe deceased, alas, alas—

where shall it be buried? The interlocutors are the
two 'prestes servauntis,' Watkyn and Jeffraye, who
discuss this matter, finally passing from it to questions
and answers with regard to the hated Cardinal Wolsey
and the evils of Popery. In dealing with the Cardinal, particularly hated because of the fact that by his
orders Tindale's English New Testament had been
publicly burned in London two years before, the deep
and genuine feeling of the speakers keeps them from
mere abuse, though they never hesitate to indulge in
personalities. They speak, for instance, of Wolsey's
parentage:

> Watkyn: He commeth then of some noble stocke?
> Jeffraye: His father coulde snatche a bullock,
>   A butcher by his occupation.

[1] Ed. Arber, *English Reprints.*

And they deal not lightly with the sins of the Cardinal himself. The decision with which the chief speaker expresses his views, as well as the nature of some of those views, is shown in such a passage as this:

> Fryers? nowe they are worst of all,
> Ruffian wretches and rascall,
>   Lodesmen of all knavisshnes.
> Though they be no possessioners,
> Yet are they intollerabill beggars,
>   Lyvynge on rapyn and disceyte.
> Worshipfull matrons to begyle,
> Honorable virgins to defyle,
>   Continually they do wayte.

The verse in which this dialogue is written, though rough, has remarkable vigor and rapidity of movement, the satire is telling, and the whole treatment of the subject is full of spirit, and evidently of the deepest sincerity. The depth of feeling underlying it is most strongly suggested in some stanzas which bridge the gap between the first part of the dialogue and the second—while the two servants dine. Such feeling is marked in the lines:

> The worlde is worsse than evyr it was.
> Never so depe in miserable decaye;
> But it cannot thus endure all waye.

The speakers set forth their views not through argument, but through satiric exposition, merely presenting the authors' opinions; and, in spite of the liveliness and sincerity of the method, the dialogue lacks the unity and vivid dramatic qualities of its German prototype.

Less noteworthy than this production is an easily accessible Lollard pamphlet of about the year 1530, also in verse, and characterized suggestively enough by its title, *A Proper Dyaloge betwene a Gentillman*

*and a husbandman eche complaynynge to other their
miserable calamite through the ambicion of the clergye.*[1]
It shows the discontent which foreboded the storm
to come.

Much more dramatic, as well as much more hum-
orous, is the later satire, *John Bon and Mast Person*,[2]
in which a peasant's stupid common sense contends
with the placid self-satisfaction of the priesthood. It
is Corpus Christi Eve, and the blundering John in-
quires:

> What saynt is Copsi Cursty, a man or a woman?

To this countryman the sacramental elements carried
in the sacred procession are but bread and wine; and
when the priest speaks of receiving the body of Christ,
he exclaims, with entire freedom of language:

> The devill it is! ye have a greate grace
> To eate God and man in so short a space.

Finally he says with impatience:

> But masse me no more messinges. The right
>   way wil I walke,

and goes off, merrily whistling to the boy who drives
his plow. We have here a dramatic confronting of
rude common sense with orthodox tradition, expressed
with vigor, though certainly with less depth of feeling
the *Rede me and be nott wrothe*.

About the same time as this, during the years 1547
and 1548, appeared William Turner's *The Examination
of the Mass*, ' the first native specimen of ... the drama
of debate,'[3] which introduced the trial-motive, and
greatly widened the stage of the dialogue, and *The*

---

[1] Ed. Arber, *English Reprints*.
[2] Ed. Hazlitt, *Remains of the Early Popular Poetry of England*.
[3] Herford, p. 64.

Endightment against Mother Masse, also a trial. Both of these dialogues, and an English rendering of one of the dialogues of Hans Sachs, entitled *A goodly dysputacion between a Christen shomaker and a Popysshe Person, . . . translated out of the Germayne tongue into Englysshe by Anthony Scoloker,* bear witness to the continuation of the German influence.

A book published soon after the mid-century, in 1563, preserves for us an interesting reminder of the fact that side by side with these written dialogues went the spoken arguments which might issue in life or death in that age of conflict. If we turn for a moment from the pamphlet-warfare to the graphic pages of Foxe's *History of the Martyrs,* we find dialogues that have all the tenseness of reality. The examination of the weak, well-meaning Cranmer, of the stouter Latimer and Ridley, the stern questions put and answered, the denials and contradictions, give a foreshadowing of the doom approaching these men, and suggest such well-known scenes as those that preceded the death of Socrates. And the narrative that tells the words they spoke, with the opportunities for description always present in a narrated dialogue, is of the most moving sort. The seriousness of Foxe's dialogues is all the more effective, too, when broken by such grim relief as that which ends part of Cranmer's examination: ' This disordered disputation, sometime in Latin, sometime in English, continued almost till two of the clock, which being finished, and the arguments written and delivered to the hands of Mr. Say, the prisoner was had away by the mayor, and the doctors dined together at the University College.' So, perhaps, dined some worthies of Athens, while Socrates drank the hemlock! It is certain, at any rate, that Foxe wrote with the spirit of an artist rather than that of a mere recorder, and such accounts as those we have mentioned are not entirely without relation to the religious polemics of the time.

Throughout the sixteenth century the strongest of the religious pamphlets were those which appeared on the Protestant side, some of the best specimens of which we have mentioned. More had, indeed, in an earlier decade, written a dialogue [1] in which he made reply to Tindale's discussion of the Mass; but this reached a comparatively small audience, and by no means represented his best work. In 1566 Alanus Copus published a group of Latin dialogues, entitled: *Dialogi Sex contra summi Pontificatus, Monasticæ Vitæ, Sanctorum, sacrarum Imaginum oppugnatores, et Pseudomartyres.* But these are dull reading, and they gave little check to the 'oppugnatores.'

By the time that twenty years and more of Elizabeth's settled rule had established Protestantism in England and secured its permanence, the first phase of the sixteenth-century religious warfare had died down, only to be followed, however, by another, perhaps more fiercely waged. Toward the close of the century, those of the Protestants who wished for more complete and radical reforms became bitterly opposed to the High Church wing of their party; the very name of a bishop was enough to rouse the fiercest ire in their Puritan souls. The strife that resulted from such feelings was all the more keenly fought, because religious motives in the minds of the pamphleteers were mixed with those of a less worthy sort. As Protestants had suppressed Catholics, politically, in the time of Edward VI, and as Catholics had led Protestants to the stake in the time of Mary, so now the temporal power

[1] *A dyaloge of Syr Th. More Knyghte.* Newly oversene by the said Sir T. M., 1530.

of the bishops cut off from political privileges the dissenting Puritans, and thus brought greater hatred upon things ecclesiastical. And, just as in the earlier case, it was the oppressed party that left behind it the record of the strongest argument.

An anonymous dialogue of the year 1584, not without some literary quality, is entitled: *A Dialogue, concerning the strife of our Churche* . . .; *with a briefe declaration of some such monstrous abuses, as our Byshops have not bene ashamed to foster.* It has as its speakers Orthodoxos, a Divine; Philodoxos, a Lawyer; Philochrematos, a Bishop's Chaplain; and Philedonos, an 'Inneholder'; and, beginning with mine host's lament of the lack of conviviality in these days, it goes on to a real argument, in which Orthodoxos, representing the Puritans, of course wins the supremacy. But he desires to win his point by argument rather than satire, and magnanimously declares toward the end: 'If I have uttered or defend [*sic*] anie falsehood, let me be convicted and I will yeeld.'

Only a few years after this time, when the defeat of the Spanish Armada had marked the complete downfall of English Catholicism, the Martin Marprelate controversy had begun. This famous dispute of the years 1588–1590, made more interesting by the mystery that surrounded the so-called Martin, might easily lure one far afield; but various documents that throw light on it, and some of the controversial pamphlets themselves, are now to be read in the Arber reprints.[1] Job Throckmorton, closely concerned in the matter, and possibly himself the real Martin, must, if so, be recognized as one of the strongest and most effective satirists of his century.

---

[1] Cf. Arber's *English Scholars' Library of Old and Modern Works.*

Among the publications which preluded this controversy and were closely connected with it was John Udall's *Diotrephes, or The State of the Church of Englande, laide open in a conference betweene Diotrephes a Byshopp, Tertullus a Papiste, Demetrius an usurer, Pandochus an Inne-keeper, and Paule a preacher of the worde of God*, published in 1588.[1] This is obviously satirical, placing the obstinate and unyielding Diotrephes, shown in the worst possible light, in opposition to the severely denunciatory, but sincere Paule, who wins Demetrius to his side largely through his evident honesty of purpose. As a dialogue, it has a vigorous tone of sincerity that gives it real force.

A sample of the pamphlets which formed part of the actual Marprelate controversy—most of them not in dialogue-form—is *A Dialogue, wherein is plainly layd open the tyrannicall dealing of Lord Bishops against God's children. With certain points of Doctrine wherein they approve themselves (according to Dr. Bridges his judgement) to be truely the Bishops of the Divell, Published by the worthy Gentleman, Dr. Martin Marprelat.* Beginning with a prayer for defense against the Antichrist of Rome, this moves with some liveliness and vigor, and represents a Puritan as triumphing over a Papist, a ' Jacke of both sides,' and an ' Idoll minister.'

Religious pamphleteering did not come to an end in England with the close of this famous controversy, but it decreased very greatly in power, and few of the later pamphlet-dialogues are worthy of mention. Those belonging to one group [2] of them, however, are clear and logical in thought and statement, though of neither dramatic nor satirical interest. They were written in

[1] Cf. Arber's *English Scholar's Library of Old and Modern Works*, No. 5.

[2] *A Dialogue between a New Catholic Convert and a Protestant,*

the first years of James the Second's brief rule, and bear witness to the revived hopes of the Roman Catholics. But the tone of courteous moderation with which they discuss the doctrine of transubstantiation shows that a new era had succeeded that of the dying Mass. Two other dialogues of the same period discuss the question of the Pope's supremacy, and a rather lively one, possibly written by De Foe, and entitled, *A Dialogue betwixt Jack and Will, concerning the Lord Mayor's going to Meeting-House with the Sword carried before him,* . . . London, 1702, gives the views of two London citizens on a question of church authority. In later years than this, too, a dialogue now and then satirizes the ways of the bishops, or attacks Socinian doctrines, or openly fights against Roman Catholicism; but religious toleration, after the beginning of the eighteenth century, destroyed the zest of religious pamphleteering.

Before we pass to the mention of some of the political pamphlets, which form another group within this period, it is worth while, if only as an indication of the many-sided character of the Elizabethan age, to mention a dialogue which formed one document in a curious quarrel between Nashe and Gabriel Harvey—a quarrel that dealt largely in literary personalities, and that played with trifles, while the religious pamphlets concerned themselves with serious thought.

Shewing the Doctrine of Transubstantiation to be as Reasonable . . . as the great Mystery of the Trinity, London, 1686.

A Second Dialogue between a New Catholic Convert and a Protestant, shewing why he cannot believe the Doctrine of Transubstantiation, Though he do firmly believe the Doctrine of the Trinity. By Richard Kidder, London, 1687.

The Doctrine of the Trinity and Transubstantiation compared as to Scripture, Reason, and Tradition. In a New Dialogue between a Protestant and a Papist. By Edward Stillingfleet, D. D., London, 1687.

This is the *Have with you to Saffron-walden* [1] of Nashe.
The prolific author wishes to make his readers merry,
and succeeds at least in filling many pages with a rol-
licking, rapidly moving succession of quips and jests,
many of them bearing very little on the somewhat
obscure dispute to which they owe their origin.   The
grounds of this dispute are hard to determine, for
Nashe himself cannot name them.   In the preface to
the reader he writes: 'Harvey and I (a couple of
beggers) take upon us to bandie factions, and contend
like the *Ursini* and *Coloni* in Roome . . . when all the
controversie is no more but this, he began with mee,
and cannot tell how to make an end; and I would
faine end or rid my hands of him, if he had not first
begun.   I protest I doo not write against him because
I hate him, but that I would confirme and plainly shew
. . . that I am able to answere him.'   Though this
dialogue is of some length, and carried on in part as
an informal trial, such writing naturally formed but
the froth on the surface of the literary activity of
that day.

Popular questioning of governmental matters came
in with the Stuart family, in the seventeenth century.
In 1628 was first printed Sir Walter Raleigh's *Perogative* [sic] *of Parliament in England.   Proved in a
Dialogue between a Counsellour of State and a Justice
of the Peace.*   A quotation from Plato shows that
Raleigh knew something of the Greek dialogue, but
his method is almost entirely expository, and the conversation moves heavily.   Beginning with a question
as to St. John's trial in the Star Chamber, it proceeds
to a summary of the grants made by the English to
their kings, the whole going to prove certain Parlia-

---

[1] London, 1596.

mentary powers, as well as the advisability of convening Parliament at that particular time. The dialogue is chiefly interesting as showing a renewed interest in constitutional matters, and in the development of Parliamentary privilege. About fifty years later, *A Dialogue at Oxford between a Tutor, and a Gentleman, formerly his Pupil, concerning Government*,[1] sums up the historical and constitutional development of England, to show that the people, not the king, are the ultimate source of governing power.

Other dialogues of no literary value attack Parliament, support petitions, discuss various economic questions, and give definite opinions about the Spanish succession. And then, in the early years of the eighteenth century, there is a group of dialogues, most of them satirical, which deal with Whig and Tory rivalry. The first of these, a polemic against the Whigs, is called *The True Picture of a Modern Whig. Set forth in a Dialogue between Mr. Whiglove and Dr. Double. Two Under-Spur-Leathers to the late Ministry.*[1] The names *Whiglove* and *Double* at once became popular, and appeared in a considerable number of dialogues, several of them written by Charles Davenant, and most of them unfavorable to the Whigs, who are represented as truckling to the government in ways undignified, if not dishonorable. Various continuations of the series, or replies to it, appeared at least as late as 1710; and in one of the replies, Kinglove, an old cavalier, gives a dignified defense of the government, in conversation with the Tory Meanwell.

Dialogues of much the same sort as these were written at various times in the following century. It is interesting to note that as late as the early nine-

---

[1] London, 1681.   [2] 2d ed., London, 1701.

teenth century there is a pamphlet on Parliamentary
reform, in which a Tory and a Radical try to win to
their respective beliefs a Lincolnshire grazier, whose
dialect makes him a realistic figure.   And all of these
which have been referred to are typical of a much
larger number, most of them too unliterary to be
worthy of individual attention.

It is pleasant to turn back from the dialogues of
the seventeenth century which grew less and less
spirited, and more and more commonplace and dull,
to a group which dealt with social abuses, and which
appeared, for the most part, in the time of the Tudors.
These are expository, and only mildly polemical in
tone, substituting a gentler irony for the bitterness of
the religious and political pamphlets.   Of the two we
shall cite, the earlier was *The Hye Way to the Spyttel
Hous*,[1] which gives a striking picture of one side of
the life of London.   The printer Copland, passing by
a certain hospital, converses with the porter at its
door, inquiring of him what classes of beggars, and
of the sick and impotent, were received hy him.   In
the course of their talk, both he and the porter give
many details of the wretched and often loathsome
appearance, the miserable condition, and the trickery,
deceits, and sins, of the persons who formed a floating
scum on the surface of city life.   Peddlers, mariners,
women of the streets, discharged servants, husbands
driven from their homes by wrangling wives, all pass
before the reader in a tragically comic procession.
The writer's aim is merely to present this picture, and
dialogue with him is but a method.

The literary distinction of the Elizabethan age is
clearly marked in William Bullein's *Dialogue against*

---

[1] Cf. Hazlitt, *Remains of the Early Popular Poetry of England.*

the Fever Pestilence,[1] first printed in 1564. As the author himself suggests in his preface to the reader, this, too, is descriptive in purpose, though highly dramatic in method. Grimly prefaced by a picture of a skeleton leaning on a spade, and sometimes referred to as a 'drama of death,' it presents a series of scenes which show London in the grasp of a pestilence. In the course of these scenes appear twelve interlocutors, among whom the best known is the *Medicus*, Dr. Tocrub. Single episodes of this dialogue might easily be taken as scenes of a play, presenting tragi-comic views of life through the talk of personages slightly caricatured : but there is no dramatic construction.

The opening conversation, carried on by a citizen and his wife with a beggar who comes to their door, presents the dramatic background of the whole, showing the condition of the plague-smitten city. Then the *Civis* bids farewell to the beggar, and, with absolutely no break or mark of shifting scene, the *Medicus* begins addressing a certain Antonius as to his malady, evidently in the bedchamber of this sick man. With a little more preparation, though with no break whatever, follows a conversation between the doctor and his apothecary, Crispine ; then Crispine is left to receive the two lawyers, Ambodexter and Avarus, and to keep them away from the patient. Again the doctor, apothecary, and patient are together, and, in answer to various questions, Dr. Tocrub gives a lengthy exposition of the proper treatment of fevers and plagues—a disquisition which becomes so technical that it includes many actual prescriptions. Then, of a sudden, Crispine bids the doctor farewell, the doctor leaves his patient to die, and Civis begins talking to his wife. With their servant, Roger, they flee the city, and after being

[1] E. E. T. S. Extra Series, No. 52, 1888.

entertained with many tales told by this clever follower, meet with Mendax, who tells them of an imaginary journey, in the course of which he has visited strange and marvelous lands. This suggests echoes of the newly discovered America and of the gold-laden Spanish ships which sailed the main, but it becomes more didactic in aim toward the end, in describing the religious usages of a certain wonderful city. Here 'in everie Churche they have two worthie ministers, for there are no pluralities .... There is no mingled doctrine, no tromperie of Papistrie, but the naked, true, and perfite worde of God.' Soon Mendax departs; a fearful storm comes on, and the citizen, deserted by his wife and servant, is left alone to meet the words and the darts of death, who appears as the grim figure, *Mors.* After this terrible visitor has left, the wife and Roger return, and Theologus comes to give didactic instruction to the dying man. The dialogue ends with a prayer, as the soul of Civis is committed by Theologus to the mercy of God.

The reality and vividness of these scenes are remarkable, and only the lack of dramatic unity and continuity, and the presence of several sections that are almost purely expository, make the production a dialogue rather than a drama, for, as in many other cases, the dialogue here takes the place of a more specialized type of literature, chiefly for the sake of avoiding more formal structure. The polemical character of the whole—and it is only gently polemical, as has been suggested—is due in part to the irony present in even the longer expository speeches. The doctor who gives good advice with regard to the care of fevers leaves a patient to die as the result of his quackery; and the traveler who tells of an ideal city and church is the false-hearted Mendax. The writer of the dialogue had a clear vision of social conditions, as well as the pen of an artist, and his exposition of these conditions is full of power.

In these various groups of pamphlets in the sixteenth and seventeenth centuries, the expository and argumentative methods of treatment thus combined with a satirical or ironical purpose to produce polemical dialogues that helped to shape the thought of the English public, and that occasionally, more often in the earlier part of this period, attained to some degree of artistic excellence. During the same period, as well as in later times, there were also written many expository dialogues of an aim almost purely didactic. To these we now turn.

IV

THE EXPOSITORY DIALOGUE

The influence of Cicero, powerful in affecting the English dialogue from very early times, has made one form of it an instrument by which instruction of all kinds can pleasantly be conveyed from teacher to pupil. When Cicero wished to pass on to the Romans the accumulated wisdom of Greek rhetoricians, he described an agreeable conversation carried on by a group of Roman gentlemen, thus making the dullness of learning shelter itself beneath the grace and genial ease of social intercourse; when Gregory the Great wished to teach patient long-suffering and the blessing that awaits good deeds, he introduced tales of martyrs and saints into a conversation with his faithful deacon: and when the author of the mediæval *Vices and Virtues* wished to instruct an erring soul, he did so by allowing Reason to hold converse with that soul.

Later English writers of various periods, but especially of the seventeenth and eighteenth centuries, expounded theories of government or of the drama, discoursed on ancient coins and medals, or guided eager pupils in the gentle art of angling, through the same medium of expression; and the principle underlying their choice of this medium was always, apparently, the belief that dealing with a subject conversationally would give their treatment of it ease and strength of appeal. In a dialogue a learned subject could be treated without pedantry, written authorities could be avoided,[1] and wisdom could be made to fall lightly in the midst of familiar speech. Or if the subject were slighter in its nature, it might be given significance through its connection with definitely characterized personalities; for a statement to which one might otherwise be indifferent rouses interest when it is the opinion of one whom we know. Thus, under ideal circumstances, a subject seemed to be expounded more freely and easily when set forth in a dialogue.

As compared with the philosophical dialogue, the dialogue of didactic tendencies lacks all true clash of opinions. It is not merely that one figure usually dominates it; that is true also of the dialogues which include Socrates as a speaker, and of some of those of the English philosophers. It is that the ultimate aim and object of the expository dialogue is not to elicit truth through argument, but rather to set forth facts or principles or theories already existent in the mind of the writer, or, in the words of Bishop Hurd, to 'insinuate truth'. To one chief speaker the writer usually assigns the task of expounding his views; to the others, the task of urging this person on, whether by questions or comments or objections. Sometimes, it is true, he divides the parts more evenly; but in most cases a protagonist carries the chief burden of the conversation.

The strong contrast between the truly philosophical and the expository dialogue may be suggested, again, by the thought of a conversational group gathered about Socrates in the market-place of Athens as compared with such a group gathered about Dr. Johnson in a London coffee-house. One teacher tries to draw out all that those about him are able to contribute to

[1] Cf. a discussion of the technique of citation in dialogue by Professor Hendrickson, in *Am. Jour. Phil.* 27. 184—199.

the discussion, to force his followers to think by making them argue; the other himself lays down the law with a finality that encourages no counter-opinions on the part of lesser men, forcing them to think through the stimulus of his own thought. The expository or didactic dialogue certainly appears in its essence in Boswell's *Life.* Boswell asks a question, Johnson gives his dictum; Goldsmith asks a question, and Johnson does the same; and the parallel between these reports of actual conversation and their more developed literary analogues suggests very strongly that the didactic dialogue does not run athwart the genius of the English people. The examples of it to be given may perhaps show that it is more of a native product, less purely imitative, than the philosophical dialogue which looked to Plato as its inspiration.

In considering these examples, we set aside, for the time being, two groups that are of especial interest because of their subject-matter.

The barest type of the expository dialogue is, naturally, the catechism in which question and answer follow in direct succession, with as little attempt at setting or characterization as at any disguising of the evident didactic purpose. From the catechisms of mediæval times grew those of the Reformation, of which the final expression for the English church is that found in the Prayer-book. With the development of Puritanism, new summaries of faith were needed, and they sprang forth abundantly. 'It may be said, without exaggeration, of the catechisms framed on the system of the doctrinal Puritans, and published in England between the years 1600 and 1645, that their name is legion.' [1] The popularity of some of these is

[1] A. F. Mitchell, *Catechisms of the Second Reformation,* London, 1886, p. IX.

evidenced by the numerous editions issued within a few years. It is interesting, too, to find that at least twelve or fourteen members of the Westminster Assembly had published catechisms of their own before their united efforts resulted in the framing of that Shorter Catechism (1643) which one of its admirers calls 'perhaps the most masterly summary of doctrinal and practical theology ever given to the world'.

As dialogues, these catechisms are distinguished from other dialogues of an expository nature by the fact that the teacher is here the questioner, not the person questioned, and hence that his role is comparatively unimportant. The fact that the pupil's answers evidently proceed from higher authorities takes away from such catechisms all similarity to actual conversation, yet the conventional forms of conversation remain, and make their psychological appeal to the pupil. Furthermore, the question suggests the proper classification of the answer, and enables its doctrine easily and expeditiously to be pigeonholed in the mind. The historical development of these pseudo-debates, from the days when a teacher asked a question and told his pupil how to answer it, easily accounts for their form.

In the main, merely catechetical dialogues have been restricted to the setting forth of religious doctrine, but Lord Bolingbroke's *The Freeholder's Political Catechism*, published in 1733, makes use of the method through direct imitation. It often follows even the wordings and rhythm of the Prayer-book catechism, as almost any of its questions would suggest. 'Thou hast promis'd that in order to preserve this thy Liberty, thou wilt resist to the utmost of thy Power the enemies of our good Constitution; who are those enemies'? Such a question suggests also the emphasis given to such doctrines through the repetition of what had been stated in a previous answer.

Some other dialogues, not called catechisms, are almost as bare in their plan, and as palpably didactic in intent, as those just spoken of. They are such as are intended to supply definite textbook instruction, and therefore serve the same purpose as the catechism. The manner has survived to the present day, and has been used for many and various subjects; we note here only one or two quaint examples of it. *The Surveyors Dialogue*, by John Norden (1607), for example, quotes now and again from the Bible, as well as from the Greek, and, like the good old histories which begin with the creation, goes back to the very roots of its subject-matter. The first of its five parts has this heading: 'Book 1, betweene a Farmor [*sic*] and a Surveyor: wherein is proved, that Surveyes are necessary and profitable both for Lord and Tenant: and wherein is shewed how Tenants ought to behave themselves to their Lords.' By the time we reach the fourth part, theory has advanced to practice, for directions are given, through question and answer, as to the use of scale and 'compasse,' and tables of computation are printed for the learner's use.

Still more curious than this is an old textbook in arithmetic, of which an enlarged and emended edition appeared in 1632, entitled *The Ground of Arts*. Like the author just mentioned, Robert Record, Doctor in Physick, begins by convincing his pupil of the usefulness of the matter with which he purposes to deal. He asks: 'If Number were so vile a thing as you did esteem it, then need it not to be used so much in men's communication. Exclude Number, and answer

to this question: how many yeares old are you'?
An old-fashioned flavor is also given to the book by
such headings as *The Golden Rule Direct*, introducing
a discussion of the rules of proportion. This is only
one of a number of text-books in which this same
quaint teacher used the somewhat indirect method of
dialogue to set forth a subject of considerable scope.

One would not seek to enlarge one's field beyond
due limits, and gather in rich crops belonging to another; yet the temptation at this point to bring into
the field of the dialogue one of the rarest books of
English literature, is almost too strong to be resisted.
The *Pilgrim's Progress,* as a whole, is certainly not a
dialogue, but the individual parts of it come so close
to the catechism that they may be justly called upon
to lend lustre to a type from which some readers
may shrink. Save for the fact that the narrative element is strong, one might easily consider the whole
allegory as practically a succession of such dialogues.
The Evangelist, Goodwill, the Interpreter, and Charity,
are a few of those who instruct the wavering Christian
with a frank didacticism and a personal appeal that
give great warmth to the words they utter. Piety
and Prudence and Faith catechize him in the good
mediæval manner. Yet, not to assume too much, we
grant that the story-element of *Pilgrim's Progress* helps
to give the conversations their charm, and merely
suggest that the dialogue-method is an important
feature of the book.

Less catechetical in manner are many other dialogues not intended for purposes of direct instruction,
but of evident didactic aim. *The Mirror for Magis-
trates* is a sixteenth-century parallel to Gregory's *Dialogues,* for the stories it includes, linked together by
conversation, are designed to point a very direct moral.

Spenser's *View of the Present State of Ireland, discoursed by way of a dialogue betweene Eudoxus and Irenæus*, written later [1] in the same century and in a wholly different manner, is constructed in so regular a way that it very closely illustrates the typical method of procedure of rather weighty expository dialogues, and invites comparison with the more substantial essay or treatise. The reader who loses himself—happily, to be sure—in the mazes of *The Faerie Queene*, finds here a discourse so clear and coherent in its thought and arrangement that it might seem almost mechanical, were it less filled with an evident earnestness, sincerity, and depth of feeling. Eudoxus opens the dialogue with a very direct attack, questioning his friend newly returned from Ireland, and wondering that no means is found for bettering the state of that wretched land. Irenæus suggests that God's will keeps Ireland wretched, but Eudoxus vigorously urges that man, rather than God, should be blamed. He then asks Irenæus to set forth what seem to him the chief ills distressing the country, and thereafter to tell how, in his judgment. these ills should be redressed. Irenæus agrees to do so, declaring that the evils are of three kinds, ' the first in the Lawes, the second in Customes, and the third in Religion.' He then goes on to discuss each of these in turn, not continuously indeed, but oftenest in answer to the skillful questioning of his friend. Then, having filled more than half the space of the dialogue, Irenæus marks a clear transition to the remainder of his discussion: 'Nowe that we have thus ended all the abuses and inconveniences of that government, which was our first parte, it followes next to speake of the

---

[1] Written 1595, registered 1598, printed 1633.

seconde, which was of the meanes to cure and re-
dress the same, which we must laboure to reduce to
the first beginning therof.' Then he goes on, constantly stimulated by the questions of Eudoxus, to
set forth in a good deal of detail a scheme for the
improvement of Irish affairs, showing that he—and he
is only Spenser's mouthpiece—has worked out his
thought with great fullness, and with the keenest interest and sympathy. The dialogue ends abruptly,
with a suggestion of some future talk on the an-
tiquities of Ireland.

Save for their eager interest in the sufferings of
Ireland, no touches of personality distinguish the two
speakers. No touches of setting localize the conversation; there is, in a word, no attempt at the dramatic. Hence the method of dialogue was, apparently,
chosen only to make the plan seem more appealing,
and the discussion perhaps less technical. Spenser
does not seek to avoid the firmer structure of the
essay; the main lines of his development would be
the same in essay-form; but within those larger di-
visions, he feels, it would seem, that matters of detail
are brought out more clearly and naturally through
question and answer. And so one speaker questions
the other, and the exposition is given by way of answer.

Though it is entirely possible that such a conversation might take place between two high-minded men,
keenly interested in the welfare of Ireland, the lack
of personality in the speakers almost necessarily occa-
sions a lack of inevitableness in the form. The warmest
lover of Spenser must regretfully admit this, with all
high appreciation of the glow of sympathy that an-
imates this work.

The type illustrated by this dialogue of Spenser's
is of fairly frequent appearance. Bacon's unfinished

Latin dialogue, *De Bello Sacro* (1622), is also to be grouped among the weightier expository dialogues, though it has a somewhat philosophic tone, and several speakers contribute important parts to its discussion. And several of the dialogues already mentioned as political and social pamphlets have a flavor strongly didactic, notably Sir Walter Raleigh's *Perogative* (sic) *of Parliaments* (1628).[1] This is practically a treatse on English constitutional history, as is also *A Dialogue at Oxford between a Tutor and a Gentleman, formerly his Pupil, concerning Government.*[2] In the latter, the pupil, exhibiting the wisdom he has gained since leaving college, sums up English history to show that the people, not the king, form the ultimate source of governing power. George Buchanan's *Dialogue concerning the Rights of the Crown of Scotland, Translated into English . . . by Robert Macfarlan,*[3] and *The Ancient Dialogue concerning the Exchequer . . . now carefully translated into English by a Gentleman of the Inner Temple,*[4] both originally written in Latin, became a more popular possession of the eighteenth century than of the times when they were written. In these, and most others of the more serious expository dialogues, the method is either that of the catechisms, or else one that reminds us of those scenes of Euripides or Racine in which a heroine and her confidante entrust their secrets to the audience. The speakers of the dialogues are as well trained as such dramatic personages in drawing from one another exactly that which the author desires to present.

Among the dialogues that are less serious in tone are Addison's *Dialogues on Medals*, which one editor[5]

---

[1] See p. 52, above.   [2] See p. 53, above.   [3] London, 1799.
[4] London, 1758. See p. 23, above.   [5] Cf. *The Works of Joseph Addison*, ed. Greene, New York, 1856, Vol. 2.

calls, 'next to Dryden's *Dialogue on Dramatic Poetry*, the best specimen in our language of this style of writing,' and which Bishop Hurd ranked among the three best in the language. Addison had grown interested in medals, in the course of a visit to Italy, and wished to share his interest with an audience of readers. He had not such special knowledge as would enable him to write a scholarly treatise on the subject, had he wished to do so, and, on the other hand, he could merely have touched on it in the space of a *Spectator* essay. He was familiar, of course, with classical dialogues, and those of Cicero furnished him with a general model for possible treatment of his subject. Moreover, he had Fontenelle's *Entretiens sur la Pluralité des Mondes*[1] especially in his thoughts at the time. It was, therefore, very natural and easy to write a conversation about medals, rather than to attempt an essay; the dialogue-method made it possible to deal with the subject from different points of view, and in a somewhat rambling manner. He does not, indeed, care to linger over any approaches to his theme, as the beginning of the second dialogue shows: 'Some of the finest treatises of the most polite Latin and Greek writers are in dialogue, as many very valuable pieces of French, Italian, and English, appear in the same dress. I have, sometimes, however, been very much distasted at this way of writing, by reason of the long prefaces and exordiums into which it often betrays an author. There is so much time taken up in ceremony, that before they enter on their subject the dialogue is half ended. To avoid the fault I have found in others, I shall not trouble myself, nor my

---

[1] Cf. John Harris, *Astronomical Dialogues between a Gentleman and a Lady*, London, 1719, for the treatment of a subject similar to that of Fontenelle.

reader, with the first salutes of our three friends, nor with any part of their discourse over the tea-table. We will suppose the china dishes taken off, and a drawer of medals supplying their room.' Thus he philosophizes about his chosen manner of expression.

His speakers are called by Greek names, as was the traditional custom in dialogues of the classic line. In the first dialogue, beginning with a criticism of ' the medallists,' they discuss the use of medals as historical documents, and as furnishing palæographical evidence. This latter point leads the chief speaker, Philander, to tell of his collection of imperial medals that are of affinity to passages in the poets, and so, in the second dialogue, he and his friends are inspired by the medals to quote numerous passages from Horace and Seneca, Ovid and Virgil, and many another Roman poet. This is the manner of their talk : ' Our next reverse is an oaken garland, which we find on abundance of imperial coins,' declares Philander. ' I . . . will give you a passage out of Claudian, where the compliment to Stilico is the same that we have here on the medal.' And he proceeds to quote. In the third dialogue they compare ancient and modern medals, with only few and brief quotations.

All three conversations contain a good deal of simple, straightforward exposition on the part of Philander. The words of the other friends are introduced either merely for relief, or to suggest new points to Philander, and the effect of the whole differs so little from that of an essay that we are likely to decide that the use of dialogue neither makes nor mars the discussion. The leisurely manner of conversation, and the frequency of appeal to the classic poets, were of course decidedly to the taste of the eighteenth century, and helps to account for the flattering judgments passed upon this group of dialogues. To modern readers their charm is far less than that of the *Spectator* papers.

Many other less able writers followed the general manner of Addison and the French writers of his time. Such dialogues as Matthew Tindal's *Christianity as Old as the Creation*,[1] James Hervey's *Theron and Aspasio*,[2] and David Fordyce's *Theodorus: a Dialogue concerning the Art of Preaching*,[3] suggest the commonplace character of a large number of those written during a period too much given to the imitation of earlier models. They were apt to be either stiff and stilted, or of an affected ease, and the worst specimens of them reached a low level of dullness.

Among the better dialogues of the age, however, were those of Bishop Hurd, whose work we shall consider more fully in connection with that of the eighteenth-century philosophers. This interesting critic of the dialogue was influenced by Plato and Lucian as well as by Cicero, and aimed rather at the manner of the philosophic dialogue, but a number of his conversations were decidedly expository in tone, and the two *On the Constitution of the English Government*[4] certainly deserve mention at this point. They purport to represent a conversation held by Sir John Maynard. Mr. Somers, and Bishop Burnet, in 1689. The conversation is reported by Mr. Somers, but Sir John Maynard is the chief speaker, and he holds forth at length, when requested to do so by his friends, on English constitutional history. The two friends ask suggestive questions, or contribute to the discussion in other ways, and the conversation, as a whole, has a good deal of ease and naturalness.

[1] London, 1730.
[2] London, 1755. [3] 3d ed., London, 1755.
[4] In *Moral and Political Dialogues*, London, 1759.

Another eighteenth century writer of dialogues who was influenced by Lucian, as well as by Lucian's French followers, was Lord Lyttelton, who wrote a series of *Dialogues of the Dead*.[5] Both Fontenelle and Fénelon had written *Dialogues des Morts*, Fontenelle, as his biographer in the *Grande Encyclopédie* declares, making 'Platon galant et Phryné moraliste.' With Lyttelton the spirited dramatic device of Lucian became chiefly an instrument for inculcating his own critical, moral, or political observations. ' The Dramatic Spirit, which may be thrown into them, gives them [such observations] more Life, than they could have in Dissertations, however well written,' he suggests in his preface. Lucian, too, had used the conversation of spirits in Hades as a means of setting forth his views on the world of the living, only with rare dramatic skill. Lyttelton has far more monotony of treatment. When Plato and Fénelon meet in the realms of the dead, or Addison and Swift, or Louis le Grand and Peter the Great, their invariable custom, he would have us believe, is to measure themselves against each other, and draw rather didactic moral conclusions as to their own lives and the characteristics of their own and later ages. The sameness of situation and of treatment in the series of conversations grows tiresome, but the device of allowing the dead to comment on the living remains an interesting one.

The examples that have been given may serve to show that the general progress of the expository dialogue during the seventeenth and eighteenth centuries was from the serious didactic manner to a manner which aimed to deal more lightly with a considerable variety of subjects. In the nineteenth century, as will appear later, the expository essay throws aside di-

[5] London, 1760.

dacticism still more completely, and adopts, in conversation, the manner of the easy-chair essay.

But there are two groups of expository essays belonging to the period we have been reviewing, that we have reserved for separate discussion. The first of these includes a number of dialogues that are definitely concerned with literary criticism.

As early as the fifteenth century there is a bit of dialogue in Trevisa's translation of Higden's *Polychronicon*[1] on the subject of translation from Latin into the vulgar tongue, but Dryden's *Essay of Dramatic Poesy*[2] (1668) is the first important contribution to English literary criticism written in dialogue. The greater part of this writer's criticism appeared in the essays which he prefixed to his plays; in this one case only did he use the method of the dialogue. Many of his critical utterances, like this so-called *Essay*, are polemical in character, and most of them, though not without a share of independent thought, go back to Aristotle for their fundamental principles. *The Essay of Dramatic Poesy* is one of a series of five documents which carry on a literary argument between Dryden and his brother-in-law, Sir Robert Howard, and it is the longest and most important of the series. Its thought is very closely based on that of Corneille's three treatises, or *Discours*, on dramatic questions, as well as on the poetic principles of Aristotle on which Corneille, too, based his criticism.

At first thought it would seem that this *Essay* should be grouped with dialogues of an argumentative nature, rather than with those that are expository. It is made up, broadly speaking, of three arguments.

---

[1] Cf. *Fifteenth Century Prose and Verse*, New York, pp. 203 ff.

[2] Cf. Dryden, *Essays on the Drama*, ed. Strunk, New York, 1898.

Crites and Eugenius discuss the relative merits of the ancient and the modern drama ; Lisideius and Neander the relative merits of the French and the English drama ; and Crites and Neander the relative merits of blank verse and rhymed verse in the drama. Each of these three arguments is made up of a single speech on each side, in one case with a brief reply at the end ; and they are preceded by a narrative introduction in which the speakers lead up to the main dicussion by a natural conversation about the poor poets and the bad verses of their day. The manner of the discourse is argumentative, yet its main purpose is to set forth Dryden's views, and it is, therefore, almost equivalent in value to three essays, in each of which is represented a prevailing view and its refutation.

The talk is carried on in a barge gently rowed along the Thames, while the sound of booming cannon informs the speakers of the naval battle that is being fought against the Dutch. The situation is thus a picturesque one, and the discussion stands out clearly against it, given permanent value by the vigor, nervous force, and virility of the writer's style. Dryden's power as a writer of prose, and the very modern tone of his prose, are nowhere better illustrated than in this *Essay*, which thus forms a milestone in English literature, separating that which we recognize as modern from the more involved periods of Milton and other seventeenth-century writers.

To judge of the value of the dialogue as criticism, one must look beneath the surface, and refuse to be repelled by a superficial tendency to refer to French standards of the seventeenth century. Remembering to do this, one realizes that the criticism is essentially sound, and as true to-day as when it was first written.

Dryden's choice of the dialogue-method to embody this criticism may at first seem unfortunate, because of the small amount of dramatic characterization given to his speakers. Yet a deeper consideration of the social and literary conditions of this age may help to justify this choice, at least historically, for it was most probably due to the fact that the opinions he wished to combat were definitely connected with the names of such well-known Englishmen as Sir Robert Howard, Lord Buckhurst, and Sir Charles Sedley, who, with the addition of Dryden himself, formed the party on the Thames. Though his speakers have little dramatic personality to us of to-day, even when their feigned names are connected with the actual historical personages they represent, we must realize that the very opinions stated called up the thought of those personages to the literary Londoner of the Restoration Age. Yet though the dialogue-method of the *Essay* may be justified historically, and may be convenient because of the particular nature of its subject-matter, an æsthetic judgment must still regret that the speakers are not made more living. As a dialogue-writer, Dryden shares many of the good qualities and limitations of Cicero, and with a similar ease of manner, he produces somewhat similar results.

Another series of dialogues on literary matters, of late made easily accessible by Professor Spingarn, was written within Dryden's lifetime. This is *The Impartial Critick,* or *Some Observations upon a Late Book, entitled a Short View of Tragedy, written by Mr. Rymer,*[1] by John Dennis. It is a series of five dialogues, marked by a wit and liveliness not unlike that of the Restoration drama, combined with occasion-

---

[1] Published in 1693. Cf. Spingarn, *Critical Essays of the Seventeenth Century*, Oxford, 1909, 3. 148.

al touches that suggest less pleasant features of that drama. As is always the case, it gains through having speakers who are not made to seem artificial mouthpieces by being afflicted with Greek names. Jack Freeman and Ned Beaumont, who carry on the discussion, are not only of their own time, but of a somewhat modern spirit as well. Their first conversation is held in Beaumont's rooms, the second at a tavern, and the third, fourth, and fifth in Freeman's rooms. The conversation works up only gradually toward its main subject, and many touches of the life about town of London men of fashion give the speakers some flesh-and-blood reality. The first dialogue is mainly introductory, leading to a discussion of Rymer's book; in the second, Freeman, who is the chief critic, shows the weak points of the English *Œdipus* as compared with that of Sophocles; in the third, he shows that Rymer's judgment of Waller's poetry needed to be revised; in the fourth, that it would not be well to imitate the classical drama in *all* respects; in the fifth, he discusses certain characteristics of the Greek drama, and particularly the function of the chorus. At the close he promises to show later that, contrary to Rymer's assertion, Shakespeare was really a great genius.

The views presented in these dialogues are nearly all those which modern criticism would approve—one cause, perhaps, of the modern tone of the whole. The manner of presenting them is easy and natural, and the speakers show much good sense, in spite of the flippant tone of worldliness they assume when not discussing serious subjects. As dialogues, they have the merit of exhibiting a good deal of dramatic quality. Though the justness of Dennis' views is more or less independent of the personalities of his speakers, it gains in interest as coming from two men who suggest very strongly the life of their times.

We turn back now to the second special group of expository dialogues that were set off for especial attention because of the nature of their subject-matter, and the kind of treatment that naturally resulted from that subject-matter. The group contains those dialogues that deal with certain outdoor sports; and, perhaps because they are thus an outgrowth of national characteristics, reflecting the Englishman's well known love of life in the open air, they are among the most readable of the dialogues which our literature can show. Because of their really practical purpose, they have, in general, a simple sincerity of tone that is thoroughly winning; but whatever may have been the purpose for which they were written, we read them now because they add the charm of delightful conversation to matters in which we may, or may not, be interested. Their method is somewhat like that of a catechism reversed; for in most cases the pupil questions the teacher, and draws out from him the desired store of learning and advice. In one of the earliest specimens of this kind, Roger Ascham's *Toxophilus* [1] (1545), we have the conversation of two friends, rather than of master and pupil. But were we inclined to be deceived as to the didactic and expository tendencies of their talk, the table of contents of the first book would enlighten us, for it runs thus:

[1] Ed. Wright, Cambridge, 1904.

Shootynge fitter for students than any musike or instrumentes.

. . . .

The commoditie of Shootyng in war through the Histories Greke and Latin, and all nations Christen and Hethen.

This first part of the dialogue reflects the influence of Cicero. Toxophilus himself mentions also the fact that he has been reading in the *Phedro* [sic] of Plato, and the humanistic learning of Ascham crops out in the constant references to Euripides, Sophocles, Cicero, and many other classic writers. Largely because of his classical studies, one would suppose, he has given a philosophical turn to the first part of *Toxophilus*. Argument as to the value of shooting is constantly reinforced by the weight of authority, as with many of the dialogue-writers. Thus, as a general argument against shooting, it is stated: ' Agayne Teucer, the best Archer amonges all the Grecians, in Sophocles is called of Menelaus a boweman, and a shooter, as in villaynie and reproche, to be a thing of no price in warre.' Toxophilus says: 'Polycrates the prince of Samos (a very little yle) was lorde over all the Greke sees, and withstode the power of the Persians, onely by the helpe of a thousande archers.' These statements illustrate also the dialogue-writers' habit of arguing, now and then, about things that cannot possibly be settled by argument. Whether or not shooting is a valuable exercise must be left—with all due deference to good Roger Ascham—to the judgment of individual men, though we are always willing to hear the arguments of one who argues so pleasantly as he.

In the second book of his dialogues, Ascham lays aside the shackles of his classicism with the attempt to philosophize about shooting, and, having cleared the field to his own satisfaction, enters on the accomplishment of his really didactic purpose. Hence the second book takes on an entirely different character, and accomplishes its purpose in a simple and obviously direct way. It begins with the question of the friend, Philologus : ' What is the cheyfe poynte in shootynge, that everye manne laboureth to come to ? '; and the answer of Toxophilus is as direct and simple, for he says, ' To hyt the marke.' They go on with question and answer, usually with brief questions and very long answers, for by far the larger proportion of the talk falls to the share of Toxophilus. His speeches are mainly expository, as one would naturally expect, and again we have the dialogue taking the place of a treatise. But the conversational method seems well suited here to the very practical purposes of the book, while the evident sincerity of the writer, and the charm of his style, make it worthy of being read even by those for whom archery has no charms. The reader, whether or not he be of the company of ' Gentlemen and Yomen of Englande,' to whom the dialogue is addressed, would willingly, at its close, say with Philologus : ' For your Gentlenesse and good wyll towards learnyng and shotyng, I wyll be content to shewe you any pleasure whensoever you wyll.'

In William Bullein's *Bulwarke of Defence*,[1] published in 1562, there are dialogue-passages, as for instance that on boxing, but we pass over this, to turn to one of the best-loved books of English literature—a golden dialogue, as dear to those who have never touched a fishhook as to the most venturesome brothers of the angle. The transparent simplicity and genuine goodness of Walton are breathed forth also in his

[1] Cf. E.E.T.S. 32, p. 240.

Lives, but not even the best of these has quite the winning power of the *Complete Angler* (1653). Its success as a dialogue would seem to be due in part, at least, to the fact that it is not a mere imitation of anything else. It is frankly didactic, and genuinely English.

The general plan of this book is well known. A fisherman, a hunter, and a fowler meet and converse as they travel together along a pleasant English roadway. They tell of their favorite diversions, praising in turn the elements of air, earth, and water, as well as the inhabitants of all three elements. After Auceps, the fowler, has left their company, Venator is so charmed and won by the words of the angler that he begs to become his pupil in the art of angling. From this point on come the passages readers love best. Is it for the pictures of the English countryside, for the songs sung by the English milkmaids (no Sylvias or Amintas, but fresh-faced and bashful country girls); for the pleasant discourse on fish and their tricksy ways; for the marvelous tales of wonderful rivers or gigantic fish; or for the sweet-spirited philosophy of the gentle Angler that is mingled with it all? Undoubtedly for all these reasons, and because, as the writer tells us in his epistle to the reader, he made ' a recreation of a recreation ' in the writing of it. The spirit of joy and gladness in life and the sense of wonder that are all-pervading in its pages carry the reader along, a willing captive, and he has no need of the recommendation ' that he that likes not the Discourse, should like the pictures of the Trout and other fish.'

There are here some touches of the usual dialogue-habits, especially in the earlier part of the discussion. To prove the fertility of the earth—scarcely a matter for argument—Venator asks, 'How could Cleopatra have feasted Mark Antony with eight wild Boars roasted whole at one supper, and other meat suitable, if the earth had not been a bountiful mother?' There is also much citing of authorities of all sorts to bear out the Angler's wisdom, for he is too simple-minded to fear the accusation of pedantry. Albertus Magnus and Seneca and Sir Francis Bacon figure in this connection alongside of personal friends of Walton.

The curious lack of realism in this and in some other dialogues reminds one of the occasional shortening of time in the English drama; by contrast, perhaps, because in these cases the inconsistency is not concealed, as in the drama. Piscator says, for instance: 'And now you shall see me try my Skiil to catch a Trout; and at my next walking, either this evening or to-morrow morning, I will give you direction how you yourself shall fish for him.' Apparently two hours must elapse after this remark, but Venator says immediately, according to the printed text: 'Trust me, master, I see now it is a harder matter to catch a Trout than a Chub: for I have put on patience, and followed you these two hours, and not seen a fish stir, neither at your minnow nor your worm.' At another time, the Angler has asked the hostess of an inn to dress for their breakfast the chub which is their earliest trophy. She replies, 'I will do it, Mr. Piscator, and with all the speed I can'. Piscator says at once, at least in print: 'Now, Sir, has not my hostess made haste? and does not the fish look lovely?' This artless inconsistency may detract from the realism of the dialogue, but has little effect on its general charm.

The touches of personal characterization are given chiefly to the Angler himself, and as the Angler is

none but Izaak Walton, this demanded no dramatic
ability.   The others who figure do indeed speak in
character, but they represent fairly simple types, rather
than clearly marked individuals.   Venator, the second
figure in importance, is a polite and obedient pupil,
grateful for the friendship of his master and attentive
to that master's words, but, save for his quaint garb,
we should not know him if we met him to-day.   The
bluff and good-humored brother Peter, and the rustic
figures of the milkwoman and her daughter Maudlin
who sings the 'smooth song Kit Marlow made,'
present no touches of more delicate characterization.
Yet all of them have bodily substantiality, and bear
little resemblance to such thinner creations as the
Philautuses and Sophrons of the more conventional
dialogues.

The Angler holds forth at great length on such
subjects as the nature and breeding of the trout, 'a
generous fish,' or the salmon or the pike; he gives
long and elaborate directions for the dressing of a
chub or the choosing of flies; he tells how to fish
with a live frog, and how, in putting the hook into
his mouth, to 'use him as though you loved him, that
is, harm him as little as you may possibly, that he
may live the longer'; and he pours forth rich stores
of legendary lore.   Thus by far the greater part of
the book consists of more or less direct exposition,
but the constant use of the pronouns *you* and *I*, and
the occasional interruptions of Venator, are enough
to keep the reader always reminded of the situation.
He, too, is ready to say at the end, 'I love any discourse of rivers, and fish, and fishing; the time spent
in such discourse passes away very pleasantly'.   There
is an all-pervading sense of leisure about Izaak Walton's
discourse that accounts in part for its peaceful and

restful atmosphere. The days are long, and the fisherman has patience to wait for his trout.

If one decide in the end that *The Complete Angler* is not only a charming book but one of the best of dialogues, we would seem to find the reason in the fact of its naturalness, its spontaneity, and its fitness to its purpose. Scarcely any English dialogue is more truly a native product, less influenced by models of any sort. Like the works of some of the greatest masters, it gathers up into itself a large share of traditional material, but it fuses all this into a new product, which has in it the sense of life. Thus Isaak Walton proved that exposition in dialogue-form, dull though that phrase sounds, could be made a thing of beauty. A little of his power lingered on even in the addition to his book made by his friend and follower, Charles Cotton.

With Walton one may well end a discussion of the English expository dialogue, for he exemplified its best possibilities. Spenser had breathed into his dialogue an earnest and deep feeling for Ireland, but his subject-matter remained something apart from his speakers; Addison had used the method with ease, but his conversations were of literary rather than human interest; Dryden had used it with rare vigor, but had missed the finer touches of characterization that would have made his speakers, as well as his opinions, living forces. All three of these writers were strongly influenced by the classic dialogues, and especially by Cicero, and they called their speakers by the names of tradition. Walton failed to fuse thought and character in the Platonic fashion; he but used, perhaps, the *method* of dialogue; yet he made his work, whatever the ultimate influences that combined to mould it, a part of English life; one feels inclined to dwell on this point, not because of any desire to overestimate the importance of his work, but because it so well illustrates the never-failing power of thorough genuineness.

The perpetual charm which we find in the teachings of a Dr. Johnson, or of such an Angler as Walton, proves that the expository dialogue, though it be dialogue in method only, and not a true literary form, can still hold and sway alike the immature and the developed mind, making its continual appeal to our love of the words of a master. The philosophical dialogues that form the centre of our attention in the eighteenth century offer a strong contrast to it; for, though more truly dialogues in the Platonic sense, they are far less native to the soil from which they sprang.

V

THE PHILOSOPHICAL DIALOGUE

When the English philosophers turned writers of dialogues, they were seeking, as Plato had sought, to make truth seem a living thing. Realizing that Plato had done this supremely well, they trusted to obtain the same result by direct imitation, and so transplanted into England the dialogue which had grown out of the actual conditions of Athenian life in the days of Socrates.

The dialogues of Plato had gained their strength from the fact that their writer was a poet as well as a philosopher, and that by giving life to his speakers he was able to give life also to their spoken words. Much of the secret of Plato's power lay in his nice balance between dramatic characterization and the search for philosophic truth. In his finest dialogues the balance is usually kept even, and the reader forgets neither one in the thought of the other; but if either predominates, it is the element of personality. Dramatic characterization and the lyric note of personality in the Platonic dialogues proclaim their author a poet, and suggest that the poetic insight he gives to Socrates, leading that stern questioner now and again to throw aside the processes of reason in utterances that may be called rhapsodies, has its place beside the relentless laws of reason in argument.

The English philosophers succeeded in different degrees in attaining power in their use of the dialogue-form, but they were always directly imitative rather than creative in their literary methods, because they were philosophers, and not poets.   They did not always escape the danger of failing to make a speaker one with the thoughts he spoke, and it is perhaps curious that they incurred this danger for widely different reasons, according to circumstances.   When a man is filled with conviction so intense that he yearns to bring it home to others, as was Berkeley when he wrote the *Dialogues between Hylas and Philonous*, the thought that overpowers him leaves little room for any consideration of the individual personality of his speakers.   He presents thought, and meets the objections to it, with a glow of feeling that carries one away, but it is thought contending with thought, rather than individual man contending with individual man. When Hume, on the other hand, sees much to attract him in orthodox Christianity, in a broad-minded theism, and in complete scepticism, his very lack of conviction leads him to present these three tendencies of his own mind as arguing for supremacy, and hence his concern with personality is naturally slight.   In such cases as these, the dialogue-form is a convenience, rather than a necessity vitally bound up with the very nature of the thought.   Its choice then rests on convenience of structure, on the possibility of confuting, or seeking to confute, point after point as it arises, thus making the process simpler for the unphilosophic mind to follow.

The dependence of the English philosophical dialogues on their models is indicated symbolically by their use of Greek names—fictitious names in general— for their interlocutors.   Bishop Hurd suggested a real truth when he spoke of this usage—superficial detail though it may seem—as one of the most serious faults of these productions.   The Greek names suggest an artificiality that is utterly opposed to the naturalness of real conversation, and that is almost sure, at least in the beginning, to chill the reader's interest. Truth, for us, is present truth, and the more real and near to us the seekers after it, the more vital seems the search. The coldness of pastoral poetry, and of all other forms resting too much on established convention, goes back to the same cause, and the Greeks of the dialogues, though perhaps less charming, bear a close resemblance to the Amaryllises and Phyllidas of pastoral poetry.

The fundamental weakness of eighteenth-century philosophical dialogues, then, is that they represent, in too many cases, the attempt to pour new wine into old bottles; it is but too evident that their writers did not create anew to meet new and changed conditions of life. But having granted this fundamental weakness, we realize that there are numbered among these dialogues some that represent the work of literary masters to whom we turn with pleasure.

Bishop Hurd's often quoted judgment as to the three English dialogues which alone seemed to him worthy of mention includes among the three Shaftesbury's *Moralists*. However this judgment commend itself to our particular liking, we must grant that, in any historical study of the English dialogue, the *Moralists* has a significant place. As he himself bears witness, Shaftesbury was familiar with the dialogues of the pamphleteers of the preceding century and of his own immediate age, and he was thoroughly familiar with the dialogues of Greek and Latin writers. The tendency of his age was to follow closely the influences of Latin literature, but Shaftesbury turned to Plato rather than to Cicero as a guide when he chose the dialogue-form for his work, and he thus revived for English literature the Platonic or philosophical dialogue.

The contrast between this and the dialogues of the preceding age appears clearly in certain comments in the third volume of his *Characteristics*. Here he speaks of ' the *direct way* of DIALOGUE, which at present lies so low, and is used only now and then, in our *Party-Pamphlets*, or new fangled *theological Essays*. For of late, it seems, the Manner has been introduc'd into Church-Controversy, with an Attempt of *Raillery* and *Humour*, as a more successful method of dealing with Heresy and Infidelity.' [1] Of the characters of these ' new orthodox Dialogists' he writes : ' 'T is by their Names only that these *Characters* are figur'd. Tho they bear different Titles, and are set up to maintain contrary Points ; they are found, at the bottom, to be all of the same side ; and, notwithstanding their seeming Variance, to co-operate in the most officious manner with the Author, towards the display of his own proper Wit, and the establishment of his private Opinion and Maxims. They are indeed his very legitimate and obsequious *Puppets* ; as like *real Men* in Voice, Action, and Manners as those wooden or wire engines of the lower Stage. PHILOTHEUS and PHILATHEUS, PHILAUTUS and PHILALETHES are of one and the same Order : just Tallys to one another : Questioning and Answering in concert, and with such a sort of Alternative as is known in a vulgar Play. . . . There is the same curious Mixture of *Chance*, and *elegant Vicissitude* in the Style of these Mock-Personages of our new *Theological Drama* : with this difference only, " That after the poor Phantom or Shadow of an Adversary has said as little for his Cause as can be imagin'd, and given as many Opens and Advantages as cou'd be desir'd, he *lies down* for good and all, and passively submits to the killing Strokes of his unmerciful Conqueror." ' [2]

[1] Ed. of 1732, 3. 291.   [2] 3. 292 f.

An earlier passage in the *Characteristics*, discussing the 'personated Pieces of early times,' shows, on the other hand, the method of procedure of the classical dialogues. 'They were either real *Dialogues*,' he writes, 'or Recitals of such *personated Discourses*; where the Persons themselves had their Characters preserv'd thro'-out; their Manners, Humours, and distinct Turns of Temper and Understandings maintain'd, according to the most exact *poetical Truth*. 'T was not enough that these Pieces treated fundamentally of *Morals*, and in consequence pointed out *real Characters* and *Manners*. They exhibited 'em *alive*, and set the Countenances and Complexions of Men plainly in view.' [1]

Shaftesbury's own dialogue, published in 1709, is an example of the 'Recitals of such *personated Discourses*.' Philocles writes for his friend Palemon the narrative first of a conversation held with Palemon himself: later of a series of conversations carried on during his visit to a country friend, Theocles. The title of the dialogue, *The Moralists, a Philosophical Rhapsody*, would naturally suggest something of its character, and it is further explained as being 'a recital of certain conversations on natural and moral subjects.' In the preliminary paragraphs, which aim to represent the tone of familiar letter-writing or conversation, Philocles sighs a little over his age, as philosophers have done before his time and since. There is so little real conversation holding steadily to one subject for as much as an hour at a time, he tells us, that the age need not wonder if it lack true 'philosophical Portraitures.' Furthermore, men scarcely think enough to doubt, but rather, in very cowardice, make quick decisions and 'take party instantly.'

[1] 1. 194.

And so his attempt to write a philosophical dialogue runs counter to the taste of his age, and Palemon, who called forth the attempt, must answer for it.

Palemon had begun in rhapsodical fashion, 'O wretched State of Mankind!' and his mood had led to a discussion of the evil of the world. Later Philocles, accused of scepticism, had undertaken to argue for theism, and had shown how the beauty of the world leads to the thought of a designer and creator. Then, at the request of Palemon, he had agreed to relate to him his conversations with Theocles. These conversations turn on the nature of happiness, the nature of good, and the theistic conception of God and the universe. Love of mankind is the greatest happiness, and the good of mankind is beyond and above all individual good. Again, beauty and good are one. '*The Beautiful, the Fair, the Comely*, were never in the *Matter*, but in the *Art* and *Design*; never in *Body* itself, but in the *Form* or *forming Power*.'[1] As we have a natural discernment of the beauty of such forms as spheres and cubes and circles, we have also a natural discernment of the beauty of actions. We enjoy all true beauty through the mind and reason; and true happiness comes always from within. As to the being of God, the perfect order of this world leads us to the thought of deity. The world is a great and God-governed machine.

Shaftesbury's moral standard, as expressed in this dialogue, is an almost purely æsthetic one. There is in man, he would have us believe, an instinct for beautiful things that can be trusted to lead him to good actions. The beauty of a love of public good will make him virtuous. This inner guidance is to him a higher law than that of the morality which con-

[1] 2. 405.

nects itself with religion, and binds men with the hope of future rewards and punishments.

The weak points of the philosophy of *The Moralists* are seized upon by Berkeley and brought out, with perhaps too great severity, in the third dialogue of his *Alciphron*. At its best, it is not without a lofty beauty of its own, and if men were all they should be might be a sufficient guide. But it shares the dangers of Epicureanism. All that was exalted in the teaching of Epicurus himself, all that was beautiful in his doctrines, as Pater shows them to us, for instance, in his *Marius*, degenerated, in the practice of his followers, into mere sensuality. And so, though there is no reason to deny the fact that Shaftesbury's theism and morality are of a truly elevated character, they lack the backbone and stiff moral fibre that are ever needed by the mass of mankind.

This same lack is reflected in Shaftesbury's style, which fails to sound the note of simple dignity that would naturally accompany the sincerest thought. It has been characterized as 'thin,' and Fowler speaks aptly of its 'falsetto note.'[1] Charles Lamb had called it 'genteel,' thinking, no doubt, of an apparent straining after ease, which makes the ease secured something of an affectation. This naturally goes back to Shaftesbury's lack of deep and strong conviction. Though he laments the follies of his age, he is, after all, trying to please that age by his gentlemanly airs of the man of the world. In this respect, the pupil of Locke is not unlike the French Fontenelle, though the manner sits more lightly, perhaps, on the shoulders of the Frenchman. Shaftesbury will not be dry and pedantic, and thus frighten away the world of fashion. He will show the world that a man of taste may be also

---

[1] Cf. *English Philosophers: Shaftesbury and Hutcheson*, London, 1882.

a philosopher. And, as a result, he has neither the out and out superficiality of the mere man of fashion, nor the out and out earnestness of the philosopher. One cannot but feel that his study of Plato might have been more fruitful.

Shaftesbury continued the pamphleteers' custom of using classical names for his speakers, but in turning to the narrative method of dialogue which he learned from Plato and Cicero, he gave an air of greater naturalness to his conversation. The artificiality of his attempt at complete ease is far more evident in the introductory passages and narrative links of *The Moralists* than in the actual conversation, which moves naturally and easily, though still with a touch of the falsetto note, and without the perfect clearness of expression that shows entire mastery of thought. Though general notions remain with us after reading *The Moralists*, their outlines are dim and hazy. Along with Shaftesbury's lack of conviction, then, so strikingly contrasted with Berkeley's intense conviction, goes his feebler intellectual grasp of the facts of life. He gives us what he has himself called ' enthusiasm ' in connection with the beauty of the world: he bursts at timas into poetical rhapsodies in which he perhaps hopes to imitate those of Socrates; but he shows the product neither of the deep and clear thinking of the philosopher nor of the true vision of the poet. He does set forth opposing sides, opposing views of the order of the world, and he does not completely vanquish one of these sides with the final strokes of his argument, in the fashion of the pamphleteers whom he criticized, yet, in avoiding such crudity, he seldom, if ever, makes us feel the throes of stern and difficult battle.

Shaftesbury did, however, accomplish something in the progress of the English dialogue. Inspired with the ideal of Plato, and gifted with a touch of Cicero's manner, he made the dialogue again a literary form, and not the mere polemical weapon it had been in the early days of Queen Anne. In so doing, he helped to blaze the way afterwards trod by far greater philosophers. That he was not a great writer of dialogue is due not to any lack of soundness in his theories respecting the dialogue, but to the fact that he was neither a great thinker nor a great personality.

It is in the work of the English philosopher and divine, Bishop Berkeley, that the dialogues of Plato find their closest parallel in English literature. Berkeley is introduced by his editor,[1] Professor Fraser, as ' one of the most attractive ' of English philosophers, ' who is also among the foremost of those thinkers who are masters in English literature '; and the words are fully justified. The charm and wonderful sweetness of character which won him a wide circle of friends among the men of his day best worthy of friendship, which bound to him the Whig Addison, the Tory Swift, the jealous Pope, are clearly reflected in his writings. As a thinker, he was the chief representative in England of the eighteenth-century school of idealism. As a writer, the nobility of his thought and the purity, dignity, and clearness of his style, place him among the masters, and give his philosophical writings high rank as literature.

His two group of dialogues fall within two distinct periods of his life. *The Dialogues between Hylas and Philonous* were published in 1713, following his *Treatise concerning the Principles of Human Knowledge*, which had appeared in 1710. With them, Berkeley, then twenty-eight years of age, had made his first trip from Ireland to England, 'in order', as he told his

[1] Berkeley's *Complete Works*, ed. C. A. Fraser, Oxford, 1901.

friend Percival, 'to print my new book of Dialogues, and to make acquaintance with men of merit.'[1]   Nineteen years later, after a great enlargement in the number of his friendships, much continental travel, and some years in America, he published his second group of dialogues—*Alciphron, or, The Minute Philosopher*.

The earlier group represents the views of one who had lived only the somewhat narrow life of a student, with his thoughts concentrated on solving the problem of mind and matter, a problem underlying man's whole conception of the universe.   There is nothing real save matter, the materialists had said.   All reality exists in mind, was the first great word of Berkeley.

The full title of this first group of dialogues is *Three Dialogues between Hylas and Philonous The Design of which is plainly to demonstrate the reality und perfection of Human Knowledge the Incorporeal Nature of the Soul and the immediate Providence of a Deity In opposition to Sceptics and Atheists also to open a Method for rendering the Sciences more easy, useful, and compendious.* Their subject-matter may be expressed much more simply as an argument to prove that the reality of matter consists only in its being perceived by the mind, a theory Johnson indignantly refuted by striking his foot against a stone.   In his *Essay towards a New Theory of Vision* (1709), Berkeley had shown that the only quality of objects really seen is their color, and that all other qualities often spoken of as seen are perceived in other ways, and, by association, joined with the impression of color.   In his *Principles of Human Knowledge* he had tried to show that all qualities of objects, the primary as well as the secondary qualities, exist in the mind of the perceiver rather

[1] *Complete Works* 1. XXXVIff.

than in an external object perceived; that there are, indeed, no external objects save as they are perceived in the mind. Early in that treatise he states his belief in a form which might well serve as a summary of the *Dialogues between Hylas and Philonous*: 'That neither our thoughts, nor passions, nor ideas formed by the imagination, exist without the mind is what everybody will allow. And to me it seems no less evident that the various sensations or ideas imprinted on the sense, however blended or combined together (that is, whatever objects they compose), cannot exist otherwise than in a mind perceiving them.'[1] The proof of this principle is the theme of the first dialogue; refutation of the suggestions that, if not existing in objects, matter may be the substratum, cause, instrument, or occasion, of our perceptions, is the theme of the second; and various objections to this whole theory are the theme of the third. One of the chief objections, clearly developed by later philosophers, is that this denial of the so-called actual existence of matter leads naturally to scepticism concerning the actual existence of spirit; but to Berkeley each man's consciousness of his own spiritual identity is the incontrovertible fact which should check any such view. Another and very terrifying objection is the fearful isolation which this theory would seemingly bring to each human soul. If the objects a man sees and touches have reality in his mind only, how can he have faith in the permanence of things? Life would seem to become a succession of fleeting shadows, and each living being a dreaming Lady of Shalott, did not the very fact that human experience shows a certain permanence in the so-called external world point to the conclusion that all that we perceive exists

[1] Complete Works 1. 258.

for ever in an eternal mind.   Creation, in accordance
with this belief, meant to Berkeley the will of God
that the objects of sense should become manifest to
human beings.

When, in writing these dialogues, Berkeley ran into
a new mould matter already set forth in the essay on
The Principles of Human Knowledge, he did so, as he
explains in his preface, with the aim of enforcing ideas
difficult to grasp—ideas that had, moreover, met with
considerable ridicule—and with the hope of reaching
an audience of general readers.   That in so doing he
satisfied the wishes of one friend at least, is indicated
in a letter written to him by Sir John Percival, who
was 'satisfied he had now made his meaning much
easier to understand, dialogue being the proper method
for meeting objections.' [1]

The greater concreteness of the dialogues, and their
stronger power of appeal, become clear through a
comparison of them with the earlier treatise.   In the
fourth section of *The Principles of Human Knowledge*,
for instance, Berkeley had written : 'It is indeed an
opinion strangely prevailing amongst men, that houses,
mountains, rivers, and in a word all sensible objects,
have an existence, natural or real, distinct from their
being perceived by the understanding.   But, with
how great an assurance and acquiescence soever this
Principle may be entertained in the world, yet who-
ever shall find in his heart to call it in question may,
if I mistake not, perceive it to involve a manifest
contradiction.' [2]   Contrast with this a corresponding
passage from the dialogues.   In the first of them,
Philonous says, 'How then came you to say, you
conceived a house or tree existing independent and

---

[1] Quoted on p. 80 of A. C. Fraser's Berkeley, Philadelphia, 1881.
[2] Complete Works 1. 259.

out of all minds whatsoever?' Hylas replies, 'That
was I own an oversight; but stay, let me consider
what led me into it.—It is a pleasant mistake enough.
As I was thinking of a tree in a solitary place, where
no one was present to see it, methought that was to
conceive a tree as existing unperceived or unthought
of; not considering that I myself conceived it all the
while. But now I plainly see that all I can do is to
frame ideas in my own mind. I may indeed conceive in my own thoughts the idea of a tree, or a
house, or a mountain, but that is all. And this is
far from proving that I can conceive them *existing
out of the minds of all Spirits.*' [1] Here the thought, as
it is revolved, and shaped, and made more concrete,
in the mind of a human being, gains greatly in human
interest.

A specimen of the swifter movement of these dialogues may also suggest some of the advantages of
their form as well as their absolute clearness of expression :

Hyl. I profess I know not what to think; but still there
are some scruples remain with me . . . Do we not perceive
the stars and moon, for example, to be a great way off? Is
not this, I say, manifest to the senses?
Phil. Do you not in a dream too perceive those or the
like objects?
Hyl. I do.
Phil. And have they not then the same appearance of
being distant?
Hyl. They have.
Phil. But you do not thence conclude the apparitions in
a dream to be without the mind?
Hyl. By no means.
Phil. You ought not therefore to conclude that sensible
objects are without the mind, from their appearance or manner wherein they are perceived.

[1] Complete Works 1. 411f.   [2] Complete Works 1. 412.

The personalities of the two speakers in these dialogues are not strongly marked. They speak like two agreeable English gentlemen, of whom one has settled and positive opinions, and the other is open and fair-minded, ready to acknowledge himself in the wrong if convinced by real argument. Other, more personal touches of characterization, are few. Philonous, who represents Berkeley's own positive beliefs, does indeed grow a bit impatient at times. He has asked a question, and the reply is apparently not immediate. Thereupon he exclaims, 'How long must I wait for an answer, Hylas?' In general, however, they are two clear headed thinkers, intent, to the exclusion of all things else, on the close argument which should lead to the discovery of truth.

Because Berkeley, too, was so intent on the clarifying of his subject-matter that he had little thought for other things, because he was young and somewhat narrow in his interests, and saw the things he dealt with in a white light that set them off from the remaining facts of life, he gave little more attention to the setting of these dialogues than to the characterization of the speakers. There are, indeed, some touches that help to localize the conversation. Hylas, after a greeting from his friend, declares, 'My thoughts were so taken up with a subject I was discoursing of last night, that finding I could not sleep, I resolved to rise and take a turn in the garden.[1] And Philonous expatiates, to some extent on the delights of the place and the season, before the more formal and serious conversation begins. At the close of this dialogue there is a still more suggestive touch of localization. Hylas feels the need of time to think over what has been said, and therefore suggests pausing for an

[1] *Complete Works* 1. 379.

interval. 'Hark'; replies Philonous, 'is not this the college bell?

> Hyl. It rings for prayers.
> Phil. We will go in then, if you please, and meet here again to-morrow morning.' [1]

Few other such glimpses of their surroundings are given until the very end of the last dialogue, when the closing words of Philonous find the whole trend of the argument reflected in the sparkling fountain near them. 'You see, Hylas, the water of yonder fountain, how it is forced upwards, in a round column, to a certain height, at which it breaks, and falls back into the basin from whence it rose: its ascent, as well as descent, proceeding from the same uniform law or principle of gravitation. Just so, the same Principles which, at first view, lead to Scepticism, pursued to a certain point, bring men back to Common Sense.' [2]

These closing words also suggest something of the simplicity and lucidity of Berkeley's style in the dialogues, as well as its skilful appeal to the concrete. They are undramatic, and they are academic in tone, connected with the life of the student rather than that of the larger world outside of college walls. The two earnest seekers after truth are so carried away by the zeal of their search that they disregard all other things; yet in spite of the natural difficulty of their subject-matter, they succed for the most part in carrying the reader with them. And the intense warmth of feeling with which Berkeley represents their conversation, and his absolute sincerity, reflected in the qualities of a style perfectly adapted to the matter, add human interest to a discussion that would otherwise seem remote from our general sympathies.

[1] *Complete Works* 1. 419.   [2] *Complete Works* 1. 485.

When, in 1732, Berkeley published *Alciphron*, or *The Minute Philosopher*, he had lived as well as thought, and had come to have broader reaches of vision than in the earlier days. As the result of his philanthropic desire to found a great college in America, he had lived for three years in Rhode Island, where he had full leisure to meditate on the evils which seemed to him rampant in the progress of free thought, perhaps even to exaggerate them a little. There, in the spot among the rocks on the coast where he thought and studied and talked with his friend, the American Samuel Johnson, he wrote the dialogues characterized by Professor Fraser as 'more fitted than any in English literature to recall the charm of Plato and Cicero.'

This group of seven dialogues follows the narrative method throughout. The narrator, Dion, is Berkeley himself, who is visiting the country-house of his friend Euphranor, and who writes to Theages an account of the conversations held during this visit. A neighboring gentleman, Crito, has visiting him Alciphron, 'no stranger either to men or books,' and Lysicles, a youth of liveliness and of fashion, both free-thinkers; and it is at the house of Crito, who has asked Euphranor and Dion to pass a week with him, that these talks on free thought and Christianity take place. The leisurely nature of this introductory narration is strongly contrasted with the impetuosity and intensity we observe at the very outset of the earlier dialogues. Berkeley has now a wider outlook, as well as greater maturity of mind; he can afford to wait a little, and approach his subject slowly.

After introducing the speakers, he goes on to tell of the conversation which followed. Euphranor satisfies his curiosity with regard to freethinking—for which he later uses the name minute philosophy—by questioning Alciphron, and the latter attempts to justify his atheism in arguments that are easily overthrown. Euphranor later suggests that, even were freethinking best for the individual, the good of the whole social order is of paramount importance, and that this social good may perhaps be bound up with a belief in God and in established moral laws. Lysicles, then, in the second dialogue, puts forward Mandeville's theory as expressed in *The Fable of the Bees*, arguing that private vice may actually bring about public good. He first uses the specious argument that such vice puts money in circulation; and when this cannot stand, he goes back to the thought that the individual good, whether or not it lead to vice, is to be sought above all things and at all costs. Crito and Euphranor maintain successfully that the satisfaction of animal passion does not bring the highest good, even to individuals. In the next dialogue, Alciphron urges Shaftesbury's theory that virtue should depend only on an innate sense of honor, with no definite code of moral or religious principles. His Christian opponents show that this æsthetic sense cannot be trusted to establish virtue surely and universally. From this point the argument is brought, naturally, to the question of the existence of God, the main battle to be fought and that which forms the natural climax, in the fourth dialogue, of the whole series. Euphranor's proof of the being of God is based on the analogy of our judgment of human beings; we infer a Supreme Reason from the reasonable universe of which we are a part. The fifth dialogue turns on the practical value and civilizing influence of Christianity, which Alciphron finally allows to be a useful and expedient religion, though he will not grant its truth. He raises objections to it, in the sixth and seventh dialogues, and in the end remains an unbeliever, although, as Crito says to him, 'sceptic as you are, you own it probable there is a God, certain that the Christian religion is useful, possible it may be true, certain that, if it be, the minute philosophers are in a bad way. This being the case, how can it be questioned what course a wise man should take'?[1]

The vividness of the setting of these dialogues, as well as their fine simplicity of expression, is suggested in the picture of Newport given in the narrative introduction to the fifth dialogue. 'Here we had a prospect on one hand of a narrow bay or creek of the sea, enclosed on either side by a coast beautified with rocks and woods, and green banks and farmhouses. At the end of the bay was a small town, placed upon the slope of the hill, which, from the advantage of its situation, made a considerable figure. Several fishing boats and lighters, gliding up and down on a surface as smooth and bright as glass, enlivened the prospect. On the other side, we looked down on green pastures, flocks, and herds basking beneath in sunshine, while we, in our superior situation, enjoyed the freshness of air and shade."[2]

In the quiet of such surroundings as these Berkeley seldom grew impassioned, but his earnestness and clear insight have compelling power. And though his defense of Christianity is not such as would be effective in the light of modern criticism, the quiet dignity and keen good sense of the English country gentlemen who argue for it, the affectations of fashion and learning of the men of the town who argue against it, remain to give us glimpses of English life as in a clear picture. The great value of these dialogues, beyond their charm of style and beyond any

---

[1] *Complete Works* 2. 360.　　　　[2] *Complete Works* 2. 194.

interest that may be due to their rather heavy subject-matter, lies in the fact that they tend, in some measure at least, to show us not mere thought but men thinking, and thus, in a real sense, to approach the Platonic dialogue. The thought is always clear and well defined; the argument is in every case brought to a real conclusion. Naturally enough, the sceptics remain unconvinced; they are sceptics still at the end, even as the sophists of Socrates' day, however thoroughly argued down, remained sophists still. It was the disciples who stood beside Socrates who learned wisdom from the men who talked as well as from the words they spoke, and so it is with the readers who turn to Berkeley. His dialogues show us the nature of eighteenth-century 'minute philosophy' by picturing to us actual minute philosophers, and thus enabling us to judge of the concrete results of their manner of thought.

As compared with the earlier group of dialogues, these have more breadth and less intensity of thought. They lack something of the keen and eager interest that presses on, in the *Hylas* dialogues, to a goal so clearly seen that the author can recognize no other; something of the overflowing desire to bring others to that goal, the human sympathy and intellectual yearning, the very narrowness of outlook which mark the earlier group. But they add, in some degree at least, the element of character-interest, and in giving more than the mere quintessence of thought they better justify their form. And yet, though the speakers are not without personality, the dialogues remain far more weighted down with thought than those of Plato. There is less relief to the tension of the thought, and far less dramatic force. A final estimate of Berkeley's dialogues, fully mindful of their nobility of thought and warmth of feeling, must lay chief stress on the absolute sincerity of purpose and the transparent beauty of style that give his arguments literary as well as philosophic power, and must not claim for them the absolute perfection of form which can come to the dialogue only when its speakers are still more fully endowed with dramatic life.

Bernard Mandeville, though unworthy of a place beside Berkeley, must receive passing mention among eighteenth-century writers of philosophical dialogues, because of the notoriety he gained by promulgating a certain very startling doctrine. In 1714 he published some verses in heroic couplets entitled *The Fable of the Bees, or Private Vices Public Benefits*. This production, attacking Shaftesbury's ethical system from a far lower plane, showed what might become of virtue, if honor alone were trusted to for the regulation of conduct. The startling effrontery of the satire brought it quickly before a wide public, and the author, enjoying his popularity, wrote various defenses of his poem, finally, in 1729, publishing six dialogues in which he attempted to justify his views. In 1732, after reading the attack upon his doctrines in the second dialogue of Berkeley's *Alciphron*, he also wrote *A Letter to Dion*, in which, under cover of a complaint of injustice on the part of Berkeley, figured as Dion in the Dialogue, he again enjoyed bringing himself before the public.

The thought of the original satire is summarized in the lines

> Thus every Part was full of Vice,
> Yet the whole Mass a Paradise; [1]

and the weaknesses and low motives suggested by

---

[1] Ed. of 1723, p. 9.

the most pessimistic views of human nature are heaped upon the race of bees.

In the preface to the dialogues, in 1729, Mandeville refers to Shaftesbury when he says in speaking of the modern love of the word *virtue*, ' They mean nothing by it, but a great Veneration for whatever is courtly or sublime, and an equal Aversion to everything that is vulgar or unbecoming. They seem to imagine, that it chiefly consists in a strict Compliance to the Rules of Politeness and all the Laws of Honour.' [1] Like Shaftesbury, he makes introductory remarks as to the ways of pamphleteers in their handling of the dialogue, and contrasts with those ways the procedure of Plato and Cicero, concluding that lack of skill in the use of this type of literature is alone responsible for the fact that the English dialogue-writers of his age deserve little commendation. He then goes on to tell of his own plan, and to discuss the characters and disposition of his interlocutors.

The six dialogues which follow these remarks consist chiefly of conversations between Horatio and Cleomenes, the one representing Shaftesbury's views, the other those of Mandeville himself. The author's low view of human nature, and mean conceptions of the motives and acts that make up human living, are so thoroughly reflected in all he writes that one would gladly hasten past even the briefest consideration of his dialogues. In general, they imitate Shaftesbury's manner; they certainly have all its obvious faults, with none of its better qualities. They are full of a similar desire to reproduce the atmosphere of the fashionable world, but the imputation to mankind of the lowest motives instead of the highest changes their tone completely. Such philosophical

[1] Ed. of 1729, p. xii.

value as they have lies in the fact that they exhibit
with great clearness the weakness of Shaftesbury's
system of morals; but their superficial cleverness of
manner fails to atone artistically for their lack of
sound and deep thought.

We turn with pleasure from a man like Mandewille
to the first great English philosopher after Berkeley.
David Hume, the clear thinker, the doubter, the writer
whose works were the 'direct or indirect occasion of
the philosophical activity of Europe for more than a
century,'[1] is also numbered in the group of philosophers who made use of the dialogue-form. His *Dialogues concerning Natural Religion*, first published after
his death, had been written by the year 1751.[2] They
represent a single conversation, divided into twelve
parts as it was set down by Pamphilus, the supposed
narrator. The speakers, Greeks again, typify three
attitudes towards religion, the attitude of the narrow-
minded orthodox Christian, of the broad-minded theist,
and of the thorough sceptic. From a question of edu-
cational method easily introduced in connection with
Cleanthes' guardianship of the young Pamphilus, and
involving the time when, after logic and ethics and
physics, the 'nature of the gods' should be a subject
for study, they pass to a discussion of the nature of
God.

Demea's view, that of the mystic, is that God is
unknowable in terms of our intellectual understanding.
He may be experienced, but cannot be defined. To
Cleanthes such mysticism seems close to scepticism.
The thought of Cleanthes, who follows up the argument
from design, is that a rational universe leads one back

[1] Fraser, *Berkeley*, Philadelphia, 1881, p. 223.
[2] Huxley, *Hume; with Helps to the Study of Berkeley*, London,
1894, p. 169.

to a rational God, as the acts and creations of men lead one to the conception of rational human beings. His God is criticized by the others as anthropomorphic. Philo, in true sceptical spirit, occupies himself chiefly in attacking the arguments of his friend. To him analogy is an unsafe principle to follow, and *a priori* reasoning necessarily weak. Moreover, the argument from design, even if it be granted to prove the existence of an intelligent Creator, does not necessarily prove that Creator a moral being. The sin and pain and lack of justice in the world, even if they may be acknowledged as consistent with the oversight of a moral God, cannot be thought to prove his existence, according to Philo. But after the departure of the orthodox Demea, Philo allows himself to subscribe to a belief in natural theology, provided it be limited to this single proposition: ' That the cause or causes of order in the universe probably bear some remote analogy to human intelligence.'

Though our concern is with the dialogue-form of this work, that form cannot but be determined by the writer's attitude toward the theories he sets forth, and we are therefore interested in a letter written by Hume to Gilbert Elliot of Minto, March 10, 1751. In the course of this letter he writes: ' You would perceive by the sample I have given you that I make Cleanthes the hero of this dialogue; whatever you can think of, to strengthen that side of the argument, will be most acceptable to me.' He then speaks of his earlier ' anxious scent after arguments to confirm the common opinion,' and the doubts which came to him. Later, ' I could wish Cleanthes' argument could be so analyzed as to be rendered quite formal and regular.

---

[1] *Hume, a Treatise on Human Nature and Dialogues concerning Natural Religion*, ed. Green and Grose, London, 1874, 2. 407.

The propensity of the mind towards it—unless that propensity were as strong and universal as that to believe in our senses and experience—will still, I am afraid, be esteemed a suspicious foundation.'[1] It is clear, then, that in spite of his leaning toward a broad theistic view of God, both orthodoxy and complete scepticism make their appeals to him at times. Hence the choice of dialogue as a medium for expressing his thoughts on this subject is largely due to his own wavering in opinion.

As he tells us in the introductory remarks made by Pamphilus, dialogue seems to him a proper choice for the method of composition under two different circumstances—in the first place, when the subject-matter is so trivial, the doctrine so obvious, that it needs the play of familiar conversation to enliven it, or the emphasis of repetition to give it force; in the second place, when the question to be discussed is such that the writer can have no fixed determination with regard to it. It is for this second reason that he chose to write *Dialogues concerning Natural Religion.* One might naturally, in connection with the philosophy of the dialogue-form, question this opinion, and suggest that it is not lack of conviction on the part of a writer, but rather a dramatic conception of thought as shaped by personality and dramatic power in revealing such a relation, that will produce great dialogues; we note, at least, that Hume makes little or no attempt to give dramatic quality to his dialogues. The orthodox Demea, indeed, leaves his friends in something of a huff, as he becomes clearly convinced of the ascepticism of Philo. Here we have a bit of characterization, and, again, we feel something of the dignity and solidity of Cleanthes, and the intellectual acuteness of Philo

[1] Huxley, Hume, Note, p. 173.

throughout. But the more individualizing touches are few and far between. The conversation under his management is easy, graceful, and natural enough, and conveniently sets forth various opposing theories ; and such convenience of structure seems chiefly responsible for the chosen form of expression.

As compared with the dialogues of Berkeley, these of Hume are marked most strongly, perhaps, by their cold, intellectual, passionless quality. The very uncertainty of Hume's views on religious matters would prevent his showing strong feeling in such a discussion, were it is tendency to do so in any case. As a result, the *Dialogues concerning Natural Religion* do not greatly move the reader. Intellectually, indeed, they cannot fail to please him, for they are lucid and clear to a degree that, as Dr. Johnson rather scornfully remarked, suggests the best French prose, and surpass much even of that which we call good in English. They are simple and untechnical in expression, and gain power through a frequent use of figure. Both the figure and the rhythm of the following passage, for instance, are worthy of note. 'In like manner as a tree sheds its seed into the neighboring fields, and produces other trees, so the great vegetable, the world. or this planetary system, produces within itself certain seeds. which being scattered into the surrounding chaos, vegetate into new worlds. A comet, for instance, is the seed of a world; and after it has been fully ripened, by passing from sun to sun, and star to star, it is at last tossed into the unformed elements which everywhere surround this universe, and immediately sprouts up into a new system.' [1] Such a passage suggests that Hume's dialogues have an ease far more natural than that of Shaftesbury. They have, indeed,

[1] Ed. Green and Grose.

attained to expression so translucent that the thought shines through, undimmed. Though these conversations have too little dramatic quality to be among the first of dialogues, we are ready to agree with Huxley that a man may well learn from Berkeley and Hume not only how to think, but also how great masters of the English language have used it with power and force.'[1]

With Shaftesbury, Berkeley, and Hume the eighteenth century philosophical dialogue had run its course. But another eighteenth-century writer who was not of the direct line of these philosophers, though a critic of Shaftesbury and Berkeley, left behind him a series of *Moral and Political Dialogues*,[2] and two *Dialogues on the Uses of Foreign Travel*.[3] This was Bishop Hurd, a pleasant writer whose *Letters on Chivalry and Romance* helped to strengthen the romantic movement. His dialogues offended Johnson by their ' wofully whiggish cast,' but were much admired by others. Having decided that the essential fault in English philosophical dialogues consisted in their use of fictitious speakers, he himself naturally avoided that fault by introducing into his conversations men well known in literature or statesmanship or ecclesiastical authority. In the preface to his third edition, he theorized at some length about this and other matters connected with the dialogue. The dramatic and philosophic elements cannot exist in equal measure, he believed; hence he would reduce the character-element. Character should be suggested only in general, not in its finer and more minute particularities. In writing his own dialogues, his method was argumentative, but his subjects often such as could not be settled by argument. Hence the difficulty in classifying these

---

[1] Huxley, *Hume*, p. xii.   [2] London, 1759.   [3] London, 1764.

dialogues; for they are often expository rather than philosophic, yet have a more or less philosophic aim. In the third and fourth of *The Moral and Political Dialogues*, for instance, entitled *On the Golden Age of Queen Elizabeth*, Digby, Arbuthnot, and Addison, wandering about near the ruins of Kenilworth, fall into talk of the age when the castle was in its glory. The talk soon becomes an argument as to the relative values of that age and their own—a matter almost as difficult to settle as the question whether winter or summer is best for the world. Two other dialogues *On the Constitution of the English Government* are mainly didactic and expository; those *On the Uses of Foreign Travel* are perhaps the most nearly philosophical.

Bishop Hurd's practice was consistent with his theory in making the characterization of his speakers a matter of fairly slight importance; for we do not recognize the living accents of men like Addison or the philosopher Locke; hence they have not gained greatly in casting off the Greek names so objectionable to their author. Hurd has followed after Lucian as well as Plato and Cicero; he has, indeed, some of the lightness of Lucian's manner, but with far less grace and sparkle and humor; and so the qualities that pleased his own age have not been sufficient to insure him Lucian's perennial charm.

The writers already mentioned are the most typical as well as the most important of those who have written philosophical dialogues in England, and they serve to suggest the difficulties of the form, as well as the excellence it sometimes attained. The difficulties were inherent in the very nature of the subject-matter, for a search after philosophic truth must ever make considerable demand upon the reader's power of thought. But through the use of the dialogue-form the eighteenth-century philosophers always added, in some measure, a human interest that helped to overcome these difficulties. The excellence of their work, best exemplified by that of Berkeley and Hume, and especially by Berkeley's *Alciphron*, showed that dialogues, closely imitative in their nature, and lacking in the highest dramatic qualities, could give in conversational guise so clear and lucid a statement of philosophic thought, with such distinction of style, that the dialogue-form must remain inseparable from our thought of eighteenth-century philosophy in England.

VI

THE DIALOGUE
IN THE NINETEENTH CENTURY

Those who have written English dialogues in modern times have tended, in general, to take freer advantage than earlier writers of the possibilities of the dialogue-method, and, especially of late years, to assimilate their dialogues more completely to the conditions of the life from which they have sprung. The nineteenth century, in its use of the dialogue, stands with relation to preceding times in England very much as did the age of Lucian with respect to the ages that preceded it. Lucian saw that the dialogues of feeble philosophers, lacking the divine spark of the master, followed him from so distant a point that they were like him merely in the outer shells of their expression, and that they had but imitated what was least significant in him. And therefore when Lucian himself chose the dialogue as his means of expression, he made it a new thing in literature.

The greater freedom of the nineteenth-century dialogues is probably due less to the actual influence of Lucian than to a spirit like his animating a later age. He was certainly known—well known—to Landor, whose *Imaginary Conversations* form the most notable contribution to dialogue-writing within recent times, but the very essence of his spirit is such that direct imitation of him is more than difficult. Moreover, his various forms are as numerous as those of Proteus, and no single dialogue could therefore reproduce his characteristics.[1]   Yet, in general, whenever the narrative and descriptive elements are strong in the dialogue, whenever the dramatic qualities in it exist for the purpose of showing character for its own sake, whether or not the satirical spirit be combined with these characteristics, we can recognize the kinship of such a dialogue to those of Lucian.

The livelier dialogues that had been used for polemical purposes in the sixteenth century had become more sober and conventional as time went on; the eighteenth-century expository dialogues were apt to be dull of tone, and the philosophical dialogues, whatever their ease or charm of manner, were necessarily of a serious nature. The attempted liveliness of Hurd or of Lyttelton had not the keenest intellectual vigor or dramatic ability to sustain it, and thus had not availed to change the current of English dialogues.   But the French had adopted the lighter manner of dialogue-writing earlier than the nineteenth century.   Not only Fontenelle and Fénelon, but Diderot and Voltaire, among others, had written dialogues that had some of the lightness and grace one would expect from a nation that has prized social development, and has, accordingly, encouraged the art of conversation.   Voltaire had found the satiric spirit of Lucian especially akin to his own, and had written with perhaps more sting than either Lucian or Erasmus in such a dialogue as *L'Empereur de la Chine et le Frère Rigolet*; he had even pictured these

---

[1] His influence is suggested in such dialogues as two entitled: *A dialogue between the ghost of General Montgomery just arrived from the Elysian fields, and an American delegate, in a wood near Philadelphia*, 1776 (by Thomas Paine?); and *A Dialogue between the Devil and a Socinian Divine, on the Confines of the other World*, Edinburgh, 1791 (by John Jamieson?).

two humorists in his *De Lucien, Erasmus, et Rabelais dans les Champs Elysées.* Through the stimulus of such French writers, and the new modes of life and thought that came with the nineteenth century, it was natural that the English should turn the dialogue to more varied uses, and make its tone less conventional.

They came to do so only gradually, however, clinging rather tenaciously to older customs that belonged with the powdered wigs and more formal manners of the preceding age. Among the earlier dialogues of the nineteenth century we have to note several that read much like those of the eighteenth century. Hazlitt's *Selflove and Benevolence,*[1] for instance, is one of these, though it has perhaps greater bluntness and directness than most eighteenth-century writings. The seriousness of tone in this dialogue is even intensified in Shelley's *A Refutation of Deism: in a Dialogue,*[2] the rarest and perhaps least known of all the poet's works. 'The object of the following Dialogue.' Shelley wrote in his preface, 'is to prove that the system of Deism is untenable. It is attempted to show that there is no alternative between Atheism and Christianity; that the evidences of the Being of God are to be deduced from no other principles than those of Divine Revelation.' The speakers in this conversation, are not dramatically conceived; the reasoning is based on points that are decidedly superficial; the ending is inconclusive, and the effect of the whole entirely unconvincing. The argument against Christianity is especially weak, but the thought of both

[1] First published in 1839 in *Sketches and Essays,* collected by his son.

[2] Published in 1814. Included in Shelley's *Prose Works,* ed. Richard H. Shepherd. London, 1888.

speakers flows throughout in conventional channels, and lacks any real depth. Only the rhythm of Shelley's style gives any real satisfaction to the reader of this dialogue.

Drummond's *Dialogues on Prophecy*[1] serve as an example of expository dialogues of this period that followed the established customs of earlier times. They purport to be the account of actual conversations held by the author with his friends, and possibly depend on memory rather than art. They no doubt owed their chief interest at the time they were published to the fact that they represented the actual opinions of such men as Marsh, Frere, Wolff, and Drummond himself; these persons figure under Greek names, however; they are not treated dramatically; and Drummond, writing from memory, assumes entire responsibility for the opinions expressed.

Such writers as these carried on traditional methods in their dialogues;[2] but even before the publication of the conversations last mentioned, a new manner had been introduced. The *Noctes Ambrosianæ*, which appeared in *Blackwood's Magazine* from 1822 to 1835, owed nothing save their conversational form to the dialogues of the past. Brilliant, rambling, various in their interests, and as far as possible removed from anything conventional, they had much to do with establishing the fame of *Blackwood's Magazine*, as well as of their chief author. This author was John Wilson, better known as the Christopher North of the *Noctes*, and those who joined with him were such men as Lockhart, Sym, Maginn, and Hogg, the Ettrick shepherd. After the first numbers, Wilson alone became responsible for the conversations, though he often

[1] London, 1827.　　[2] Tennyson's *The Two Voices*, for instance. suggests the mediæval dialogue.

worked in verse or prose contributed by these friends, and the papers bear the imprint of his vigorous personality. They are full of sparkling wit, conviviality, Toryism, and literary criticism, all combined in such a way as to suggest the real conversation of a literary and thoroughly unconventional group of speakers; and they are among the few symposia of literature that bring before us a coterie of real and gifted persons.

The only claim to unity these conversations can present lies in the dramatic consistency of the speakers. Each is himself throughout, not necessarily his historical self, but himself as concerned by the writers of the series. The Ettrick Shepherd forms one of the central figures of the group, with his poet's intuition and his native simplicity. He speaks in dialect—often with real eloquence—and is treated with respect and affection by North and the others of the group. North himself in his editorial capacity presides over the gatherings in the Blue Parlor or the dinners about the round table, and acts as a moderator to the conversation, as well as, in some sort, its inspiration. The vividness of characterization, and the force and wit of single remarks, make readers more or less forgetful of the fact that the conversations ramble from point to point, and that, after one has read them, the chief impression that remains is one of brilliant confusion. Songs are sung almost as frequently as quarts of porter disappear; and literary anecdotes are numerous. Wilson and Lockhart and the others of the group knew many of the literary personages of their day, and their vigorous and off-hand criticisms of poets or poems were a revolt against the judicial manner of the *Edinburgh Review*, as their Tory utterances were against its politics.

Wilson's warmest admirers, full of praise for the power of the man, lament the lack of centralization of that power. Though the *Noctes Ambrosianae* held him somewhat in · check, through the necessity of making his interlocutors speak in character, and though they have generally been thought to show him at his best, even these productions suggest a profusion of gifts, rather than gifts of the highest quality. The very colloquial nature of the language used naturally detracted from the literary quality of the conversations. We have dwelt on them thus long, however, because they have been an influential force that has contributed largely to making the present-day dialogue— the dialogue of the magazines—what it is. Though not sufficiently unified in thought or purpose to be true dialogues, they helped to mark new channels for the course of dialogue-writing.

The influence of Landor, to which we nor turn, is of a very different sort. But since Landor was led to the writing of his *Imaginary Conversations* partly through Southey's plan of composing colloquies, we pause to speak first of Southey's work, though he was slower than his friend in bringing it before the public.

In 1822 Southey wrote to Landor: 'I shall rejoice to see your Dialogues. Mine are consecutive, and will have nothing of that dramatic variety of which you will make the most. My plan grew out of Boethius, though it has since been so modified that the origin would not be suspected. The personage who visits me is Sir Thomas More ... This age is as climacteric as that in which he lived; and you see what a canvas I have taken, if I can but fill up the sketch'.[1] The work that resulted from his plan, called *Sir Thomas*

[1] Quoted in Forster, *Walter Savage Landor*, *A Biography*, Boston, 1869, p. 313.

More, or *Colloquies on the Progress and Prospects of Society*,[1] bore no resemblance to that of Boethius, save in the fact that its speakers also numbered two. It amounts, in essence, to a series of essays on some of the characteristics and unsolved problems of Southey's age—the question of Catholic emancipation, the manufacturing system, and the evil of pauperism, among other topics. But these essays take the form of conversations between Southey himself and the spirit of Sir Thomas More, who visits him at all convenient seasons. Many of the conversations begin with long descriptive passages, before the friendly ghost appears. When he does appear, his function, especially after the first few colloquies, is that of a questioner who stimulates Southey, addressed as Montesinos, to the expression of his views. In the colloquy [2] on feudal slavery and the growth of pauperism, for instance, he says: 'As the feudal system relaxed and tended to dissolution, the condition of the multitude was changed. Let us trace it from earlier times! In what state do you suppose the people of this island to have been, when they were invaded by the Romans?' And they proceed to take turns in tracing the changing conditions of the English people. More often, Southey is the chief expounder, though Sir Thomas sometimes combats his opinions, and often contrasts his own age with the early nineteenth century.

Southey's *Colloquies* have the sustained dignity of style of his other prose writings. They show a certain largeness of grasp—in spite of narrow-mindedness in some individual parts; but as dialogues they are heavily expository, with too little dramatic characterization, after the introductory conversation, to afford any real relief.

[1] Preface dated 1829. 2d ed., London, 1831.
[2] 2d ed., London, 1831, p. 61.

And so we come to Landor, who occupies a separate and peculiar place in the history of the English dialogue; for he is the only English writer whose standing depends, and will ultimately depend, wholly on the value of his dialogues. His *Imaginary Conversations*,[1] filling six volumes, and the longer conversations, comprising nearly two volumes more, from a body of work that challenges serious consideration.

Landor's intimate familiarity with the classics, particularly those of Latin literature, helped to prepare the way for this kind of writing, to which he turned somewhat late in life, some previous thought[2] of writing in the form of conversations having apparently been stirred into activity when Southey mentioned his plan of writing Colloquies. And so he set about the *Imaginary Conversations*, of which the first group was published in 1824.[3] This original group was successively added to and revised until it reached its present bulk and form. Its present classification, first made by Forster, and by no means a vital one, arranges the dialogues under the headings of Classical Dialogues (Greek and Roman), Dialogues of Sovereigns and Statesmen, Dialogues of Literary Men, Dialogues of Famous Women, and Miscellaneous Dialogues.

Various as these dialogues are, they have certain common characteristics. In the first place, their interlocutors are nearly all actual personages, and nearly always of the past, though rarely, as in the case of

---

[1] Ed. Crump, London, 1891.

[2] According to Colvin, he had actually written several conversations twenty years earlier.

[3] For some earlier examples of imaginary conversations, cf. *A Dialogue between Louis le Petit and Harlequin le Grand* (by Defre ?), and Fielding's *A Dialogue between Alexander the Great and Diogenes the Cynic.*

Southey and Landor himself, of the present. They are reproduced under conditions that were supposedly theirs during their lives on earth, and their conversations thus give a reproduction of past ages in some such way as the historical novel aims to do, save that these conversations concentrate interest wholly on the personages, scarcely at all on the events, of the past. In method, they are closer to Lucian's *Dialogues of the Hetæræ* than to his *Dialogues of the Dead*, save that they form no such coherent group, picturing a distinct class of society. Their interest is always individual : the dialogues that picture English life, for instance, have no interconnection, any more than those that deal with classic times. The collection of Greek and Roman dialogues cannot fail, of course, to give many suggestions of Landor's conception of the ages in which his speakers lived, but they do so only by glimpses and snatches, and according to no plan or system.

Their method grows out of Landor's power of realizing intensely the characters of those whom he chose as the persons of his dialogues. He said of this method that he never put into the mouths of his speakers any words they had actually spoken—only such as they might have spoken. Furthermore, he avoided placing them in the situations in which they had actually figured in life. He chose rather to live into their personalities until he could know what they would say and do under any imagined circumstances, and then to represent them in such new situations. His aim was, then, to attain psychological, rather than historical, accuracy. Moreover, he tried to represent his speakers not in the one light in which they are wont to be seen as historical personages but also as complex human beings. This he himself suggested in a letter which refers to his insertion of a new passage into the dialogue between the two Ciceros. He wrote:[1] 'I have given Cicero his variety and his rambling from topic to topic, ever pardonable in a conversation between two; but the few touches of paternal tenderness I now give were wanting, and I should have passed many sleepless nights at the faultiness of my work if I had omitted them. For I have attempted in every conversation to give not only one opinion of the speakers, but enough to show their character.' He makes us realize that Cicero was a father, that Leofric was newly wedded, and that Queen Elizabeth felt her heart stirred by poetry, and thus enables us to see in someting like sculptured relief what we had known only as a flat drawing.

The *Imaginary Conversations* are as similar in style as in the general method of conception of the characters, and are thus bound together by an all-pervading evenness of tone, in spite of their wide differences in subject-matter and treatment. Hence a prose idyll like the *Roger Ascham and Lady Jane Grey* is linked, in a certain manner to such a controversial dialogue as the *Lucian and Timotheus*—in spite of their very obvious differences—by a tone that is common to both. Lady Jane, as well as Julian, speaks in sustained periods, of which the cadences please our ears through mere beauty of sound. Landor's style, moreover, is reserved, restrained, in the expression of feeling; hence it has been called classic, and its bare austerity has been compared with that of Milton. It certainly has calmness, serenity, and remarkable evenness.

Its musical qualities may be found illustrated on almost any page, but its somewhat artificial character is as noticeable. In the *Walton, Cotton, and Oldways*, for instance, the Gentle Angler says[2] to his disciple

[1] Cf. Forster, p. 382.   [2] Ed. Crump, 4. 160.

Cotton: 'Whenever I am beside a river or rivulet on a sunny day, and think a little while, and let images warm into life about me, and joyous sounds increase and multiply in their innocence, the sun looks brighter and feels warmer, and I am readier to live, and less unready to die.' This is rhythmically beautiful; but how far it is from the genuineness and simplicity of expression that marked all the actual words of Isaac Walton. The thought is not clear in outline but rather purposely vague, and the reader, if not wholly mesmerized by the pleasant rhythms, is left with the feeling that expression has overmastered thought. Exquisite finish of technique appears throughout the work of Landor, rather than conclusive evidence of the great art that indissolubly welds thought and word.

In spite of these general similities of method and style, some distinction must be made among Landor's conversations, and the division suggested by Colvin, into the dramatic and the non-dramatic—or less dramatic— dialogues, is perhaps as vital a one as can be made. The more dramatic conversations, those which linger in our thoughts, are those in which the character interest is strongest, those which show as living human beings.

Such is the conversation which shows, as in a clear-cut cameo, the picture of Roger Ascham and the Lady Jane Grey; or that which presents the childlike Anne Boleyn visited in prison by her capricious lord and master; that conversation, cared for most by Landor himself (but surely most unwholesome in tone), which represents the philosopher Epicurus talking in his garden with two young and lovely girls—Leontion, and the Ternissa who is one of this author's creations from his own imagination rather than from history. In this last-mentioned conversation, in the two between

Epicurus and Menander that tell of Ternissa's death, and in the *Aesop and Rhodopè*, for instance, the narrative interest is strong, and the dialogues serve to tell a story as well as to picture character. In many other cases, the story is implied, and the dramatic situation that results from it is alone presented, as in the *Dante and Beatrice*, with its throb of passion. The very briefness of these more dramatic conversations, and the intensity of emotion connected with them, help to give them unity of effect, and thus increase their artistic perfection. Such conversations are oftenest, perhaps, between a man and a woman, depending for their interest on passion or some gentler emotion, rather than on any intellectual qualities. Often, however, the speakers are not so chosen. The conversations between Metellus and Hannibal, or between the Maid of Orleans and Agnes Sorel, are among the best of this group.

Such conversations as these are dramatic chiefly in the sense that their supreme interest is in character. The best of them 'body forth' situations conceived with much vividness and made real by most carefully selected concrete details. Beatrice's mention of the fig-tree from which the youthful Dante had fallen and the stain of fig-juice on the whiteness of his sleeves, for instance, help to give reality and naturalness to the speakers and the situation. Yet the uniform tone of the style makes it needful to interpret all Landor's personages through the direct medium of Landor himself, in a sense in which this is not true of great dramatists, and fails to suggest the most perfect dramatic individualization. It is noticeable that when the tone of Landor's style best fits the persons he has chosen, he is at his best, as perhaps in such a dialogue as the *Roger Ascham and Jane Grey*.

Much closer to the usual traditions of dialogue-writing are the longer and less dramatic dialogues, whether they be controversial, contemplative, or critical. Though the personages here usually speak in character, in these dialogues the thought is Landor's even more fully than it is theirs. In such a dialogue as the *Lucian and Timotheus*, for example, it is Landor, even more than Lucian, who declaims against priesthood and authority. In the preface to the *Imaginary Conversations*, indeed, the author disclaims responsibility for any opinions found in them, asking that they be considered as relics of antiquity. But, he confesses, ' a few public men of small ability are introduced, to show better the proportion of the great ; as a painter would situate a beggar under a triumphal arch, or a camel against a pyramid.' Thus a diatribe against the statesman Canning, figured as Anædestatos, appears in the conversation between Demosthenes and Eubulides ; and Pitt's protégé, Viscount Castlereagh, is satirized under the name of Chloros, in the *Pericles and Sophocles*. These passages of course express only the views of Landor. But such conversations as the *Southey and Landor*, or the *Johnson and Tooke*, exist also for the sake of expressing their author's critical opinions. Hence even though the thought of these conversations is not out of harmony with the characters of the speakers, they are far less artistic than the work of Landor at its best.

Moreover, many of these conversations are rambling in manner and contain frequent digressions. Landor himself was unwilling to own this as a fault, and tried to justify his procedure in his own conversation with Southey. He wrote : [1] 'I shall ... say everything that comes into my head on the subject. Beside

[1] Ed. Crump, 4. 198.

which, if any collateral thoughts should spring up, I may throw them in also; as you perceive I have frequently done in my *Imaginary Conversations*, and as we always do in real ones.' Such digressions might be justified, did they return on themselves and make for a more complex unity, but in many cases this cannot be said of them, and it is largely because of the frequent changes of subject, and the rambling character of some of Landor's longer dialogues, that they are often decidely ineffective. And so we cannot but feel that in these less dramatic dialogues Landor's work differs from that of more common-place writers chiefly in its more careful workmanship.

. There is much that is exquisite in the longer prose works of Landor, especially in the *Pericles and Aspasia*. but their general features are not unlike those found throughout his work, and therefore need no especial consideration now. As we review the conversations of Landor, realizing to what an extent his remarkable interest in personality has opened to his readers a world of the men and women of the past, and with what delicacy, when he is at his best, he has portrayed the emotions of high-minded men and women, we realize. too, the lack of deepest artistic sincerity indicated in the slightly artificial character of a style that 'silvers over' all his thought. And we cannot fail to note. in his use of dialogue, a lack of sustained power of thought. He saw the past fragmentarily, as it grouped itself about notable individuals, and in the fragmentary form of a series of dialogues, not bound together, like Plato's, hy a single aim and by one central personality, he expressed his views of life. Full of fine impulses as he was in his personal character, the defects that offset these qualities affected him in a literary way also, and his lack of self-control made him unable to write a great drama or a great novel, the great history be planned, or even a group of dialogues marked by unity of throught and purpose. He never conquered and mastered life itself, and therefore could not master it in literature. The best of his conversations are, however, notable in the history of the English dialogue as examples of the *method* of dialogue used to picture a large number of men and women of earlier days— examples that show a veritable picture-gallery of the past and that form the largest contribution to English dialogue-writing made by any single writer.

In the time that has passed since the dialogue as written by Landor tended toward dramatic portrayal of character and sought literary distinction of style. there have been three tendencies in its development that we must note rather briefly.

The expository dialogue has come to be oftenest of the lighter sort, corresponding to the easy-chair essays of our own and earlier days. It moves with the ease, the apparent lack of formulated thought, of ordinary conversation, yet may still preserve the unity of artistic form. Sometimes, while still preserving this lightness of tone, it has grown rather literary and epi-grammatic. The hyperliterary tone of such writing as appears in Oscar Wilde's dialogues, for instance, makes one ready to return to the rough and healthy vigor of the *Noctes Ambrosianæ*.

But the majority of the modern dialogues that em-body a bit of criticism, or express their writers, views on any one of a thousand subjects, do so rather in the manner of the *Noctes*, arriving at the uncon-ventionality of those earlier productions, if not gaining their force of expression. A very brief dialogue that has been reprinted [1] from *Literature* may suggest the

[1] In *Among My Books*, 1898.

character of many of its class. It is *Bysshe: a Dialogue*, by John Oliver Hobbes, and, beginning ' "I like Hamlet", confessed Bysshe', goes on to suggest in a very sketchy bit of conversation that only those who have idealized life can triumph over it, and hence that certain French realists and other moderns lack the supreme gift. It is such a fragment of talk as might come at the end of half an hour's tea-drinking about a fire of glowing embers, if three or four clever people, one or two of them deeper thinkers than the rest, were the tea-drinkers; and it aims to be just exactly that. It is a dialogue rather than an essay, for the sake of gaining the quality of suggestiveness, of stimulating thought rather than developing it, and in order to gain the lightness of tone which makes it and others like it seem as spontaneous as actual conversation. The tone of didacticism has largely disappeared from the modern expository dialogue.

The philosophical dialogue has also changed its methods during recent times, adapting itself to new conditions of life. Mallock's *New Republic*, which has the sub-title, *Culture, Faith, and Philosophy in an English Country House*, kept from unrelieved seriousness by the background of a country house-party against which it stands, well illustrates the more serious dialogue of these latter days. A tiny thread of romance is interwoven with it, but it is evident that the narrative, such as it is, exists wholly for the sake of the conversation. The author's plan is to bring together persons representing various elements of the upper-class life in England, representing different intellectual interests—the distinguished scientist, the apostle of culture, the broad-minded clergyman, and the agnostic; the woman who has written poetry, and the quiet and dignified aunt of an older generation; several of whom, like Matthew Arnold, figured as Mr. Luke, are easily recognizable—and to allow these persons to converse on a definite topic, as Socrates and his friends had once conversed about a republic that should realize all their dreams. After various conversations, all of which reflect the many interests of their day, they drift into talk of such an ideal state of society as they would wish to see realized in England. The main difference which distinguishes such talk as appears in this book from that of a Platonic dialogue, for instance, is the relative lack of unity of this modern conversation. Serious conversation was expected when Socrates joined his friends; in such a narrative as this it must needs be lightened, and various digressions and diversions from the main interest must make it resemble the talk of everyday life. Thus the impression made by the whole is not clear-cut and distinct; yet the attempt to do what Mallock did is by no means without significance, for it marks a desire to bind the dialogue more closely to the life of modern times.

Perhaps still more significant modern attempts than this are the dialogues of Mr. G. Lowes Dickinson. His *Justice and Liberty*, for instance, suggests much that is interesting from our point of view. It has no more framework of narrative than the eighteenth-century dialogue, but adapts itself frankly to the life it represents, and is thus far less imitative of classic models. Its three modern speakers—with modern names—are a professor, a banker, and a gentleman of leisure, who talk, by the water-side, of their respective views of society. The professor's ideal society is a collectivist democracy, and that of the man of leisure an aristocracy; but the banker, a wholesome and healthy-minded business man, is well enough satisfied

with things as they are, to the extent, at least, of
feeling that human nature, and hence the ills of the
world, would remain much the same under a new
regime. The conversation of this dialogue is strictly
unified, always bearing directly on the development
of the argument, with, however, all the naturalness of
actual conversation; and the advantage of using the
dialogue-form is more than obvious in such a discussion. What a socialistic community would be
remains to-day an open question, differently viewed by
men of different temperaments. The advantage of
presenting these views through dialogue is that a living
issue can best be viewed through the personalities of
its interpreters. When the aristocrat shudders at the
meanness and littleness of the life about him, the
banker sees only a kind of grey, undistinguished
crowd of good-tempered men of business, most of
them intent on getting home to the wife, or the garden,
or the motor-car ; . . . of genial, more or less sober,
and not too strenuous working men ; . . . the world,
in a word, of the nine o'clock train, the motor-bus,
and the tube.' [1] Different views, all of them true to
the speakers who utter them, must thus act and react
before a solution can be found for problems yet unsolved, and though the professor's argument seems
here the winning one, the arguments against it suggest
the modifications that must come through argument.
The use of dialogue in such a case as this implies
no lack of conviction on the part of the author, but
rather the desire to allow persons of different temperaments, dramatically conceived and represented, to
bring out, through their arguments, the concrete em-
bodiments of an abstract thought. It is significant

[1] *Justice and Liberty : a Political Dialogue*, New York, 1908,
p. 102.

that dialogue should be used at this present day to set forth matters so vital in their issues as those that Mr. Dickinson discusses.

While the expository and philosophical dialogues have grown more modern and more English in tone, there has been a tendency—relatively unimportant, indeed, in connection with a study of the dialogue as a separate form—to make use of the dialogue-method in narrative. This custom is not a new one, of course; Chaucer and Boccaccio told their tales within a framework of dialogue; Sir Thomas More represented the account of his *Utopia* as delivered in conversation; and others not a few had used similar devices. But the nineteenth century has shown dialogue either more fully integrated into the narratives of which it forms a part, or sometimes standing alone as narrative. In the novels of Peacock, in the earlier part of the nineteenth century, satiric dialogue forms the central interest. The plot is reduced to a minimum, the characters are types or caricatures, and the spirit of comedy guides the whole. Within very recent years Anthony Hope and others have made dialogue serve to replace all the elements of narrative, presenting plot and setting, as well as character, through the medium of conversation; and in so doing, they have turned again to the method of Lucian.

Thus the English dialogue, in forms that represent exposition, argument, or narrative, appears in the freshness of modern print, as well as on the yellow pages to be sought for in the remoter comers of our libraries. And in tending toward originality, and greater freedom in every direction, it is moving on an auspicious path.

VII.

CONCLUSION

A backward glance over the historical course of the English dialogue should now enable us to estimate rightly and grasp clearly (as in the case of classic dialogues), its value and significance, from the time of its beginnings in the Middle Ages down to its last appearance in the fleshly cut periodical that lies near us.

It is obvious, in the first place, that English writers have written dialogues for many purposes—to teach a lesson, to expound a theory, to present an argument, to tell a story, to picture a situation, or to portray a dramatic conflict of characters. From the Old English catechism to the brief, dramatic conversations of Landor, the English dialogue runs its gamut, including conversational pieces in which character and thought are developed in all possible proportions.

It may seem, if all this be true, that it perhaps represents in English literature an escape from form, more often than a form. The would-be teacher who writes a catechism avoids many of the difficulties of the severer kinds of exposition; the expositor of even so pleasant an art as that of angling finds the rambling methods of conversation both easier and more delightful than those which might be extracted from the very nature of his subject; the philosopher who turns to conversation can readily digress, or pause for breath; the playwright who gives only single scenes can avoid the formal structure of the drama. It is true, at least of many English dialogues, that they are, in this way, parts rather than wholes, and therefore not products of the highest art. We admit, regretfully, that this is even true of some that have great charm; that they are, after all, but dialogues in method.

It is noticeable in English literature, moreover that the dialogues which come under this head, running their course between the poles of technical exposition and pure drama, are oftenest to be found near the expository end of the course.

It is obvious, also, that when English dialogues *have* true form (and this is most notably true, perhaps, of the philosophical dialogues, and especially of Berkeley's *Aliciphron*), they are likely to prove but imitations, lacking the divine power that is able to create anew. Thus they are of a foreign tone, and somewhat ill at ease on English soil. Purpose and means again unite in the English philosophical dialogues, as in those of the Greek poet-philosopher, but they unite a little imperfectly: and so still wait the poet's touch. An English Shakespeare has widened our conceptions of the drama, as it existed in the Greek period; but the dialogues of Plato still remain unmatched in English literature. Yet our conception of the English dialogue may be broadened at any moment, when the writer shall appear who, like Plato, can blend the two main elements of the dialogue-form into an indissoluble union, and who can accomplish this fusion in a manner that is his alone. To English literature he may come at any time; he will be likeliest to come, however, as thoughtful conversation gains an ever stronger hold on social life.

Wolfgang Sommer

Schleiermacher und Novalis. Die Christologie des jungen
Schleiermacher und ihre Beziehung zum Christusbild des Novalis

Europäische Hochschulschriften

Publications Universitaires Européennes
European University Papers

Reihe XXIII
Theologie

Série XXIII   Series XXIII
Théologie
Theology

Bd./vol. 9

Wolfgang Sommer

Schleiermacher und Novalis. Die Christologie des jungen
Schleiermacher und ihre Beziehung zum Christusbild des Novalis

Herbert Lang Bern
Peter Lang Frankfurt/M.
1973

Wolfgang Sommer

Schleiermacher und Novalis

Die Christologie des jungen Schleiermacher und ihre Beziehung zum Christusbild des Novalis

Herbert Lang Bern
Peter Lang Frankfurt/M.
1973

ISBN 3 261 00746 X

©

Peter Lang GmbH, Frankfurt/M. (BRD)

Herbert Lang & Cie AG, Bern (Schweiz)

1973. Alle Rechte vorbehalten.

Herstellung: fotokop wilhelm weihert kg, Darmstadt

INHALTSVERZEICHNIS

SCHLEIERMACHER UND NOVALIS
DIE CHRISTOLOGIE DES JUNGEN SCHLEIERMACHER
UND
IHRE BEZIEHUNG ZUM CHRISTUSBILD DES NOVALIS

I. Einleitung

1. Einführung in die Fragestellungen der Untersuchung

Die vielfältigen Beziehungen, in denen Schleiermacher und sein Denken zu Theologen, Philosophen und Dichtern seiner Zeit steht, sind in der Schleiermacher-Forschung seit Wilhelm Dilthey in zahllosen Untersuchungen aufgezeigt worden.[1] Diese Bemühungen um den geistesgeschichtlichen Horizont der Theologie Schleiermachers haben ohne Zweifel zum Verständnis des Schleiermacherschen Werkes und seines eigentlichen Anliegens wesentlich beigetragen. In dem sich in neuerer Zeit wieder mehr und mehr belebenden Gespräch um Schleiermacher und sein theologisches Programm kommt die allgemeine Erkenntnis der außerordentlichen Wirkung und Bedeutung der Schleiermacherschen Theologie für die Theologiegeschichte des 19. und 20. Jahrhunderts zum Ausdruck. Man wird mit gutem Recht sagen können, daß an diesem neuerwachten Interesse für das theologische Denken Schleiermachers die theologiegeschichtliche Forschung in entscheidender Weise beteiligt ist. Seit der bekannten Würdigung Schleiermachers durch Karl Barth in seiner Geschichte der protestantischen Theologie, die für die Schleiermacher-Interpretation von der Zeit der dialektischen Theologie bis in die Gegenwart einen wesentlichen Einschnitt darstellt[2], ist gerade den theologiegeschichtlichen Zusammenhängen des Schleiermacherschen Denkens mit den verschiedenen theologischen Strömungen des 19. und 20. Jahrhunderts wiederholt nachgegangen worden.[3]

1 Für das Hauptwerk des jungen Schleiermacher, die Reden über die Religion, hat F. Hertel in seinem Buch über „Das theologische Denken Schleiermachers", Zürich 1965, S. 33f., Anm. 15, die zahlreichen Einflüsse und Beziehungen zusammengestellt, auf die in der Sekundärliteratur verwiesen wird.

2 „An die Spitze einer Geschichte der neuesten Zeit gehört und wird für alle Zeiten gehören der Name Schleiermacher und keiner neben ihm". ... „Kein Mensch kann heute sagen, ob wir ihn wirklich schon überwunden haben, oder ob wir nicht bei allem nun allerdings grundsätzlich gewordenen Protest gegen ihn noch immer im Tiefsten Kinder seines Jahrhunderts sind". (Barth, Die protestantische Theologie im 19. Jahrhundert, Zürich 1947, S. 379f.). Mit diesen Sätzen Barths beginnt eine neue Epoche der Bemühung um Schleiermacher und sein theologisches Werk.

3 Die Bedeutung Schleiermachers in seiner Zeit und für die neuere Theologiegeschichte haben in letzter Zeit besonders P. Seifert, F. Hertel, Chr. Senft und W. Schultz

Unsere Untersuchung möchte sich in diesen theologiegeschichtlichen Zweig der Schleiermacher-Forschung — der die philosophie- und geistesgeschichtliche Fragestellung wesentlich einschließt — in der Überzeugung einreihen, daß die Berücksichtigung der geistigen Umwelt Schleiermachers eine unaufgebbare Voraussetzung und entscheidende Hilfe bei der Bemühung um ein Verstehen seines Werkes darstellt. Paul Seifert hat in seinem Buch „Die Theologie des jungen Schleiermacher" einen eindrucksvollen Beweis für die Fruchtbarkeit theologiegeschichtlicher Erforschung des Schleiermacherschen Denkens geliefert, worüber auch in der neueren Schleiermacher-Forschung weitgehend Einigkeit besteht.[4]

Zur geistigen Umwelt Schleiermachers gehört nun ohne Frage auch Gestalt und Werk des Dichters Novalis. Dennoch betreten wir bei aller Fülle der Untersuchungen über Schleiermacher und seine Zeit mit der Fragestellung nach den Beziehungen Schleiermachers zu Novalis ein Gebiet, das bisher erstaunlicherweise weder von theologischer noch literarhistorischer Seite bearbeitet wurde. Dabei ist ein Aufweis der Beziehung zwischen den beiden Zeitgenossen äußerst aufschlußreich. Sie sind einander zwar nie persönlich begegnet, doch wußten sie manches voneinander — vor allem durch die Vermittlung Friedrich Schlegels — und hegten füreinander hohe Wertschätzung. Gewiß fehlt es in der Schleiermacher-Literatur von Dilthey bis in die neueste Zeit nicht an Andeutungen und Hinweisen auf eine gerade zwischen Schleiermacher und Novalis bestehende enge Geistesverwandtschaft. Doch tragen diese Äußerungen weitgehend nur den Charakter einer beiläufigen Ergänzung und Illustrierung der zeitgeschichtlichen Zusammenhänge, die meist unter dem Thema ‚Schleiermacher und die Romantik' oder ‚der romantische Geist

---

herausgestellt. Aus der Fülle der älteren historischen Untersuchungen über Schleiermachers Werdegang, die die mannigfaltigsten Beziehungen und Querverbindungen zwischen Schleiermacher und dem Denken seiner Zeit aufzeigen, seien nur die wichtigsten Arbeiten genannt: Die Werke von Dilthey, R. Haym, J. Wendland, G. Wehrung und für die Christologie H. Bleek.

4 Paul Seifert, Die Theologie des jungen Schleiermacher, Gütersloh 1960. F. Hertel urteilt in seinem Werk über die Reden, daß dieses Buch „vielleicht die im Augenblick beste Einführung in das Verständnis der Schleiermacherschen Theologie und des Schleiermacherschen Denkens" sei (a.a.O., S. 27). Gerade durch die zahlreichen Querverbindungen zu zeitgenössischen Denkern konnte P. Seifert die ganz besondere Stimme Schleiermachers an der Wende vom 18. zum 19. Jh. zu Gehör bringen: „... seine Einsamkeit im Verhältnis zur gesamten Zeit und die polemische Wendung nach links und rechts". (a.a.O., S. 196). Wir werden uns im Laufe der Untersuchung öfters mit diesem Werk auseinandersetzen, besonders dort, wo wir der Darstellung Seiferts nicht folgen können.

und das Christentum' behandelt werden.[5] Seitdem das theologische Denken besonders des jungen Schleiermacher wieder aus seinen genuin theologischen Motiven heraus zu verstehen versucht wurde und man den Wurzelboden seiner Gedankenwelt viel eher in dem religiösen Bereich von Herrnhut als in dem des romantischen Geistes sieht[6], erscheinen auch die Verbindungslinien zwischen Schleiermacher und Novalis in einem anderen Licht.

Ein anderes Moment tritt hinzu. Die großen Fortschritte, die die neuere Novalis-Forschung unter Auffindung ganz neuen handschriftlichen Materials und aufgrund neuer eingehender Textanalysen erzielen konnte, haben das Bild eines bisher wahrhaft unbekannten Novalis erstehen lassen, so daß sich nicht zuletzt auch von diesen Ergebnissen aus für das Thema ‚Schleiermacher und Novalis' neue Gesichtspunkte und Fragestellungen ergeben.[7] Die Gestalt des Dichters Friedrich von Hardenberg [8] erscheint im allgemeinen Bewußtsein fixiert auf einen Zusammenhang von romantischer Phantasie mit einer weitschweifenden pietistischen oder gar katholisierenden Frömmigkeit. Wenn ihm nunmehr bei dem Versuch einer Darstellung der christologischen Grundgedanken des jungen Schleiermacher eine wesentliche Bedeutung für die Aufhellung von deren spezifischer theologischer Eigenart zugesprochen wird, so aus der Überzeugung heraus, daß sich zumal vor dem Hintergrund und in Verbindung mit den Aussagen des Denkers Novalis die Intentionen Schleiermachers besonders gut abheben und verstehen lassen. Wenn die Inter-

---

5 Auf die wichtigsten bisherigen Äußerungen zum Verhältnis von Schleiermacher und Novalis sowohl von theologischer wie literaturgeschichtlicher Seite werden wir bei der Literaturübersicht eingehen. Vgl. S. 26ff.
6 Die Werke P. Seiferts und F. Hertels über die Urauflage der Reden seien hier vor allem genannt. Die Bedeutung Herrnhuts für die Theologie des jungen Schleiermacher hat schon früher S. Eck, Über die Herkunft des Individualitätsgedankens bei Schleiermacher, Gießen 1908, herausgestellt.
7 Eine Frucht dieser neuen Erkenntnisse in der Novalis-Forschung ist die Herausgabe der ersten historisch-kritischen Gesamtausgabe seiner Schriften: Novalis, Schriften, Die Werke Friedrich von Hardenbergs, 2. erweiterte und verbesserte Auflage, hrsg. von P. Kluckhohn (†) und R. Samuel, Bd. I—IV, Darmstadt, Wiss. Buchgesellschaft 1960ff. Bisher erschienen: Bd. I: Das dichterische Werk, Darmstadt 1960; Bd. II: Das philosophische Werk I, Stuttgart 1965; Bd. III: Das philosophische Werk II, Darmstadt 1968. Soweit nicht anders angegeben, werden die Werke Hardenbergs im folgenden nach dieser Ausgabe zitiert. Den bisher neuesten Stand der Novalis-Forschung enthält das auf jahrzehntelangen Studien, vor allem Handschriftenanalysen, beruhende Werk von H. Ritter, der auch an der neuen Gesamtausgabe beteiligt ist: H. Ritter, Der unbekannte Novalis, Friedrich von Hardenberg im Spiegel seiner Dichtung, Göttingen 1967. Die erste ausführlich kommentierte Ausgabe der Hardenbergschen Schriften besorgte G. Schulz, ebenfalls Mitherausgeber der neuen Gesamtausgabe: Novalis, Werke, hrsg. und kommentiert von G. Schulz, München 1969.
8 Den Namen „Novalis" nahm v. Hardenberg erst im Jahre 1797 an (s. H. Ritter, Der unbekannte Novalis, S. 10).

pretation der frühen Werke Schleiermachers eine möglichst intensive Berücksichtigung der theologie-, philosophie- und allgemein geistesgeschichtlichen Umwelt seines Denkens bedingt, was besonders für die Reden und Monologen gilt, so nimmt dabei Novalis unter den Zeitgenossen des jungen Schleiermacher eine bisher zwar wenig beachtete, jedoch hervorragende Stellung ein.

Der um vier Jahre jüngere Novalis ist nicht nur mit Schleiermacher durch seinen Erziehungs- und Entwicklungsgang verbunden, der beide in den entscheidenden Einflußbereich von Herrnhut, durch das Studium der deutschen idealistischen Philosophie (vor allem Kant und Fichte) und durch die Welt des romantischen Geistes unter freilich wesentlich verschiedenen Voraussetzungen führt, sondern auch durch eine oft erstaunlich ähnliche Gestimmtheit ihrer ureigenen Denk- und Erlebnisweise, wie es in zahlreichen direkten und indirekten Zeugnissen beider Zeitgenossen zum Ausdruck kommt.

Trotz der fehlenden unmittelbar persönlichen Kontakte zwischen Schleiermacher und Novalis erreicht der Gleichklang vieler ihrer beiderseitigen Intentionen eine größere Tiefe als der von mancherlei äußeren wie inneren Faktoren belastete Freundschaftsbund Schleiermachers mit Friedrich Schlegel.[9] Zugleich aber bekommen dann gerade auch die Unterscheidungsmerkmale und der je ganz eigene Charakter ihrer Denkweisen entscheidendes Gewicht.

Was das Verhältnis Schleiermachers zu Novalis bedeutet „für die Herausarbeitung dessen, worum es Schleiermacher selbst letztlich ging", hat in der neueren Schleiermacher-Forschung z.B. F. Hertel einmal sehr deutlich gemacht, wenn er fordert, „das Verhältnis Schleiermachers zu Novalis zu klären." Auch ist er der Überzeugung, „daß von hier aus noch viele neue Gesichtspunkte für die Schleiermacher-Forschung fruchtbar gemacht werden könnten."[10] Entsprechend ist auch von literarhistorischer Seite von dem Novalis-Forscher Richard Samuel schon vor längerer Zeit auf eine eingehendere Darlegung der zwischen Schleiermacher und Novalis bestehenden Bezugsmomente hingewiesen worden.[11]

Der Schwerpunkt unserer Untersuchung soll sich im wesentlichen auf die christologische Problematik konzentrieren. Diese Zielsetzung unserer Fragestellung bedarf bei dem Verhältnis Schleiermachers zu Novalis einer näheren Begründung. Im Denken des jungen Schleiermacher haben anfänglich offensichtlich philosophische, religionsphänomenologische und vor allem ethische Fragen im Vordergrund gestanden. Jedoch zeigt schon der Entwicklungsgang

---

9 S. H. Stock, Friedrich Schlegel und Schleiermacher. Phil. Diss. Marburg 1930/31.
10 F. Hertel, a.a.O., S. 39, Anm. 35
11 R. Samuel, Die poetische Staats- und Geschichtsauffassung Friedrich von Hardenbergs (Novalis), 1925, S. 239

Schleiermachers, wie sehr ihn von früh auf gerade das christologische Problem immer beschäftigt hat. Bekannt ist sein verzweifeltes Ringen um ein Verstehen der durch Christi stellvertretendes Leiden und Sterben vollbrachten Erlösung, das bereits während der Schulzeit aufbrach und schließlich in Barby zum Abbruch der Studien im Seminar der Herrnhuter geführt hat.[12]

Welche Gestalt die christologischen Äußerungen Schleiermachers im Laufe seiner weiteren Entwicklung nach diesen frühen Zweifeln an Christus und seinem Werk bekommen haben, wird die folgende Untersuchung herausarbeiten müssen. Wir werden mit dieser Frage nach den christologischen Gedanken des jungen Schleiermacher auf einen entscheidenden Grundzug des ganzen Schleiermacherschen Denkens stoßen, auf die Stelle, von der aus sich das Tor zu vielen anderen Problemen der Theologie Schleiermachers öffnet. Wie stark das christologische Thema das Denken und Fragen Schleiermachers bewegt hat, zeigt der lebenslange apologetische Kampf, den Schleiermacher um das rechte Verständnis seiner Christologie führen mußte. Die sich in dieser apologetischen Haltung offenbarende Tiefe der Betroffenheit von Person und Werk Christi und die von hier aus zu verstehende zentrale Bedeutung der Christologie im theologischen Werk Schleiermachers, sowie die hiermit auch zusammenhängende schwerwiegende Problematik hat Karl Barth mit folgenden Worten ausgedrückt:

„Er hat auch gesehen, welches das Ärgernis war, das er der Philosophie, jedenfalls der Philosophie seiner Zeit, bieten mußte, wenn er Theologe sein wollte, und er hat es gewagt, ihr dieses Ärgernis zu bieten. Es handelt sich um das Problem der Christologie. ... Jesus von Nazareth ... macht dem Professor und dem Prediger Schleiermacher sichtlich viel Mühe! Aber eben: er ist da. Und der Professor und Prediger macht sich diese Mühe, schwimmt unablässig gegen seinen eigenen Strom, will unter allen Umständen, se' es auch um den Preis von gewissen Künsteleien und Sophismen, christozentrischer Theologe sein. Ob er es nun wirklich ist — wer will das sagen? ... Er wollte in seiner Christologie ... Christus verkündigen. Die innere Beteiligung, in der er es als Dogmatiker und als Prediger getan hat, kann für jeden, der ihn kennt, ... keine Frage sein. Wenn es Einem in dieser Sache ernst gewesen ist, dann ihm."[13]

---

12 In den Briefen an den Vater aus Barby kommt der schwere innere Kampf Schleiermachers eindringlich zum Ausdruck. Seine Zweifel sind dabei gerade auf Christi Person und Werk gerichtet. (Vgl. Briefe, Bd. I., S. 42f.); s. auch E. R. Meyer, Schleiermachers und C. G. von Brinkmanns Gang durch die Brüdergemeine, Leipzig 1905, S. 228ff.

13 Barth, Die protestantische Theologie im 19. Jahrhundert, Zürich 1960, S. 385f.

Und im Blick auf die Schwierigkeiten und Anstrengungen, die sich in der Schleiermacherschen Theologie einstellen, wenn „die Sprache auf Christus, auf das göttliche Tun als solches, auf das Wort, auf das objektive Moment des Heils kommen soll", stellt Barth dann weiterhin fest:

„So dürfte es auch in den Reden, in der Glaubenslehre und in den Predigten nicht zu verkennen sein, daß das Historische in der Religion, das objektive Motiv, der Herr Jesus dem Theologen ein Sorgenkind ist, ein Sorgenkind, das durchaus zu Ehren gebracht werden soll und irgendwie zu Ehren gebracht wird, aber ein Sorgenkind."[14]

Es ist deutlich: Die Schleiermacher-Interpretation zielt mit der Frage nach der Christologie auf einen Kristallisationspunkt von Schleiermachers ganzem theologischen und philosophischen Werk sowie auf das Zentrum der vielfältigen Auseinandersetzungen, die diese Frage immer wieder ausgelöst hat.

Wie verhält es sich nun mit der Stellung und dem Gewicht der christologischen Reflexion im Werk des Novalis? Von einer Christologie in geläufigem Sinne wird man bei Novalis kaum sprechen können. Deshalb wollen wir auch bei ihm von Christusanschauung bzw. -bild reden. Doch soll mit dieser Formulierung nur die wesentlich andersartige, alle theologisch-dogmatische Begrifflichkeit entbehrende Darstellungsweise seiner Gedanken über Christus ausgedrückt werden. Eine grundsätzliche Frage scheint sich ja hier aufzudrängen: Inwiefern kommt dem dichterischen und philosophischen Werk Friedrich von Hardenbergs im allgemeinen und seinem Christusbild im besonderen theologiegeschichtliche Relevanz zu? Spiegeln sich in diesem Werk nicht so vielfältige Tendenzen des Zeitalters in den verschiedensten Ausdrucksformen wider, daß unter ihnen der theologischen Aussage neben der philosophischen und künstlerischen keine spezifische Bedeutung zugemessen werden kann? Novalis verstand sich als Dichter im Vollsinn des Wortes; in der poetischen Gestaltung sah er das höchste Vermögen des Menschen überhaupt.[15] Es ist

---

14 a.a.O., S. 412f.
15 In seinem Romanfragment „Heinrich von Ofterdingen", der eine „Apotheose der Poesie" werden sollte, sagt Klingsohr über die poetische Gestaltung: „Es ist die eigentümliche Handlungsweise des menschlichen Geistes ... . Man betrachte nur die Liebe. Nirgends wird wohl die Notwendigkeit der Poesie zum Bestand der Menschheit so klar, als in ihr. Die Liebe ist stumm, nur die Poesie kann für sie sprechen". (Bd. I, S. 287); s. auch Tiecks Bericht über die Fortsetzung, S. 359f. – „Dichten" heißt für Novalis „Erkennen", und zwar im umfassenden und höchsten Sinn: „Der ächte Dichter ist allwissend – er ist eine wirckliche Welt im Kleinen". (Bd. II, S. 592). „Philosophie ist die Theorie der Poesie. Sie zeigt uns was die Poesie sey, daß sie Eins und alles sei". (Bd. II, S. 591). – Die Poesie ist aber nicht nur höchste Stufe menschlicher Erkenntnis, sondern in ihr erscheint das Göttliche, Unendliche im Endlichen: Sie ist „die unmittelbar wirkende Gottheit unter den Menschen", „die höhere Stimme des Weltalls". (Bd. I, 1. Aufl., S. 236f.)

daher verständlich, daß sich vor allem die literarhistorische Forschung um ein Verstehen seines Werkes gemüht hat; neben dem Dichter und Philosophen ist neuerdings auch der Naturwissenschaftler in Novalis wieder stärker beachtet worden.[16] Die philosophische und philosophiegeschichtliche Novalis-Interpretation war lange Zeit von dem kritischen Urteil bestimmt, mit dem die zeitgenössischen Philosophen, besonders Schelling und Hegel, dem „philosophierenden Dichter" gegenüberstanden.[17] Auch hier zeigt sich in letzter Zeit eine neue, intensivere Bemühung um das philosophische Werk des Novalis, das in der neuen Gesamtausgabe seiner Schriften zum ersten Male vollständig und in streng chronologischer Folge vorliegt.[18]

Von theologischer Seite wurde Novalis bisher verhältnismäßig wenig Beachtung geschenkt, was sich zunächst aus dem Charakter seines Werkes verstehen läßt. Soweit die Theologiegeschichte jedoch das theologische Denken innerhalb der Konfessionsgrenzen im größeren Zusammenhang mit den Bestrebungen der Geistesgeschichte zu erfassen versucht, wird eine Gestalt wie Novalis für die Zeit des Überganges vom 18. zum 19. Jahrhundert besonderes Interesse beanspruchen dürfen. Novalis steht einmal in der Tradition des sich durch die ganze Geschichte des Christentums hindurchziehenden Stromes geschichtstheologisch-spekulativen Denkens und einer verinnerlichten christlichen Mystik, der — durch wenige Namen nur angedeutet, von einer besonderen Wertschätzung des johanneischen Schrifttums begleitet — über Dionysios Areopagita, Hugo von St. Viktor, Meister Eckhart, Joachim von Fiore bis hin zu Weigel, Böhme, Arnold, Angelus Silesius und Zinzendorf reicht. Zugleich aber kommt bei ihm diese, in ihrer jeweiligen Differenzierung dennoch von einer bestimmten einheitlichen Grundtendenz getragene Tradition in den drei wesentlichen Geistesmächten seiner Zeit, in Romantik, Pietismus und idealistischer Philosophie zu charakteristischem Ausdruck.

16 Über Novalis' Freiberger Naturstudien vgl. G. Schulz, Die Berufstätigkeit Fr. v. Hardenbergs und ihre Bedeutung für seine Dichtung und seine Gedankenwelt, Diss. Leipzig 1958 (Masch.) und H. Ritter, Der unbekannte Novalis, Göttingen 1967.

17 Bezeichnend ist das Urteil Schellings über Novalis: „Ich kann die Frivolität gegen die Gegenstände nicht leiden, an allem herumzuriechen, ohne einen zu durchdringen". (Aus Schellings Leben in Briefen, hrsg. von G. L. Plitt, Leipzig 1869, S. 431). Vgl. H. Knittermeyer, Schelling und die romantische Schule, München 1929, S. 104.

18 Wurde in der philosophiegeschichtlichen Forschung des 19. und beginnenden 20. Jahrhunderts verschiedentlich die mangelnde Tiefe in der Erkenntnisbemühung bei Novalis kritisiert (z.B. bei N. Hartmann, Philosophie des deutschen Idealismus, 1. Teil, Berlin 1923, S. 221), widmet man sich neuerdings der philosophischen Auseinandersetzung des Novalis mit Fichte und Hemsterhuis aufgrund der neuedierten Texte mit wesentlich größerer Aufmerksamkeit. — Vgl. H. J. Mähl, Die Idee des goldenen Zeitalters im Werk des Novalis, Hamburg 1959, und M. Dick, Die Entwicklung des Gedankens der Poesie in den Fragmenten des Novalis, Bonn 1967 (Mainzer Philosophische Forschungen), Bd. 7.

Karl Barth hat in seiner Geschichte der protestantischen Theologie Novalis ein eigenes Kapitel gewidmet; er sah in dessen fragmentarischem Werk das romantische Denken und Empfinden in der ursprünglichsten und reinsten Weise in Erscheinung treten. An Novalis hat Barth zeigen können, wie sich auf der Schwelle vom 18. zum 19. Jahrhundert in der Romantik der energischste Protest gegen die Aufklärung erhob, um dann in der ganzen Theologiegeschichte des 19. Jahrhunderts weiterzuwirken, wenn auch infolge der vielfältigen Gegenschläge oft nur in unterirdischen Strömungen, die am Ende des Jahrhunderts aber wieder deutlich zum Vorschein kamen.[19]

Neben dem romantischen Element tritt dann insbesondere auch die pietistische Frömmigkeitsstruktur im Werk des Novalis hervor.[20]

Und schließlich wird man seine philosophischen Studien und Fragmente nur im Zusammenhang mit seiner intensiven Lektüre der Schriften Fichtes, Kants und Hemsterhuis' sehen können.[21]

In dieser engen Beziehung zu den geistigen Kräften seiner Zeit, in der Novalis jeweils trotz der vielfältigen bewußten und unbewußten Beeinflussung aus Tradition und Gegenwart eine eigenständige und differenzierte Stellung einnimmt, liegt die geistes- sowie theologiegeschichtliche Bedeutung seines Werkes. In den letzten, besonders produktiven Jahren seines Lebens kreisen seine Gedanken in immer stärkerem Maße um religiöse Themen; er sieht sich an der Wende zu einem neuen, religiösen Zeitalter — und es ist keine Frage, daß er die Erfüllung seiner Prophetie von einer Neubelebung des Christentums erwartet.[22] Mit dieser Erwartung einer erneuerten Christenheit und mit dem Bewußtsein eines sich schon jetzt ankündigenden und sich über alle Daseinsbereiche verbreitenden neuen Lebens aus dem christlichen Geist ist aufs engste die Beziehung zu Christus verbunden, in der Erwartung und Erfüllung der persönlichen Hoffnungen und religiösen Gedanken des Novalis gegründet

---

19 Barth, a.a.O., S. 303ff.
20 Vgl. J.R. Thierstein, Novalis und der Pietismus, Diss. Bern 1910 und I. v. Minnigerode, Die Christusanschauung des Novalis, Berlin 1941, S. 72ff.
21 Das Verhältnis des Novalis zur Philosophie seiner Zeit, bes. zu Fichte und Hegel, hat E. Hirsch verschiedentlich dargestellt. Vgl. E. Hirsch, Theologiegeschichte, Gütersloh 1960, IV. Bd., 2. Hälfte, S. 407ff. und Die idealistische Philosophie und das Christentum, Gütersloh 1926, in dem Aufsatz über „Fichtes Gotteslehre 1794–1802", S. 140–307, dort S. 156ff.; über Novalis und Hegel in dem vorangehenden Aufsatz S. 121, 126f.
22 Am Schluß der „Christenheit oder Europa" heißt es: „Die Christenheit muß wieder lebendig und wirksam werden, und sich wieder eine sichtbare Kirche ohne Rücksicht auf Landesgrenzen bilden, die alle nach dem Überirdischen durstige Seelen in ihren Schoß aufnimmt und gern Vermittlerin der alten und neuen Welt wird". (Bd. III, S. 524).

sind. Seine geschichtstheologischen Entwürfe, Romanfragmente und christlichen Hymnen reflektieren das Christusereignis als die zentrale Wende der Menschheitsgeschichte und des gesamten Kosmos; sie stehen mit dieser kosmologischen Dimension in einer bedeutenden Tradition innerhalb der Geschichte der Christologie.

So legen die zentrale Stellung der Christusanschauung Hardenbergs in seinen poetischen und geschichtstheologischen Schriften sowie ihre ganz besondere, individuelle Gestalt es nahe, sie im zeitgeschichtlichen Zusammenhang mit den christologischen Grundgedanken des jungen Schleiermacher zu sehen. In der Reflexion auf Christi Person und Werk verdichtet sich das Hauptanliegen der ganzen frühromantischen Epoche: die Verbindung und Vermittlung von Göttlichem und Menschlichem, Unendlichem und Endlichem, von Zeit und Ewigkeit.

Bei unserer christologischen Fragestellung werden dann aber auch die schwerwiegenden Probleme sichtbar, vor die sich das Denken in der Zeit um 1800 gestellt sieht: das Verhältnis von Gott und Welt und die damit verbundene Stellung des Menschen sowie die konkurrierende Spannung von geschichtlicher Kontingenz und geistigem Prinzip, von Idee und Wirklichkeit.

Im folgenden sollen nun die christologischen Anschauungen des jungen Schleiermacher dargestellt werden, wobei die Blickrichtung auf Novalis im Dienste der Bemühung um eine Aufhellung von Schleiermachers Grundintentionen steht. Die Zuordnung Schleiermachers zu Novalis in ihrer beider Reflexionen über Person und Werk Christi geschieht aus der Überzeugung heraus, daß auf diese Weise ein geeigneter Weg zur Darlegung der individuellen Gestalt der christologischen Grundgedanken Schleiermachers beschritten werden kann. Um eine über diese Zielsetzung hinausführende Verhältnisbestimmung beider Zeitgenossen kann es in unserer Arbeit nicht gehen, weil die dazu notwendige Herausarbeitung der geistes- und zeitgeschichtlichen Zusammenhänge der frühromantischen Epoche den Rahmen dieser Arbeit sprengen würde. Immerhin wird sich aber auch manches Wesentliche neben der unmittelbar christologischen Fragestellung für die Beziehung zwischen Schleiermacher und Novalis im Zusammenhang des frühromantischen Zeitgeistes ergeben.

2. Methodische Überlegungen

Der Weg unserer Untersuchung erfordert eine nähere methodische Besinnung. Das christologische Denken des jungen Schleiermacher soll in einer Interpretation seiner frühen Hauptschriften einschließlich seiner Predigten entwickelt und verstanden werden. Unsere Textanalysen werden den geistigen Entwicklungsgang Schleiermachers und die theologischen Grundintentionen der einzelnen Schriften zu berücksichtigen versuchen, weil man nur in einem solchen erweiterten Horizont dem Werk Schleiermachers begegnen sowie die spezielle Fragestellung nach seiner Christologie orientieren kann.

Wenn darüber hinaus nach der Christologie des jungen Schleiermacher im Zusammenhang mit der Christusanschauung des Novalis gefragt werden wird, so erhebt sich das Problem, in welchem Maße der zeitgeschichtliche Hintergrund zur Aufhellung von Schleiermachers eigenem theologischen Ansatz dienen kann. In der Forschung wurde die Frage nach der Bedeutung des Zeitgeistes für die Schleiermacher-Interpretation vielfach diskutiert; es ist deshalb notwendig, darauf noch einzugehen, bevor der Weg unserer Untersuchung begründet wird. –

Der Begriff „Zeitgeist" umschreibt die inneren Zusammenhänge und charakteristischen Züge der Denkstrukturen einer bestimmten Epoche in all ihren Differenzierungen. Gebundenheit und Freiheit gegenüber dem Zeitalter, in dem ein geistiges Werk entsteht, hat Friedrich Schlegel mit folgenden Worten ausgedrückt: „Jedes Geisteswerk trägt den Charakter seiner Zeit. Der einzelne kann nie sein Zeitalter ganz verleugnen, doch kann er sich über dasselbe erheben, ist an den Gang seiner Zeit nicht mit unabänderlicher Notwendigkeit gebunden, und so muß es auch sein, da es eine schlechte Freiheit wäre, wenn man nicht selbst die Kraft hätte, sie sich zu verschaffen."[23]

In welcher Weise treffen nun diese Äußerungen Friedrich Schlegels auf das Werk Schleiermachers zu? Es erhebt sich somit die schwerwiegende Frage, ob aus der geistigen Umwelt Schleiermachers letztlich sein nur sich selbst verantwortliches, einsames Denken überhaupt erschlossen werden kann. Schon Dilthey hatte auf den schöpferischen Akt hingewiesen, aus dem die Reden über die Religion „aus der eigensten Tiefe seines Wesens, ... als eine vielleicht ihm selber lange unbewußte Notwendigkeit"[24] hervorgegangen sind. In aller Abgeschiedenheit habe Schleiermacher das wahre Wesen der Religion gefunden:

---

23 Kritische Friedrich-Schlegel-Ausgabe, hrsg. von E. Behler, II. Abt. Bd. XIII, II. Teil, S. 28, München 1964. – H.J. Schoeps hat in seinem Buch: „Was ist und was will die Geistesgeschichte", Göttingen 1959, Aufgabe und Methode der Geistesgeschichte in kritischer Fortführung Diltheys dargestellt. Er versteht Geistesgeschichte als Zeitgeistforschung (S. 93). Viele Gesichtspunkte der geistesgeschichtlichen Forschung, wie sie hier dargelegt wurden, werden auch für die Theologiegeschichte Geltung haben. Siehe auch F. Kreppel, Das Problem Zeitgeist, in: ZRGG, Bd. XX, 1968, Heft 2, S. 97ff.
24 Dilthey, Leben Schleiermachers, 1. Bd., Berlin 1870, S. 372

„So brauchte er nur, was in ihm aufgegangen war, auszusprechen, um einen wahren Einblick in den tiefen Grund aller Religion zu eröffnen und damit den wahren Wert derselben sichtbar zu machen. Es ist bezeichnend, daß sich keine Spur von irgendeinem Einfluß eines theologischen Schriftstellers auf diesen inneren Vorgang findet."[25]

Und doch hat gerade Dilthey in seiner Schleiermacher-Biographie die geistigen Bewegungen der Zeit in umfassender Weise dargestellt und die Welt- und Lebensansicht der Reden und Monologen auf dem Hintergrund der geistigen Atmosphäre Berlins beschrieben. Für die Interpretation der Reden hat neuerdings auch F. Hertel auf die Schwierigkeiten hingewiesen, mit denen ein Verständnis von Schleiermachers Theologie aus der Perspektive seiner geistigen Umwelt rechnen muß:

„Schleiermachers Theologie ist auf einer solch breiten Ebene angesetzt, daß alle Begegnungen mit Menschen, mit Sprache, mit dem Leben, von ihm in Beziehung gebracht werden mit seinem theologischen Beantworten und Fragen. Deshalb ist die Kenntnis seiner Umwelt für das Verständnis von Schleiermachers Theologie zwar sehr aufschlußreich, aber bleibt letztlich doch noch in einem Vorfeld stehen. Schleiermacher selbst wird anscheinend noch nicht erreicht. Sein theologischer Ansatz, den er ganz allein verantwortet hat, läßt sich von den Gedanken der anderen Menschen her, die mit ihm diskutierten und sprachen, nicht ableiten."[26]

Es wird nicht zu bestreiten sein, daß auch die Berücksichtigung des zeitgeschichtlichen Hintergrundes bei der Interpretation eines Werkes nicht bis zu den letzten Gründen des schöpferischen Denkens gelangen kann und insofern immer in einem Vorfeld stehen bleibt. Gerade auf diesem Weg treten oft die Einsamkeit und Unableitbarkeit einer geistigen Leistung besonders deutlich hervor, wie es das große Schleiermacher-Werk Diltheys und in neuerer Zeit P. Seifert in seinem Kommentar zu den Reden gezeigt haben. Doch wäre zu fragen, ob mit der Aufdeckung bestimmter, aus dem geistigen Horizont der Zeit unableitbarer Aussagen eines in ihr lebenden und denkenden Menschen nicht schon ein ganz entscheidender Schritt in Richtung auf ihr Verständnis getan ist. Käme dann nicht in dieser Eigenständigkeit die unaustauschbare Individualität des Denkens als wesentliche Vorstufe für sein Verstehen zum Ausdruck?[27] Um ein Verstehen der Theologie Schleiermachers

---

25 Dilthey, a.a.O., S. 378
26 a.a.O., S. 32
27 Es wird sich freilich nur um eine Vorstufe zum Verstehen handeln können, jedoch um eine sehr entscheidende. Daß sich die Interpretation mit der Aufdeckung der Individualität des Denkens nicht erschöpfen darf, sondern die Frage nach dem Wahrheitsanspruch ernstnehmen muß, sei ausdrücklich betont. Jedoch wird man mit

aber wird sich jede Schleiermacher-Interpretation zunächst bemühen müssen;[28] der Bezug zu der geistigen Welt, in der Schleiermacher lebte, und die Beziehung zu den Menschen, mit denen er im geistigen Austausch stand, können bei der Bemühung um ein Verständnis seines Werkes nicht außer acht gelassen werden. Das theologische Werk besonders des jungen Schleiermacher ist in einem so hohen Maße dialogisch angelegt, daß es ohne Rücksicht auf die Bewegung des Gesprächs und die Gesprächspartner nicht verstanden werden kann.[29] In dieser Bewegung von Fragen und Antworten, in der Schleiermacher im Gespräch mit sich selbst und mit seiner Zeit seine Gedanken Gestalt gewinnen läßt, liegt nicht nur ein formales Strukturmoment seines Werkes, sondern diese Dialogform ist der wesensgemäße Ausdruck für ein Denken, für das das Polaritätsprinzip und die Dialektik charakteristisch sind. Die besondere Zuordnung von Form und Inhalt im Werk Schleiermachers wird daher jede Interpretation bedenken müssen, die sich um ein Verständnis seiner Theologie bemüht. Dieses für die Schleiermacher-Interpretation so grundlegende und vielumstrittene Problem des Verhältnisses von Gestalt und Gehalt kann aber wiederum nur im Zusammenhang mit der geistigen Umwelt Schleiermachers gesehen werden.[30] Denn der Dialog und die in ihm zum

---

Gadamer die „Individualität und ihre Meinung" nicht als eine allein der romantischen Hermeneutik verhaftete Fragestellung im Zusammenhang ihrer Überwindung bei der Interpretation aus dem Blick verlieren dürfen (Vgl. H.G. Gadamer, Wahrheit und Methode, Tübingen 1965, S. 280f.).

28 P. Seifert hat mit seiner Untersuchung über die Theologie des jungen Schleiermacher nicht nur „eine bestimmte Deutung der Reden zu gewinnen und damit zugleich die Voraussetzung für eine richtige Interpretation der Schleiermacherschen Theologie überhaupt zu geben" versucht, sondern auch „ganz bestimmte Grundsätze theologiegeschichtlicher Methode" aufstellen wollen, um sie „an dem gegebenen Problem zu bewähren". (a.a.O., S. 198/99). Der Hauptgesichtspunkt dabei ist für P. Seifert die Vorordnung des Verständnisses vor der Kritik. Im Blick auf die Geschichte der bisherigen Schleiermacher-Forschung sowie auf seinen Kommentar zu den Reden wird man die Berechtigung eines solchen Vorgehens anerkennen müssen, indem die Forderung ernstgenommen wurde, zunächst auf Schleiermacher selbst zu hören. Jedoch können in diesem notwendigen Bemühen Verständnis und Kritik nicht streng unterschieden oder gar in ein prinzipielles Nacheinander aufgeteilt werden. Es kommt nur alles darauf an, daß die Interpretation begleitende Kritik nicht mit einem vorgefaßten Schema an die Texte herantritt und sich somit von vornherein der Aussage des Textes verschließt.

29 Erinnert sei nur an die direkte Anrede in den Reden; Die Weihnachtsfeier trägt den Untertitel „Ein Gespräch"; und auch in den Monologen führt Schleiermacher mit sich selbst ein Gespräch in Auseinandersetzung mit den geistigen Kräften seiner Zeit.

30 Das Problem hat Schleiermacher selbst in einer rückschauenden Betrachtung über seine Herrnhuter Jahre erkannt und ausgesprochen. In dem Brief vom 14. Dezember 1803 an Brinkmann (Briefe, Bd. IV, S. 86ff.) bemerkt Schleiermacher, daß man in der Brüdergemeine, der er und sein Freund doch viel verdanke, nicht in der rechten Weise zwischen Außen und Innen, Exoterischem und Esoterischem im christlichen

Ausdruck kommende Solidarität mit dem Denken der Zeit hat Schleiermacher in mannigfaltiger Weise dazu geführt, die Vorstellungshorizonte und Begriffe seiner Gesprächspartner und Adressaten aufzunehmen, um sich ihnen verständlich zu machen und bei ihnen Gehör zu finden. Diese „Verhüllungen" seiner eigenen Intentionen im Dienste der Apologie, bei der sich Schleiermacher unmittelbar betroffen und herausgefordert fühlt, haben zu zahlreichen — von Schleiermacher selbst eingeräumten — Mißverständnissen und Spannungen geführt, die sich auf dem Hintergrund der Zeitsituation zwar nicht auflösen, so aber doch von hier aus einsehbar sind. Schleiermacher konnte damit andererseits aber auch großes Verständnis finden, wie die begeisterte Aufnahme der Reden bei Novalis zeigt: „Er hat einen neuen Schleier für die Heilige (die Religion) gemacht, der ihren himmlischen Gliederbau anschmiegend verrät und doch sie züchtiger, als ein anderer verhüllt."[31]

Somit ergibt sich aus einer Reihe verschiedener und nicht unerheblicher Gesichtspunkte die methodische Notwendigkeit, die Texte Schleiermachers in ihrem Kontext mit den Voraussetzungen und Erscheinungsformen des Denkens seiner Zeit zu sehen und zu verstehen zu suchen.

Welche Bedeutung haben aber diese, die ganze Schleiermacher-Interpretation betreffenden methodischen Überlegungen für den Weg unserer Untersuchung? Wie schon bei der Zielsetzung unserer Arbeit betont wurde, wird die Herausarbeitung der christologischen Gedanken des jungen Schleiermacher anhand einer Textinterpretation erfolgen, die den zeitgeschichtlichen Hintergrund nur insoweit mitzubedenken bemüht ist, als es für deren Ver-

---

Glauben unterscheiden könne. Durch die zu starke Bindung des Glaubensinhaltes an festgefügte Formen müsse er auch bei weitgehender Übereinstimmung im Inneren für die Herrnhuter entweder als Heuchler oder als Freigeist erscheinen, da er sich von ihren Vorstellungen und Begriffen freigekämpft hatte. Diese Unterscheidung zwischen Außen und Innen, Wesentlichem und Unwesentlichem hat Schleiermacher stets vorgenommen. Er hat sich damit eine Beweglichkeit im Ausdruck geschaffen, mit der er bei seinen Lesern auf Verständigung hoffen konnte. – So sehr Schleiermacher um die Grenzen jeder Darstellung in Worten und Begriffen wußte, so war er aber auch der Überzeugung, „daß ohne einen gewissen Anthropomorphismus nichts in der Religion in Worte gefaßt werden kann" (Briefe, Bd. III, S. 283; vgl. auch Bd. IV, S. 70f.). – In der Schleiermacher-Forschung hat besonders O. Ritschl, Schleiermachers Stellung zum Christentum in seinen Reden über die Religion, Gotha 1888, auf dieses Problem hingewiesen und für die Reden weitgehend geklärt. – Vgl. auch P. Seifert a.a.O., S. 29ff. und 191ff.

31 Die Christenheit oder Europa, Bd. III, S. 521; s. auch die Stelle der Reden, in der Schleiermacher seine Methode angibt: „... so ist es in der Tat kaum ein frommer Betrug, sondern eine schickliche Methode ihm anzufangen und um das besorgt zu scheinen, wofür der Sinn schon da ist, damit gelegentlich und unbemerkt sich das einschleiche, wofür er erst aufgeregt werden soll". (Reden, S. 49 in: Phil. Bibl., Bd. 255, hrsg. von H.J. Rothert, Hamburg 1958; – im folgenden in dieser Ausgabe mit den Seitenzahlen der Urausgabe zitiert).

ständnis erforderlich ist. Eine über dieses „Mitbedenken" hinausgehende, eingehende Darlegung des Zeitgeistes der frühromantischen Epoche wurde ja von den Romantik-Forschern (vor allem Haym, Dilthey und Kluckhohn) schon in einer Weise geleistet, die zwar teilweise ergänzt, aber nicht wiederholt oder gar im Rahmen dieser Arbeit erweitert werden könnte. – Die Offenheit der Interpretation für die geistige Umwelt Schleiermachers soll vielmehr an *einer* Gestalt seiner Zeit bewährt werden, an Novalis und seiner Christusanschauung. Dies geschieht nicht in der Annahme, auf dem Weg über Novalis einen eindeutigen Schlüssel für das Verständnis der Theologie des jungen Schleiermacher zu besitzen, vielmehr geschieht die Zuordnung der Schleiermacher-Texte zu bestimmten Aussagen des Novalis in der Erwartung, von ihnen her die charakteristischen, eigengeprägten Züge der Christologie des jungen Schleiermacher besser in den Blick zu bekommen.

Ein weiteres Problem der Schleiermacher-Interpretation betrifft die Frage, welches Gewicht den zahlreichen Äußerungen Schleiermachers zukommt, mit denen er seine eigenen Werke kommentierte und in ihnen oft sehr genaue Anweisungen zu ihrem Verständnis gab. Schleiermacher hat dabei die Forderung einer Berücksichtigung des „Gesamtzusammenhanges" einzelner Schriften und Gedankenfolgen für das Verständnis seiner Werke immer wieder erhoben.[32]

Es ist selbstverständlich, daß eine theologiegeschichtliche Interpretation der Texte Schleiermachers an solchen Selbstaussagen des Verfassers nicht vorübergehen kann, sondern ihnen ihre besondere Aufmerksamkeit widmen wird.

Eine Berücksichtigung des „Gesamtzusammenhanges" im zeitgeschichtlichen Sinn sowie im strukturellen Gefüge eines Werkes muß dabei keineswegs zu einer subjektiven Interpretation führen. Vielmehr schreibt Gadamer, der die Grundlinien der Hermeneutik Schleiermachers zu überwinden versucht, daß sich der Interpret in den Autor und sein Werk einfühlen und eindenken müsse, in kritischer Abhebung gegenüber Schleiermacher: „Wenn wir einen Text zu verstehen suchen, versetzen wir uns nicht in die seelische Verfassung des Autors, sondern ... in die Perspektive, unter der der andere seine Meinung gewonnen hat. Das heißt aber nichts anderes, als daß wir das sachliche Recht dessen, was der andere sagt, gelten zu lassen suchen. Wir werden sogar, wenn wir verstehen wollen, seine Argumente noch zu verstärken trachten."[33] In diesem Sinne stellen die Erläuterungen und Sendschreiben Schleiermachers solche „Verstärkungen seiner Argumente" dar.

32 S. die Erläuterungen zu den Reden in der 3. Auflage 1821, besonders Erläuterung 8 zur 5. Rede (Reden, in der Ausgabe von Pünjer, S. 294).
33 Gadamer, Wahrheit und Methode, S. 276.

Die Beziehungen zwischen Leben und Werk sind ja gerade bei Schleiermacher so eng, daß die persönlichen Äußerungen in seinen Sendschreiben und Briefen, vor allem aber auch seine Predigten, eine entscheidende Quelle zum Verständnis seines Werkes darstellen.[34] Das Problem, das sich mit den Sendschreiben Schleiermachers[35] stellt, hängt mit der schon erwähnten Spannung von Gestalt und Gehalt in seinen Werken zusammen. In den Sendschreiben und Erläuterungen versucht Schleiermacher auf die verschiedenen Mißverständnisse zu antworten, die nach seiner Meinung bei Zeitgenossen gegenüber seinen Schriften entstanden sind. Man wird einen wesentlichen Grund für das Verstehen und Abwehren solcher Mißverständnisse in Schleiermachers apologetischer Methode und Haltung sehen müssen, worin die lebendige und leidenschaftliche Auseinandersetzung mit dem Denken seiner Zeit zum Ausdruck kommt. Die tieferen Wurzeln aber der Spannungen zwischen Form und Inhalt, zwischen Innen und Außen, Exoterischem und Esoterischem z.B. in den Reden und in der Glaubenslehre und die aus ihnen entstandenen Mißverständnisse führen uns an die offenkundigen Grenzen der Theologie Schleiermachers. Das Grundproblem aller bisherigen Schleiermacher-Deutungen wird von hier aus sichtbar: es zentriert sich auf das Verhältnis von Theologie und Philosophie in seinem Werk.[36]   Schleiermacher

---

34 Schon Dilthey hatte mit Nachdruck auf die Predigten Schleiermachers zum Verständnis seiner Theologie hingewiesen. In den kurz nach den Reden veröffentlichten Predigten (Erste Predigtsammlung 1801) empfand er ein nachträgliches Licht, das von diesen auf die Reden fiele (Leben Schleiermachers, S. 421). Er sah in den Predigten den „unveränderten Ausdruck seines innersten Lebens" (a.a.O., S. 423). – Ähnlich empfand auch schon Schleiermachers Freund Spalding (Brief an Schleiermacher, 3. Juni 1803, Briefe, Bd. III, S. 346). – In der Schleiermacher-Forschung hat man aber im ganzen kaum die Predigten Schleiermachers zur Interpretation seiner Theologie herangezogen; vgl. jedoch W. Trillhaas, Schleiermachers Predigt und das homiletische Problem, Leipzig 1933; G. Greiffenhagen, Die Christologie Schleiermachers in seiner Reifezeit, Diss. Göttingen 1930; G. Zumpe, Die Gottesanschauung Schleiermachers und das Pantheismusproblem, Diss. Berlin 1942; auch Wehrung, Seifert und Barth haben den Prediger Schleiermacher berücksichtigt.

35 Außer den beiden bekannten Sendschreiben an Lücke über seine Glaubenslehre (hrsg. von H. Mulert, Gießen 1908) spricht P. Seifert auch von dem „Sendschreiben über die Reden", womit der Brief Schleiermachers an den Hofprediger Sack aus dem Jahre 1801 gemeint ist, in dem er sich mit dessen Kritik an seinen Reden auseinandersetzt. (Briefe, Bd. III, S. 280ff.) Neben diesen Sendschreiben müssen dann auch die Erläuterungen Schleiermachers zu seinen Reden in der 3. Auflage 1821 beachtet werden, in denen er vielfach auf die zur gleichen Zeit herausgekommene Glaubenslehre verweist. Die Frage nach der Kontinuität im Gesamtwerk Schleiermachers bekommt daher von diesen Erläuterungen aus entscheidendes Gewicht.

36 G. Ebeling hat „die Struktur der Verbindung von Theologie und Philosophie bei Schleiermacher" als „das Kernproblem der Schleiermacher-Interpretation" bezeichnet. (Artikel „Theologie und Philosophie" II, RGG[3], Bd. VI, Tübingen 1962, S. 813f.)

war der Überzeugung, daß die Vermittlung theologischer Erkenntnisse auf den philosophischen Ausdruck in den Begriffen seiner eigenen und der Philosophie seiner Zeit nicht verzichten kann. Er teilt diese Überzeugung mit allen bedeutenden Theologen in der Geschichte der Theologie. Die Frage ist jedoch, ob die Philosophie für Schleiermachers Theologie nur eine „Hilfestellung" oder gar eine „Umklammerung" bedeutet.[37] Die kritischen Bedenken, die sich im Zusammenhang mit dieser Grundproblematik in der Schleiermacher-Interpretation wie auch in anderen Beziehungen ergeben, bekommen aber ihr volles Gewicht nicht aus einer Verhältnisbestimmung, die Schleiermachers Theologie ohne Rücksicht auf den zeitgeschichtlichen Kontext am Maßstab eines bestimmten Verständnisses von Theologie und Christentum zu deuten versucht. Vielmehr werden die Schwierigkeiten und Probleme in der Theologie Schleiermachers erst dort in ihrer Tragweite sichtbar, wo sie an ihrem geschichtlichen Ort aufgesucht werden. Daß darüber hinaus die systematische Fragestellung gegenüber Schleiermacher etwa im Vergleich mit der reformatorischen Theologie oder dem biblischen Zeugnis ihre entscheidende Bedeutung hat, ist unbestreitbar. Eine vorschnelle Heranführung solcher Maßstäbe an die Theologie Schleiermachers kann aber einem möglichst sachgerechten Zugang zu ihr nicht dienlich sein.

Die große Abkehr von Schleiermacher z. Zt. der frühen dialektischen Theologie kann nur im Zusammenhang mit der Theologiegeschichte seit Albrecht Ritschl und mit der geistigen und theologischen Situation dieser Jahre gewürdigt und verstanden werden. Daß diese Kritik an Schleiermacher nun aber mehr aus den Nöten und Notwendigkeiten der Zeit als aus einem historisch-kritischen Studium seiner Theologie erwachsen ist, wird schwerlich bestritten werden können. Die Ablehnung der theologischen Nachfolger Schleiermachers mußte sich mit umso größerer Wucht auf Schleiermacher selbst richten, von dem alle vermeintlichen Übel des theologischen Liberalismus und Subjektivismus herzukommen schienen.[38]

---

37 W. Link hat in seinem Buch „Das Ringen Luthers um die Freiheit der Theologie von der Philosophie" die „philosophische Hilfestellung" von der „philosophischen Umklammerung" unterschieden (vgl. P. Seifert, a.a.O., S. 195). — Wie Schleiermacher selbst das Verhältnis von Theologie und Philosophie verstanden wissen wollte, zeigen sehr deutlich zwei Briefe: der schon genannte Brief an den Hofprediger Sack (1801) und der Brief an F.H. Jacobi (30. März 1818); in diesem hat Schleiermacher das berühmte Wort Jacobis an Reinhold aufgegriffen: „Durchaus ein Heide mit dem Verstande, mit dem ganzen Gemüte ein Christ". (Briefe, Bd. III, S. 280ff. und Bd. II, S. 349ff.).

38 Vgl. das Buch Emil Brunners, Die Mystik und das Wort, Tübingen 1924, 1. Aufl.; ferner E. Schaeder, Theozentrische Theologie, 3. Aufl, Leipzig, 1925; F. Kattenbusch, Die deutsche evangelische Theologie seit Schleiermacher, 5. Aufl. Gießen 1926; K. Barth, Die christliche Dogmatik im Entwurf, Bd. 1, München 1927. Die hier

Wenn wir mit diesen methodischen Überlegungen Recht und Bedeutung einer theologiegeschichtlichen Interpretation der Theologie Schleiermachers darzulegen versuchten, so geschah es in dem Bewußtsein der großen Problematik, die gerade die Methodenfrage bei der Darstellung und Beurteilung der Theologie Schleiermachers schon zu seiner Zeit und dann durch die ganze Geschichte der Schleiermacher-Interpretation aufgeworfen hat. An der Begegnung mit Schleiermacher zeigt sich wie kaum bei einer anderen Gestalt in der Geschichte der neueren evangelischen Theologie, wie hier nahezu alles davon abhängt, mit welchen Voraussetzungen man an ihn herantritt und auf welcher Ebene man mit ihm diskutiert. So vielfältig und gegensätzlich auch die Ausgangspositionen in der Geschichte der Schleiermacher-Forschung gewesen sind, von denen aus man den Weg zur Deutung seiner Theologie gegangen ist, so sehr wird man gerade im Blick auf diese Geschichte darum bemüht sein müssen, daß der wie auch immer einzuschlagende Weg ein Weg mit zunächst unbekanntem Ziel bleibt.[39]

Diese notwendige Offenheit gegenüber den Texten Schleiermachers wie gegenüber allen Texten der Vergangenheit ist freilich keine Aufgabe, deren Erfüllung allein in der Macht des Interpreten liegt oder gar an das Postulat seiner Voraussetzungslosigkeit gebunden wäre – diese gibt es sowenig, wie keine absolut sichere Methode der Geschichtserkenntnis gibt. – Dennoch bleibt die Forderung bestehen, daß wir nur in dem Bemühen um diese Offenheit das Recht haben, in ein Gespräch mit der Theologie Schleiermachers einzutreten. Daß dieses Bemühen um Offenheit auch nicht zu einer falschen Alternative zwischen den gewiß verschiedenen Fragestellungen gegenüber Schleiermacher von systematischer und theologiegeschichtlicher Seite werden darf, mögen einige Sätze Barths bekräftigen, der in seiner Theologiegeschichte schreibt:

– durchaus verschieden – zum Ausdruck kommende Kritik an Schleiermacher hat ihr bleibendes Recht in dem Maße, in dem man zur Begründung der Kritik die Texte Schleiermachers selbst zu Gehör zu bringen versuchte. Zur Kritik gegenüber der Methode an der damaligen Schleiermacher-Interpretation vgl. W. Bartelheimer, Schleiermacher und die gegenwärtige Schleiermacherkritik, Leipzig 1931, und G. Wobbermin, Methodenfragen der heutigen Schleiermacher-Forschung, Leipzig 1933. – Vgl. weiterhin die ausführliche Übersicht über die Geschichte der Schleiermacher-Forschung seit der dialektischen Theologie bis zur Gegenwart bei F. Hertel, a.a.O., S. 14–27.

39 Vgl. Barths Besprechung des Brunnerschen Schleiermacher-Buches in: Zwischen den Zeiten, 1924, Heft 8, in der er gerade wegen seiner mit Brunner gemeinsamen sachlichen Ablehnung der Theologie Schleiermachers desssen Methode als ein Gericht mit von vornherein feststehendem Urteil kritisiert.

„Die Geschichte sind die lebendigen Menschen, die gerade, wenn sie ge-
storben sind, gerade weil ihr Werk dem guten Willen unserer Auffassung und
Deutung wehrlos ausgeliefert ist, schon den Anspruch auf unsere Ritterlich-
keit haben, den Anspruch, sich mit ihrem eigenen Anliegen hören lassen zu
dürfen und nicht einfach als Mittel zu unseren Zwecken verwendet zu werden.
Die Geschichte will für die Wahrheit Gottes zeugen, nicht für unsere Er-
rungenschaften, und darum haben wir uns von allem vermeintlichen Schon-
wissen ihr gegenüber immer wieder in die Bereitschaft, Neues zu vernehmen,
zurückzuziehen"; „einen Anderen hören, heißt jedesmal, das eigene Anliegen
suspendieren, um für das Anliegen des Anderen offen zu sein. Es wird immer
dafür gesorgt sein, daß es mit dieser Offenheit nicht zu weit her sein wird. Sie
ist aber die an uns gerichtete Forderung, um die wir jedenfalls wissen müssen
und der wir uns hier wie sonst nicht dadurch entziehen dürfen, daß wir sie
verklausulieren und abschwächen."[40]

3. Zum Aufbau der Untersuchung

Den Aufbau der Arbeit bestimmen entsprechend den methodischen Überlegungen folgende Gesichtspunkte. Der Gang der Untersuchung geht weitgehend parallel mit der Entstehungszeit der einzelnen für die Christologie des
jungen Schleiermacher wichtigen Schriften. Die Wechselwirkungen zwischen
Leben und Werk sowie die Beziehungen zur geistigen Umwelt lassen sich am
besten auf diesem genetischen Wege veranschaulichen. Auch die Fragen nach
Kontinuität und Wandlung in den christologischen Grundgedanken des jungen
Schleiermacher können bei einer solchen Betrachtungsweise deutlich in Erscheinung treten.[41] Innerhalb dieses chronologischen Rahmens haben wir

40 Barth, a.a.O. – Über die Aufgabe einer Geschichte der neueren Theologie –, S. 8 und
10. Vgl. auch E. Spranger, Vom Sinn der Voraussetzungslosigkeit in den Geisteswis-
senschaften, Berlin 1928. (Abhandlungen der preußischen Akademie der Wissen-
schaften).
41 Die Frage wird vor allem dahingehen, ob die Grundlinien der Christologie des jungen
Schleiermacher von einer durch die späteren Zusätze und Änderungen des sprachlichen Ausdrucks letztlich unbeeinflußten Kontinuität bestimmt sind, oder ob von
einer Wandlung in seiner Christusanschauung (z.B. im Vergleich der Urauflage der
Reden mit der Weihnachtsfeier) gesprochen werden muß. H. Bleek, a.a.O., hat eine
„ästhetisch-intellektualistische Periode" von einem „Umschwung zu einer positiveren
Stellung zu Christus und zum historischen Christentum" unterschieden. Wir werden
jedoch nicht die Diskussion über Kontinuität oder Diskontinuität im Gesamtwerk
Schleiermachers (Die Frage nach dem Verhältnis der zweiten zur dritten Auflage der
Reden und zur Glaubenslehre) aufgreifen können, da der junge Schleiermacher nicht
vom älteren her interpretiert werden kann. Wir schließen uns hierin dem Urteil

auch nach systematischen Gesichtspunkten untergliedert, damit die Hauptproblemstellungen präziser zum Ausdruck kommen können. Um den Standort des christologischen Denkens bei Schleiermacher im Zusammenhang mit seinem theologischen und anthropologischen Denken in dieser Zeit besser erfassen zu können, sollen daher in einem besonderen Kapitel die wesentlichen Grundlinien seiner Theologie und Anthropologie herausgearbeitet werden. Dies kann nicht in der Weise geschehen, daß in einer systematischen Zusammenstellung alle entscheidenden theologischen und anthropologischen Aussagen Schleiermachers zur Sprache kommen, sondern wir wollen vielmehr an einem zentralen Problem des Schleiermacherschen Denkens, seiner Bestimmung des Gott-Welt-Verhältnisses, die Frage nach den Grundlinien seiner Theologie und Anthropologie orientieren. Erst in einer möglichst weitgehenden Zusammenschau der Denkweise Schleiermachers ergeben sich die für seine Christologie entscheidenden Probleme.[42] Es muß daher immer wieder auf diese Grundgedanken verwiesen werden; dennoch wird die Voranstellung der wesentlichen Denkvoraussetzungen für die Christologie zum Zwecke einer größeren Deutlichkeit von Vorteil sein.

Zunächst aber soll das Verhältnis der beiden Zeitgenossen Schleiermacher und Novalis im Überblick dargestellt werden, wobei die Herausarbeitung der Gemeinsamkeiten und Unterschiede ihrer Denkweisen im Zusammenhang mit den geistigen Kräften ihrer Zeit im Vordergrund steht. Über die Christusanschauung in Schleiermachers frühen Predigten kommen wir dann zu der zentralen Frage nach der Christologie der Reden über die Religion. Hier wie auch bei der Interpretation der Weihnachtsfeier werden wir wesentliche Aussagen des Novalis[43] im Vergleich heranziehen.

Wehrungs an, der sich besonders gegen eine Interpretation der Reden von der Dialektik aus gewendet hat (G. Wehrung, Der geschichtsphilosophische Standpunkt Schleiermachers zur Zeit seiner Freundschaft mit den Romantikern, Straßburg 1907); vgl. auch P. Seifert, a.a.O., S. 20. – Das Verhältnis der ersten zur zweiten Auflage der Reden werden wir in Bezug auf die christologischen Äußerungen zu deuten versuchen, wobei die Änderungsproblematik, die ja in der zweiten Auflage der Reden von 1806 besonders die zweite Rede mit dem Begriffspaar: Anschauung und Gefühl betrifft, unberücksichtigt bleiben muß, da sie nur in einer Spezialuntersuchung über den Einfluß Schellings u.a. auf Schleiermacher in dieser Periode untersucht werden kann. Vgl. H. Süskind, Der Einfluß Schellings auf die Entwicklung von Schleiermachers System, Tübingen 1909.

42 Schon H. Bleek hatte in seiner Untersuchung über die Grundlagen der Christologie Schleiermachers die Notwendigkeit einer Berücksichtigung seiner religiösen Gesamtanschauung betont (a.a.O., S. 1).

43 Es handelt sich vor allem um das sogenannte Religions- oder Mittlerfragment in der Sammlung „Blüthenstaub" und die „Hymnen an die Nacht". Da es in unserer Arbeit nicht um eine Darstellung des Christusbildes von Novalis auf der Grundlage einer eingehenden Interpretation seiner Schriften gehen kann, wurden besonders solche

Die christologischen Anschauungen in der Weihnachtsfeier bilden den Einschnitt, bis zu dem die christologischen Grundgedanken des jungen Schleiermacher verfolgt werden. Diese Schrift kann uns den Zugang zur Christologie und Theologie Schleiermachers in der ganzen Breite ihrer Anlage eröffnen, so daß sie nicht nur die Jugendepoche Schleiermachers zusammenfassen, sondern auch einen Ausblick auf die Hauptlinien der Christologie in der Glaubenslehre vermitteln kann.

Die Beschränkung auf den jungen Schleiermacher ergibt sich dabei zunächst aus dem Umstand, daß die geistigen Beziehungen zwischen Schleiermacher und Novalis naturgemäß vor allem in die Zeit bis zur Abfassung der Weihnachtsfeier im Jahre 1806 fallen (1801 ist das Todesjahr des Novalis); sodann aber auch aus der Zäsur im Leben und Werk Schleiermachers, die in der Schleiermacher-Forschung zwischen dem jungen und dem älteren Schleiermacher allgemein gesetzt wird. Der Einschnitt wird meist mit der Berufung und Übersiedlung Schleiermachers nach Berlin am Ende des Jahres 1807 angegeben. Diese gewiß mit mancherlei Problemen verbundene Zäsur im Werk Schleiermachers soll nur den äußeren Rahmen für unsere Untersuchung abstecken in der Überzeugung, daß mit der Erschließung der christologischen Grundgedanken des jungen Schleiermacher ein wesentlicher Zugang auch zur Theologie und Christologie des älteren Schleiermacher gewonnen werden kann.

4. Zur Literatur über die wichtigsten bisherigen Äußerungen zum Verhältnis Schleiermacher-Novalis

Die Beziehungen zwischen Schleiermacher und Novalis in ihren christologischen Anschauungen werden wir in Verbindung mit den wichtigsten Stimmen der Schleiermacher- und Novalis-Forschung herauszuarbeiten versuchen, wobei wir jedoch naturgemäß nur einen begrenzten Bereich aus den beiden umfangreichen Forschungsgebieten berücksichtigen können. Obwohl das Thema Schleiermacher und Novalis noch keine eingehendere Untersuchung erfahren hat, gibt es doch gelegentlich Äußerungen hierzu von literarhistorischer und theologischer Seite, auf die jetzt noch hingewiesen werden soll. Im weiteren Verlauf der Untersuchung werden wir verschiedentlich auf sie zurückkommen.

Aussagen des Dichters herangezogen, die in zeitlicher wie sachlicher Nähe zu den Werken Schleiermachers stehen. Dabei wird man natürlich auch den Weg, den Novalis in seiner Deutung des Christusereignisses beschreitet sowie den gedanklichen Zusammenhang seines Christusbildes in den einzelnen Dichtungen mitzuberücksichtigen haben.

Schon der Romantikforscher R. Haym hat in seinem Werk „Die romantische Schule", Berlin 1870, Novalis' Weltanschauung, seinen „magischen Idealismus", in eine Beziehung zu Schleiermacher, besonders zu den Reden, gebracht. Seit dem Aufsatz Diltheys[44], der Novalis auf der Grundlage seiner persönlichen Erlebnisweise und seines besonderen Schicksals zu deuten versuchte und hierbei auch schon auf die ganz eigene Stellung des Novalis zu Christus und zum Christentum hinwies, wurde den Beziehungen zwischen Schleiermacher und Novalis vor allem in einer Gegenüberstellung der wichtigsten Aussagen der Reden und deren Echo bei Novalis in seiner Schrift „Die Christenheit oder Europa" nachgegangen. Einen solchen Vergleich, mehr oder weniger intensiv durchgeführt, haben A. Schubart[45], F. Strich[46] und R. Samuel[47] unternommen. Aus der Fülle der Romantikdarstellungen von literargeschichtlicher Seite seien nur zwei Werke genannt, die auf das Verhältnis Schleiermachers zu Novalis eingehender Bezug nehmen.

Es sind dies einmal das große Werk Korffs[48] und der Aufsatz Gundolfs[49], die beide die Reden Schleiermachers vorwiegend als ein Dokument des romantischen Geistes interpretieren.[50] In der Novalis-Forschung ist besonders auf die Untersuchung von I. von Minnigerode[51] hinzuweisen, die wesentlich in einer Interpretation der „Geistlichen Lieder" die Beziehungen zu Schleiermacher sowie die geistes- und theologiegeschichtliche Tradition der Christusanschauung des Novalis herausstellte.

Über die Christologie des jungen Schleiermacher gibt es bisher nur eine Untersuchung, die Arbeit H. Bleeks aus dem Jahre 1898.[52] Bleek hat die Grundlagen der Christologie des jungen Schleiermacher im Zusammenhang mit seiner geistigen Entwicklung unter Einbeziehung der Grundlinien der Schleiermacherschen Theologie dargestellt. Schon Bleek hatte dabei verschiedentlich auf Novalis hingewiesen, besonders auf das Mittlerfragment aus der Fragmentensammlung „Blüthenstaub". Auch wurde in diesem Werk erst-

---

44 W. Dilthey, Novalis, in: Preußische Jahrbücher 1865, wieder abgedruckt in: Das Erlebnis und die Dichtung, Leipzig 1905; s. auch Dilthey, Leben Schleiermachers, Berlin 1870, S. 361ff.
45 A. Schubart, Novalis' Leben, Dichten und Denken, Gütersloh 1887
46 F. Strich, Die Mythologie in der deutschen Literatur von Klopstock bis Wagner, Halle 1910, Bd. 1, S. 457ff.; Bd. 2, S. 14ff. u. 62ff.
47 R. Samuel, Die poetische Staats- und Geschichtsauffassung Fr. von Hardenbergs (Novalis), Frankfurt a.M. 1925
48 H.A. Korff, Geist der Goethezeit, Leipzig 1958/59, Bd. III, S. 313ff.
49 F. Gundolf, Schleiermachers Romantik, DVfLG 1924, Bd. II, S. 418ff.
50 Zur Problematik dieser Interpretation s. P. Seifert, a.a.O., S. 39ff.
51 I. von Minnigerode, Die Christusanschauung des Novalis, Berlin 1941 — (Neue Deutsche Forschungen Bd. 8) —
52 H. Bleek, Die Grundlagen der Christologie Schleiermachers, Freiburg i.Br. 1898

mals ausführlich die Weihnachtsfeier berücksichtigt und in ihrer Bedeutung für die Christologie Schleiermachers erkannt. Wie wesentliche Erkenntnisse und Aussagen der Reden schon teilweise vor diesen bei Novalis anklingen und ausgesprochen sind, hat Carl Stange[53] aufgezeigt. Er verweist besonders auf das Stufenschema der Religion bei Schleiermacher (Reden, S. 126 f.) und vergleicht es mit Aussagen von Novalis in dessen „Blüthenstaub" von 1797.

Im Rahmen der größeren theologiegeschichtlichen Darstellungen ist neben Barth auch noch auf E. Hirsch[54] hinzuweisen, der auf die Beziehungen zwischen Schleiermacher und Novalis mehrfach eingeht, das Verhältnis beider Zeitgenossen aber wesentlich in ihrem Bezug zu Fichte sieht.

In der neueren Schleiermacher-Forschung finden sich in den beiden genannten Werken über die Reden Schleiermachers von P. Seifert und F. Hertel ebenfalls verstreute Hinweise auf Novalis.

Das alles ergibt aber noch keine gesicherte Aussage über das Grundsätzliche der Beziehung zwischen Schleiermacher und Novalis.

53 C. Stange, Novalis' Weltanschauung, in: ZSTh 1, Jahrgang 1923/24, S. 609–636
54 E. Hirsch, Geschichte der neueren evangelischen Theologie, Gütersloh 1960, 2. Aufl. IV. Bd., 2. Hälfte, S. 407 ff. und 490ff.; vgl. auch Die Romantik und das Christentum, insbesondere bei Novalis und dem jungen Hegel, in: ZSTh 1, Jahrgang 1923/24, S. 28–43, bešonders S. 33–39; – Die idealistische Philosophie und das Christentum, Gütersloh 1926. – Schleiermachers Christusglaube, Gütersloh 1968, wo in einer Interpretation der Weihnachtsfeier auf Novalis Bezug genommen wird.

II. Schleiermacher und Novalis als Zeitgenossen

A Grundsätzliches

Mit dem ihm eigenen feinen Gespür hat Dilthey das Verhältnis der beiden Zeitgenossen Schleiermacher und Novalis zueinander beurteilt, so wenn er schreibt, Novalis sei „durch den innersten Zug seiner Natur Schleiermacher verwandter gewesen als irgend ein anderer der romantischen Genossen".[1] Man muß dieses Urteil jedoch interpretieren und ergänzen, um einem Mißverständnis vorzubeugen. Die hier von Dilthey angesprochene innere Verwandtschaft könnte als die der seelischen Grundstrukturen verstanden werden, und die wäre schwerlich nachzuweisen. Anders aber steht es bei beiden mit verwandten Grunderfahrungen in Kindheit und Jugend. Hier beginnt eine frühe geistige Verwandtschaft, die zu ähnlichen Formen der inneren Auseinandersetzung mit den großen geistigen Bewegungen und Strömungen am Ausgang des 18. Jahrhunderts geführt hat. Damit aber ist schon gesagt, daß man die „Verwandtschaft" keineswegs mit dem gängigen Hinweis auf die gemeinsame Zugehörigkeit zum Kreise der Frühromantiker erschöpfend kennzeichnet. Vielmehr vollzieht sich die innere Entwicklung beider vor einem geistesgeschichtlich höchst komplexen Hintergrund. In teilweise verschiedener Akzentuierung wirken dabei zusammen: der herrnhutische Pietismus, der deutsche Idealismus mit seinem breiten philosophiegeschichtlichen Fundament sowie die im engeren Sinn als „Frühromantik" bezeichnete literarische Strömung, die auf ihre Weise das Geisteserbe des 18. Jahrhunderts aufgenommen und weitergebildet hat. Schleiermachers Platoübersetzungen deuten überdies auf seine besondere Form einer Teilhabe an den geistigen Impulsen aus dem Bereich der deutschen Klassik wie des in Berlin so bedeutungsvollen Neuhumanismus.

B Lebensdaten und bestimmende geistige Strömungen

1. Der herrnhutische Pietismus

Im herrnhutischen Pietismus liegt für die Bildungserlebnisse Schleiermachers und Novalis' eine bei beiden grundlegende Gemeinsamkeit. Auch bei allen späteren inneren Wandlungen ihrer inneren Entwicklung haben beide jene persönlichkeitsprägenden Eindrücke bewahrt, die ihnen die in sich so geschlossene Lebens- und Gedankenwelt Herrnhuts von früher Jugend auf

---

1 Dilthey, a.a.O.. S. 283

vermittelt hatte. Voraussetzung dafür war nicht zum wenigsten, daß schon beide Väter auf ihre Weise den bewußten inneren Anschluß an die Frömmigkeitshaltung Herrnhuts gefunden hatten.

Schleiermachers Vater, der reformierte Feldprediger Gottlieb Adolph Schleiermacher, ebenfalls schon Sohn eines Pfarrers, war vom Elternhause her frühzeitig religiösen Erschütterungen ausgesetzt und hatte nach krisenvollen Jahren der Skepsis und des Suchens 1778 die herrnhutische Diaspora-Gemeinde Gnadenfrei in Schlesien kennengelernt. Das dankbare Gefühl innerer Befreiung von quälenden Irrwegen, das ihn seit seiner Begegnung mit der schlichten Herzensfrömmigkeit der Herrnhuter erfüllte, veranlaßte die Eltern Schleiermacher, auch ihren Sohn Friedrich Daniel Ernst ganz der Anstaltserziehung der Herrnhuter anzuvertrauen, zunächst in Gnadenfrei, anschließend auf dem Pädagogium in Niesky, dann dem Predigerseminar in Barby. Was das Kind und der Jüngling hier an Eindrücken gewonnen haben, erweist sich, wie es zu zeigen gilt, für unsere Untersuchung von konstitutiver Bedeutung.

Auch in Novalis' Leben hat der Vater, Heinrich Ulrich Erasmus von Hardenberg, die Erziehung seines Sohnes aus dem Geiste des herrnhutischen Pietismus bestimmt. War dem Vater nach seinen eigenen Angaben zwar schon von seiner Mutter her das Gedankengut Speners und Zinzendorfs vertraut, so hat er sich aber erst nach den schweren seelischen Erschütterungen beim Tode seiner ersten Frau 1769 überzeugt der Herrnhuter Brüdergemeine angeschlossen. Von tiefem Sündenbewußtsein durchdrungen, war sein Lebenswandel asketisch-streng und prägte auch Geist und Formen der häuslichen Kindererziehung. In beiden Söhnen haben sich religiöse Grunderfahrungen der Väter nicht wiederholen können. So wird es verständlich, daß sich beide im Verlaufe ihrer Entwicklung von den festumgrenzten Verhaltensformen der strengen Herrnhuter-Tradition gelöst haben, wenn auch auf verschiedene Weise.

Schleiermacher ist auch in den Jahren nach dem Abbruch seiner theologischen Studien in Barby mit seinem inzwischen verwitweten Vater in menschlicher Hinsicht zeitlebens eng verbunden geblieben und hat vor den religiösen Überzeugungen des Vaters nie den tiefen Respekt verloren. Wie noch näher zu zeigen sein wird, wirft diese bleibende Verbindung zwischen Vater und Sohn ein bedeutungsvolles Licht auf die Kontinuität in Schleiermachers menschlicher *und* theologischer Entwicklung. Für den Übertritt auf die Universität Halle darf man auch das intellektuelle Bedürfnis des genial begabten Studenten Schleiermacher nach einer größeren geistigen Weitung seines philosophischen und theologischen Horizonts nicht übersehen, um die Motive für den Abbruch seiner Studien in Barby voll zu würdigen. Er selbst gibt für seinen Entschluß an: „Daran ist unsere große Eingeschränktheit in der

Lektüre Schuld; denn von allen jetzigen Einwendungen ... und Streitigkeiten über Exegese und Dogmatik bekommen wir nichts zu lesen".[2] Daß sich Schleiermacher nach dem bekannten Wort allzeit als „Herrnhuter von einer höhern Ordnung"[3] verstanden hat, spiegelt mehr als nur den Ausdruck bleibender Dankbarkeitsgefühle[4] oder gar nur eine Floskel; doch bedarf es der Interpretation, desgleichen wenn Schleiermacher einmal von sich bekannt hat, es sei sein Eintritt in die Welt Herrnhuts „*der* entscheidende Moment für die ganze Entwicklung meines Lebens" gewesen.[5] Um das in seiner Tragweite zu ermessen, gilt es die geistesgeschichtliche Stellung des Pietismus kurz zu vergegenwärtigen. Man kann nämlich die Bedeutung des Pietismus für die gesamte Entwicklung des geistigen Lebens im 18. Jahrhundert — zumal im protestantischen Deutschland — nicht hoch genug veranschlagen und zwar in Hinblick auf die Herausbildung des sog. „modernen" Denkens, das im Sprachgebrauch der gegenwärtigen Diskussionen sein Hauptmerkmal in der „emanzipatorischen" Dynamik besitzt, mit der sich der einzelne aus überkommenen Kollektivbindungen und deren „Herrschafts"ansprüchen löst, um sich aus reiner Selbstbestimmung heraus neue mitmenschliche Zusammenschlüsse in „repressions"freier Ordnung zu schaffen und sich in diese einzugliedern. Unter diesem Aspekt stellt der Pietismus nicht nur eine theologie- und geistesgeschichtlich begrenzte „Gefühlsreaktion" auf die altlutherische Orthodoxie des 17. Jahrhunderts dar, sondern weist mit seinen spezifischen Formen des primär von der inneren „Erleuchtung" getragenen christlichen Glaubenslebens zwar einerseits weit zurück auf die seit dem Mittelalter lebendigen mystischen Bewegungen, für die im 17. Jahrhundert Jacob Böhme stellvertretend genannt sei. Darüber hinaus weist der Pietismus aber mit seinem Glauben, daß Gott den *einzelnen* Menschen auf ihm individuell eigentümlichen Wegen zu seinem irdischen und ewigen Seelenheil führe, in die Zukunft. Der Aspekt einer „Führung" der Kinder und Jugendlichen verbindet sich nämlich mit der ver-

2 Briefe, Bd. 1, S. 42. – Vgl. dazu auch den Brief an den Vater v. 21.1.1787 (Das. S. 45)
3 Briefe, Bd. 1, S. 309. Vgl. u. S. 73, Anm. 49
4 Das. Bd. 4, S. 87
5 Im Brief an seine Frau auf einer Reise im August 1817, Das. Bd. 2, S. 326. – Vgl. zu den Äußerungen Schleiermachers über Herrnhut besonders E.R. Meyer, Schleiermachers und C.G. von Brinkmanns Gang durch die Brüdergemeine, Leipzig 1905, S. 257–268. Die 1694 als moderne gegründete, d.h. nicht im Mittelalter oder der Reformationszeit wurzelnde Universität Halle war gleichermaßen ein Zentrum des Pietismus wie der rationalistischen Philosophie und der rationalistischen Theologie. Von daher erklärt sich das polemische Bonmot an den orthodoxen Nachbaruniversitäten Wittenberg und Leipzig: „Halam tendis? aut pietista aut atheista reversurus" (Zitiert bei Friedrich Paulsen: Das deutsche Bildungswesen in seiner geschichtlichen Entwicklung, 2. Auflage, Leipzig 1909, S. 75).

pflichtenden Aufgabe, als Eltern oder als Lehrer im Sinne der göttlichen Führung diesen Dienst am Menschen sozusagen stellvertretend zu leisten. Das erklärt nicht nur die seelsorgerliche Aktivität in der Bibelarbeit der collegia pietatis, sondern vor allem die führende Rolle des Pietismus auf dem Gebiete der Jugenderziehung in Schulen aller Art und in den zukunftweisenden sozialpädagogischen Institutionen wie den Waisenhäusern. Damit steht die Pädagogik August Hermann Franckes als systematisierte „Führungslehre" und als fruchtbare Praxis im Ausbau eines staatlichen und kirchlichen Schulwesens in jener großen Tradition einer lebenspraktisch orientierten europäischen Pädagogik, wie sie im 17. Jahrhundert Comenius, der letzte Bischof der böhmischmährischen Brüdergemeinde, ins Werk zu setzen versucht hatte[6]. Franckes doppeltes Ziel, hinzuführen zu „wahrer Gottseligkeit und zur christlichen Klugheit"[7] ist für den Ausbau einer besseren Vorbereitung der Kinder auch auf die steigenden Leistungsanforderungen in den bürgerlichen Berufen — zumal im Preußen Friedrich Wilhelms I. und seiner Nachfolger — von großer sozialer Bedeutung geworden. Nicht weniger wichtig aber ist im gesamten Pietismus, vor allem in seiner herrnhutischen Ausprägung, daß alle praktische Lebensbewährung getragen sein muß von einer christlichen cultura animi. In diesem Begriff steckt eine Fülle neuer Ansätze zu einer modernen Psychologie, die z.B. den Begriff der „Erfahrung" über eine Begrenzung auf die bloßen Sinneswahrnehmungen hinaus weitet und auf die „inneren" Erfahrungen des Menschen ausdehnt. Zweierlei Merkmale kennzeichnen dabei den Begriff der Seele: ihre Individualität und das Prinzip einer Totalität ihrer irdischen und göttlichen Lebensbezüge.[8] Mit Recht ist darum auch in der neueren Erziehungswissenschaft darauf hingewiesen worden, daß der erst im letzten Drittel des 18. Jahrhunderts in Deutschland als pädagogischer Terminus auftauchende Begriff der „Bildung" weithin mit als säkularisierte Interpretation der pietistischen „cultura animi" verstanden werden muß[9], sofern man bei aller „Bildung" auf ihren ursprünglichen Sinn zurückgeht[10], nicht nur auf

---

6 Vgl. Fritz Blättner, Geschichte der Pädagogik, 10. Auflage, Heidelberg 1961, S. 61ff.
7 August Hermann Francke: Pädagogische Schriften. Hg. v. Hermann Lorenzen, Paderborn 1957, S. 13ff.
8 Vgl. dazu Hans R. Günther: Psychologie des deutschen Pietismus. (Dt. Vierteljahrsschrift f. Literaturwissenschaft u. Geistesgeschichte, 4. Jg. 1926, S. 144—176).
9 Vgl. Wilhelm Flitner: Goethe im Spätwerk, Hamburg 1947, S. 25ff. und passim, desgl. Fritz Blättner: Geschichte der Pädagogik, 10. Aufl. Heidelberg 1961, S. 127f. u.a. desgl. Blättner: Das Gymnasium, Heidelberg 1960, bes. S. 80/99 über Schleiermacher
10 Franz Rauhut und Ilse Schaarschmidt u. Mitw. v. Wolfgang Klafki: Beiträge zur Geschichte des Bildungsbegriffs, Weinheim 1965, und Ludwig Kiehn: Goethes Begriff der Bildung, Hamburg 1932

seine gesellschaftlichen Auswirkungen im Abbau von Schranken zwischen Bürgertum und Adel.[11] In Schleiermachers Monologen erscheint die „Bildung" wie die alte herrnhutische cultura animi weiterhin als eine religiös fundierte geistig-sittliche Gesamtverfassung des Menschen. Die hier bei Schleiermacher deutlich erkennbare Bewahrung eines alten Erbes bedeutet etwas anderes als „Säkularisation". Es handelt sich um eine die Enge des Pietismus sprengende Weitung zu jener auf dem Wege der Reflexion neu gewonnenen „höheren Ordnung", die Schleiermacher gemeint und zu seinem Teile vorgelebt hat.

Anders vollzieht sich im Vergleich dazu die Ablösung des jungen Hardenberg von der ebenfalls als einengend empfundenen Welt der Herrnhuter. Hier handelt es sich zunächst um einen offensichtlichen prinzipiellen Bruch mit ihr, der z.B. in folgender Abwertung auch philosphisch-rationalistisch begründet wird: „Die Herrnhuter annihilieren ihre Vernunft".[12] „Ja", so heißt es weiter, sie hätten „den Kindergeist einführen wollen". Das aber weckt die Frage: „Aber ist es auch der echte? Oder nicht vielmehr Kindermuttergeist, alter Weibergeist"?[13] Gerade aber Novalis hat sich im Gegensatz zu Schleiermacher hernach in seinen christologischen Anschauungen wieder ganz die überkommenen pietistischen Vorstellungen zu eigen gemacht, zumal in seinen „Geistlichen Liedern".

Was im Vergleich dazu Schleiermachers Wort von einem Herrnhutertum „höherer Ordnung" meinen kann, soll in einer Gegenüberstellung des Pietismus mit den philosophischen Strömungen der beiden letzten Jahrzehnte des 18. Jahrhunderts deutlich zu machen versucht werden.

2. Die philosophischen Strömungen des ausgehenden 18. Jahrhunderts

a. Von der „cultura animi" zur weltlichen „Bildung"

Das in der pietistischen „cultura animi" aufweisbare Prinzip des Individualismus ist nicht auf die pietistische Religiosität der Zeit begrenzt, vielmehr findet es vor allem in der ihm weithin entgegengesetzten philosophischen Überlieferung des Jahrhunderts seine Entsprechung. Auch diese erweist sich — so z.B. im Bereich der rationalistischen Theologie — als religiös bedeutsam, sie

11 Zur Sozialgeschichte des „Gebildeten" vgl. Hans Weil: Die Entstehung des deutschen Bildungsprinzips, Bonn 1931
12 Novalis. Schriften (1929), Bd. 2, S. 338
13 Daselbst Bd. 3, S. 287

ist aber primär spekulativ fundiert. In allem geht es hier um die theologische Breitenwirkung der Leibnizschen Philosophie einer „Theodizee".[14] Ohne sie läßt sich jene heute oft übersehene, wenn nicht gar verkannte „deutsche" Form der Aufklärung nicht verstehen.[15] Man muß sehen, daß in der von kirchlicher Seite später oft so hart gescholtenen rationalistischen Theologie in Deutschland altes christliches Glaubensgut weithin unmittelbar lebendig bleibt, wie vor allem ihre Sprache erkennen läßt. Getragen von den Grundgedanken des 1. Artikels mit Luthers dazu gegebener Erklärung sprengt hier schon diese Ausgangsposition eine mögliche Verabsolutierung rationaler Argumentationen des Denkens. Alle in ihren natürlichen Kausalrelationen erfaßten immanenten Gesetzmäßigkeiten der Schöpfung erscheinen ständig auf den Hintergrund einer dankbar erlebten und im Bekennen bezeugten Transzendenz Gottes als „Schöpfers" projiziert. Dasselbe gilt für den Glauben an die „Vorsehung" Gottes und den Ablauf der Geschichte, der von ihr aus als eine im bürgerlichen Sinn zunehmende Vervollkommnung der Welt so optimistisch interpretiert worden ist. Chr. F. Gellert hat all dem in seinem hymnischen Liede „Die Himmel rühmen des Ewigen Ehre .." religiös wie dichterisch in der Ergriffenheit seines Gemüts den Ausdruck eines hohen barocken Pathos verliehen.[16]

Von anderer Struktur ist die besonders von Voltaire und dem Kreise der Encyklopädisten entwickelte „französische" Form der Aufklärung, die heute vielfach als „die" Aufklärung schlechthin verstanden zu werden scheint. Mit ihr aber schrumpft die Welt nach einem glücklichen Terminus von Paul Tillich entsprechend der Verabsolutierung eines anthropozentrischen Immanenzdenkens auf eine „in sich ruhende Endlichkeit".[17] Was hier axiomatisch zum allein gültigen wissenschaftlichen Denkmodell verabsolutiert wird, schließt jeden religiösen Aspekt aus. Ein in diesem Sinne „wissenschaftlich" verstandenes Bild des Menschen reduziert ihn — wie bei dem Baron v. Holbach — auf die von Menschen manipulierbare Figur des apparativ konstruierten „homme machine". Eine Vernunft, die sich selbst autonom setzt, beginnt nun auch, den Bereich des Gesellschaftlich-Ethischen in ihrem Sinne zu strukturieren und zu normieren. Dem entspricht die sich im Liberalismus des 19. Jahrhun-

14 Vgl. Karl Kindt: Leibniz der Apologet, in: „Vorschule christlicher Philosophie", Hamburg 1951, S. 190—225. — Dazu vom selben Verfasser: Klopstock, Berlin 2. Aufl. 1948, S. 31ff.
15 Vgl. Hans Matthias Wolff: Die Weltanschauung der deutschen Aufklärung in geschichtlicher Entwicklung, München 1949.
16 Karl Kindt: Ehrenrettung für Christian Fürchtegott Gellert (In: „Geisteskampf um Christus", Berlin 1938, S. 44—65) und vom selben Verfasser „Klopstock", a.a.O., S. 46f.
17 Paul Tillich: Die religiöse Lage der Gegenwart, Berlin 1926, bes. S. 17ff. und 63ff.

derts ökonomisch-technisch expandierende bürgerliche Gesellschaft. Ausdrücklich im Namen „der" Wissenschaft zu einer umfassenden Weltanschauungslehre geweitet, führt dann der Weg konsequent — wie es der Lebensgang Diderots spiegelt — zum Materialismus und dem ihm strukturell zugehörigen Atheismus. Vor diesem Hintergrund hebt sich alles um so einprägsamer ab, was in der philosophischen Nachfolge von Leibniz gemeint wird. Untrennbar davon wird mit ihr die Autonomie eines personal „Geistigen" postuliert, das den einzelnen Menschen „von innen heraus" aktiviert. Schleiermacher hat es später so formuliert: „Ein Einzelwesen ist der Mensch nur als Agens".[18] Mit der später in seiner Psychologie wie in seiner Pädagogik vertretenen Auffassung, daß der Mensch ein auf „Selbsttätigkeit" angelegtes Wesen sei[19], wird die vom Pietismus geforderte „cultura animi" um den Wesenszug einer spontanen Aktivität vor allem im Denkverhalten geweitet. Damit zielt der Begriff der Bildung auf das Merkmal einer in ihrem Denken urteilsfähig gewordenen Persönlichkeit. Im Zeichen einer durchaus auch gesellschaftskritisch verstandenen Urteilsfähigkeit des einzelnen gewinnt der Begriff der Bildung damit — wie schon berührt — seinen heute als „emanzipatorisch" akzentuierten Sinn, und in eben diesem Sinne konvergiert angesichts der konkreten gesellschaftlichen Verhältnisse im Bürgertum des ausgehenden 18. Jahrhunderts der Begriff der „Gebildeten" mit dem pädagogischen Sinn der deutschen Aufklärung. Sehr deutlich wird das dort, wo Kant in seiner kleinen Schrift von 1784 die für seine Zeit durchaus noch nicht eindeutig beantwortete Frage: „Was ist Aufklärung"?[20] in einem ausgesprochen normativen Sinn beantwortet als ein „Heraustreten aus der selbstverschuldeten Unmündigkeit", und nach der Französischen Revolution hat der junge Wilhelm v. Humboldt aus dieser Haltung heraus dann auf seine Weise „die Grenzen der Wirksamkeit des Staates" zu bestimmen versucht.[21]

In all dem aber treten im Denken dieser „Gebildeten" primär religiöse Fragestellungen zurück, wenn sie nicht gar als obsolet gelten. Für Schleiermacher wird das zum Anlaß, sich mit dem Ergebnis seines eigenen geistigen Ringens gerade an sie zu wenden. In seinen Auseinandersetzungen mit den Bewegungen seiner Epoche erfüllte ihn dabei das Bewußtsein, auch ihnen gegenüber den höheren Standort der Reflexion zu besitzen. Daß er sich wie

18 Vgl. dazu in Schleiermachers „Psychologie", hg. von L. George, Berlin 1862, S. 560
19 Vgl. Walter Augustat: Schleiermachers Lehre von der Selbsttätigkeit, Langensalza 1926
20 Kant: Was ist Aufklärung? (In: Kant-Studienausgabe, hrsg. v. W. Weischedel, Frankf. M., Bd. VI)
21 W. v. Humboldt: Ideen zu einem Versuch, die Grenzen der Wirksamkeit des Staates zu bestimmen. (Reclams Universal-Bibliothek, Stuttgart, o.J.)

Lessing, Herder und Goethe und viele andere vor ihm ebenfalls eingehend mit Spinoza befaßt hatte[21a], hat in ihm die enge Verbindung von emotionaler Ergriffenheit mit philosophisch systematisierender Reflexion gefestigt. Das alles ermöglicht nun auch Schleiermachers Erlebnisse und Erfahrungen als Hauslehrer und junger Prediger in Schlobitten (vom Ende d.J. 1790 bis Mai 1793) richtig einzuordnen. Es vollzog sich auch hier, wie an seinen Predigten aus dieser Zeit zu zeigen ist, kein Bruch, vielmehr ein höchst subtiler und differenzierter Integrationsprozeß. Besonders in Hinblick auf die gesamt-personale „cultura animi" konvergiert in ihm die pietistische Ausgangs-position mit den Anregungen vonseiten jener Theologie eines frommen Ratio-nalismus, wie sie sein Onkel, der Pfarrer Stubenrauch, verkörperte. Hier lassen gerade Schleiermachers Predigten jene Grundzüge eines „Herrnhutertums" er-kennen, das zumal mit seiner Christologie durchaus in der Überlieferung steht, dennoch aber mit seinem geweiteten Horizont und in der erkennbaren Dynamik einer freieren persönlichen Selbstentfaltung zugleich alle neuen Merkmale des denkerisch „höheren" Standortes verrät.

So profiliert sich denn früh in allem ein dialektisch komplexes Bild des Menschen, das Schleiermacher − auch dazu in einer pietistischen Tradition stehend − in seinen späten Vorlesungen zur Pädagogik[22] und in seiner Psychologie systematisch ausgeformt hat. Ein in seiner Wurzel christlicher Realismus hält alle pädagogischen Utopien im Sinne eines platonischen Idea-lismus fern. Dennoch bleibt das humanistische Erbe bewahrt. Es kommt z.B. voll zum Ausdruck in Schleiermachers weltoffener Beurteilung der Stellung des Menschen in der geschichtlichen Welt.

b. Schleiermacher und Novalis in ihrem Verhältnis zu Fichte

In diesem Zusammenhange stellt sich nun auch die Frage nach Schleier-machers Stellung zu den großen Vertretern des philosophischen deutschen Idealismus. Kant hatte mit seinen grundsätzlichen „Kritiken" eine „Auf-klärung über die Aufklärung" eingeleitet, in denen es vor allem um die Gren-zen der Zuständigkeit im Geltungsbereich der Vernunft geht. Demgegenüber haben Fichte, Schelling und Hegel ihrer Philosophie das Gepräge einer neuen umfassenden, normativ gemeinten Weltanschauungslehre gegeben. Besonders

---

21a In die Landsberger Zeit fällt die unvollendete kleine Schrift „Kurze Darstellung des spinozistischen Systems".
22 Schleiermacher, Pädagogische Schriften, hg. von Erich Weniger u. Theodor Schultze, 2 Bde. Düsseldorf 1957

Fichte hat seine Philosophie mit missionarischem Eifer vorgetragen und in Jena und Berlin seine Hörer zu packen verstanden. Eine ähnliche Wirkung ging auch von seinen Büchern aus. Schleiermacher und Novalis haben sich eingehend mit Fichtes Schriften befaßt[23], Novalis offensichtlich früher, nämlich schon zwischen 1794–96, also in seiner Zeit als Amtsaktuarius in Tennstedt[24], Schleiermacher vermutlich seit etwa 1799.

Über die Frage, ob beide von Fichte nachhaltige Anregungen empfangen haben können, sind die Meinungen in der Forschung geteilt. E. Hirsch bezeichnet die Problematik einer Einwirkung Fichtes auf Schleiermacher geradezu als „das schwierigste, bis heute noch nicht klar gelöste Fragmal der Schleiermacherforschung". Als das Ergebnis seiner Bemühungen glaubt er mit Sicherheit angeben zu können: „Nur wenige Sachkundige werden heute noch leugnen, daß Fichte für Schleiermacher das philosophische Schicksal geworden ist".[25] Gemeint ist hier die Zeit vor 1800, nicht die Jahre der Zusammenarbeit bei der Gründung der Berliner Universität. Für die Frühzeit wie auch für später haben im Gegensatz zu E. Hirsch jedoch Fr. Hertel und P. Seifert entscheidende Einflüsse Fichtes auf Schleiermacher bestritten und – wie uns scheint – mit guten Gründen.[26] Als nämlich Schleiermacher 1799 Fichte in Berlin persönlich begegnete, beeindruckte er ihn zwar – wie er schreibt – als „der größte Dialektiker, den ich kenne"[27], doch hält ihn diese Bewunderung nicht von grundsätzlicher Kritik ab: „Die Tugendlehre verdient allerdings gar sehr, daß man sie studiert, dies schließt aber nicht aus, daß nicht sehr viel dagegen zu sagen wäre ...".[28] Hinzu kommt, daß er sich persönlich von Fichte „nicht sehr affiziert" fühlt. Eine abfällige Bemerkung über Fichtes „Eitelkeit" und seinen Mangel „an Witz und Fantasie"[29] läßt sogar mehr als nur das vermuten. Novalis hat in den genannten Jahren vor allem Fichtes 1795 erschienene Wissenschaftslehre studiert. Entsprechend den damals an Fichtes Philosophie geknüpften hohen Erwartungen fiel bei Novalis auch sein persönlicher Eindruck von Fichtes Person sehr positiv aus, als sich beide im August 1797 in Jena kennenlernten. Novalis verstand Fichtes Philosophie vordringlich als einen neuen Stil des Philosophierens und glaubte, „es wäre möglich, daß Fichte Erfinder einer ganz neuen Art zu denken wäre, für die die

23 Vgl. Novalis. Schriften (1965) Bd. 2, S. 104–296
24 Das. S. 31; dazu Novalis. Schriften (1929) Bd. 4, S. 319
25 E. Hirsch: Theologiegeschichte Bd. 4, S. 504
26 Fr. Hertel und P. Seifert a.a.O. passim
27 Schleiermacher als Mensch. Familien- und Freundesbriefe 1783–1804, hrsg. v. H. Meisner, Bd. 1, S. 163
28 Das. S. 179
29 Das. S. 163 – Vgl. Dilthey a.a.O., S. 376ff.

Sprache noch keinen Namen hat", und er folgert weiter: „Es können wunderbare Kunstwerke hier entstehen, wenn man das Fichtisieren erst artistisch zu treiben beginnt".[30] Über die persönliche Begegnung berichtete er: „Bey Fichte gerieht ich auf eine Lieblingsmaterie. — Er war meiner Meynung nicht — aber mit welcher zarten Schonung sprach er darüber, da er meine Meynung nur für eine Abgedrungne hielt. — Es soll mir unvergeßlich seyn".[31] Dennoch regte sich aber auch bei Novalis bald eine grundsätzliche Kritik. Bezeichnenderweise schieden sich die Geister an den voneinander abweichenden religiösen Grundüberzeugungen. Gegenüber der Fichteschen Auffassung hebt Novalis die eigene folgendermaßen ab: „Spinoza stieg bis zur Natur — Fichte bis zum Ich oder der Person. Ich bis zur These Gott".[32] Bemerkenswerterweise versteht Novalis dabei seine entschiedene Rückwendung zur Religion als ein Hinausschreiten über Fichtes anthropozentrischen Ansatz. Darum vermißte denn Novalis an Fichtes gesamter Philosophie auch gerade das, was nicht zuletzt für seine christologischen Anschauungen von entscheidender Bedeutung ist: „die unendliche Idee der Liebe". So stellte er mit Enttäuschung fest: „Spinoza und Zinzendorf haben sie erfaßt, die unendliche Idee der Liebe ... Schade, daß ich in Fichte noch nichts von dieser Ansicht sehe, nichts von diesem Schöpfungsatem fühle".[32 a] Angesichts von Novalis' sehr weitgehender Rückwendung zu der hier auch ausdrücklich genannten Glaubenswelt Zinzendorfs kann von einem bestimmenden Einfluß der rational-diskursiv argumentierenden Spekulationen Fichtes nicht die Rede sein. Als Dichter argumentiert Novalis mit Gleichnis und Metapher und beflügelt mit ihnen vielfach auch die naturphilosophischen Denkbewegungen in seinen Fragmenten, wobei er oft die Wirklichkeit phantasievoll transzendiert und zwar im Sinne frei kombinierter Analogien. In der Lyrik seiner „Geistlichen Lieder" drängen seine religiösen Gemütsregungen zu einem dichterischen Ausdruck, der alte herrnhutische Vorbilder nahezu unmittelbar nachvollzieht.

Auf andere Weise versucht demgegenüber Schleiermacher das Christentum als die in einem neuen Sinne verstandene „absolute" Religion zurückzugewinnen; aber auch die hier von ihm ins Werk gesetzte „Reflexion" verbleibt in der Tradition pietistischer Psychologie, so wenn er aufzuzeigen und darzustellen sucht, warum Religion mehr und anderes ist als das, was eine zutiefst „bürgerlich" geprägte Aufklärungstheologie meinte, wenn sie sich nur allzu häufig auf plausible christlich-sittliche Verhaltensgebote und als vernünftig einsehbare Moralnormen verengte.

30 Novalis. Schriften (1929) Bd. 2, S. 318f. Vgl. dazu auch E. Hirsch a.a.O., Bd. 4, S. 437
31 Novalis. Schriften (1965), Bd. 2, S. 35
32 Novalis. Schriften (1929), Bd. 2, S. 268
32a Novalis. Schriften (1929), Bd. 4, S. 153

3. Die Stellung Schleiermachers und Novalis' innerhalb der deutschen Frühromantik

a. Grundsätzliches

Zwar lassen sich enge Beziehungen zwischen den führenden Repräsentanten der Philosophie des deutschen Idealismus und der Frühromantik aufweisen. Dennoch ist es gerechtfertigt, die Romantik von ihren dichterischen, literaturwissenschaftlichen, philosophischen und religiösen Sonderbemühungen her als geistige Bewegung eigenen Ranges zu betrachten. Der deutsche Idealismus ist mit der Romantik ebenso wenig identisch wie mit der deutschen Klassik und dem Neuhumanismus; auch zu diesen lassen sich ebenfalls gegenstandstheoretische wie persönliche Verbindungen herstellen.

In den gegenwärtigen Erörterungen einer zumal neomarxistisch beeinflußten Literaturwissenschaft versucht man u.a. auch die Frühromantik z.T. neu zu interpretieren. Es geht darum, sie abzuheben von den verschiedenen späteren Dichtergruppen, die man als Repräsentanten einer im engeren Sinn „deutschen" Romantik zusammenfaßt. In einer oft antifranzösischen und nationalen Fixierung − teils in den Aus- und Nachwirkungen der Freiheitskriege entstanden − erscheint dann „die" Romantik vielfach politisch wie religiös-kirchlich restaurativen Tendenzen des 19. Jahrhunderts verbunden. Eine Vorliebe für das wieder entdeckte deutsche Mittelalter mit seiner Kaiser- und Reichsideologie hat in den nationalen Einheitsbewegungen des 19. Jahrhunderts auf die Innen- wie Außenpolitik Deutschlands einen − ex post gesehen − gewiß nicht immer glücklichen Einfluß gewonnen. Zumal nach den katastrophalen Pervertierungen eines deutschen Nationalismus im 20. Jahrhundert wird „Romantik" heute vielfach nur noch negativ bewertet. Das mag mit den Anlaß dazu gegeben haben, den Terminus von der „anderen Romantik"[33] zu prägen. Jedoch ist die Sonderstellung der Frühromantik in allen vorliegenden großen Darstellungen über die Romantik immer gesehen und in jenem Sinne interpretiert worden, daß sie den kosmopolitischen Zusammenhang der europäischen „Gelehrten-Republik" als großes Erbe des 18. Jahrhunderts bewahrt hat. Auch bewegen sich die Bemühungen des jungen Friedrich Schlegel um eine „Welt"-Literatur spekulativ auf keiner geringeren oder weniger universellen Reflexionsebene als die der Repräsentanten der Aufklärung, die übrigens um 1800 vorwiegend Menschen einer älteren Generation waren. So lassen sich − unbeschadet ihres Gegensatzes zur Aufklärung − bei den

---

33 „Die andere Romantik". Eine Dokumentation, hg. v. Helmut Schanze. Sammlung Insel. Frankf. M. 1969 (Besonders gewürdigt werden Friedrich Schlegel und Novalis)

jungen Frühromantikern deutlich jene „rationalen" Komponenten ihres Denkens aufweisen, mit denen sie u.a. auch den politischen und gesellschafts-politischen Bereich ihrer Zeit analysierten. Mit diesem ihrem besonderen Gepräge ist die Frühromantik nicht denkbar ohne die zahlreichen geistigen Impulse aus dem geistig so spannungsreich komplexen großstädtischen Raum Berlins an der Wende vom 18. zum 19. Jahrhundert. Was sich hier z.b. in den Salons der Rahel Varnhagen, Dorothea Veit geb. Mendelssohn und der Henriette Herz zusammenfand[34], setzte mit seiner großen intellektuellen Aufgeschlossenheit und Beweglichkeit auf eine zwar andere, emotionalere Weise fort, was die Berliner Aufklärung aus der Zeit Friedrichs d.Gr. z.B. in Hinblick auf eine Emanzipation der Juden begonnen hatte. Mit einer beginnenden Emanzipation der Frau ging sie sogar noch über die Aufklärung hinaus. Dabei hat die Aufklärung übrigens niemals aufgehört, wie im Bereiche Berlins so auch im übrigen deutschen Geistesleben eine maßgebliche Rolle zu spielen. Dasselbe gilt für den Pietismus, den einst Friedrich Wilhelm I. in Berlin verwurzelt hatte und der später unter dem Romantiker Friedrich Wilhelm IV. eine auch politisch einflußreiche Neubelebung in der Erweckungs-theologie des 19. Jahrhunderts erfuhr. Für Schleiermachers gesamte Entwicklung ist die Auseinandersetzung mit allen Anregungen der preußischen Hauptstadt, zu denen auch der Neuhumanismus gehörte, von größter Bedeutung.

Demgegenüber erscheint Jena als der zweite Mittelpunkt der Frühromantik in sich wesentlich homogener, ging es in dieser damaligen Hochburg deutscher Philosophie im Kreise der Romantiker doch mehr um eine Polarität der Romantik zur „Klassik" Weimars. Zwischen beiden Romantikerkreisen entstanden enge persönliche und gedankliche Verbindungen, vor allem ein lebhafter Briefwechsel.[35] Sowohl Schleiermacher wie Novalis, der – räumlich gesehen – dem Jenaer Kreise näher stand, gehörten neben anderen als korrespondierende Mitglieder diesem Kreis in Jena an.[36] Obwohl die Möglichkeit einer persönlichen Begegnung zwischen beiden hier durchaus möglich und denkbar gewesen wäre, ist es nie dazu gekommen.

34 Vgl. Rahel Varnhagens Freundeskreis. Galerie von Bildnissen und Briefen, hg. v. K.A. Varnhagen von Ense (Auswahl von Kurt Martens f.d. „Deutsche Bibliothek", Berlin o.J.)
35 Novalis. Schriften (1960), Bd. 1, S. 36
36 Mitglieder des Jenaer Kreises waren vor allem A.W. Schlegel und Karoline, Friedrich Schlegel und Dorothea, Tieck, Schelling, Henrik Steffens und Johann Wilhelm Ritter.

b. Friedrich Schlegels Mittlerrolle

Friedrich Schlegel, sowohl dem Berliner wie dem Jenaer Kreise zugehörig und gleichermaßen mit Novalis wie mit Schleiermacher befreundet, hat nun in seiner ausgedehnten Korrespondenz die Kontakte zwischen beiden hergestellt. Dabei handelte er bewußt als Mittler, der auch eine Freundschaft seiner beiden Freunde stiften wollte. Seit aus Friedrich Schlegels Nachlaß in jüngster Zeit zahlreiche bisher unbekannte Texte veröffentlicht worden sind, hat die wissenschaftliche Diskussion um sein im ganzen so widerspruchsvolles, ja geradezu rätselhaftes Wesen erneut eingesetzt. Zweifellos hat der junge Friedrich Schlegel als einer der bedeutendsten Literaturkritiker seiner Zeit zu gelten. Jedenfalls geht nach Ernst Behler die ihm zuzuerkennende Bedeutung weit über das hinaus, was ihm z.B. noch Dilthey in seiner Schleiermacher-Biographie zugebilligt hatte.[37]

Die Freundschaft zwischen Novalis und Fr. Schlegel reichte in ihren Anfängen bis in die gemeinsamen frühen Studiensemester an der Leipziger Universität zurück, d.h. noch in die auch in Deutschland weithin so bewegten ersten Jahre der Französischen Revolution.[38] Diese Freundschaft hat bis in Novalis' Todesstunde gehalten; Schlegel weilte am Sterbebett des Dichters und hat sich in seinen Briefen eingehend über das Hinscheiden des Freundes geäußert.[39]

Anders ist die Freundschaft zwischen Schleiermacher und Fr. Schlegel verlaufen. Sie lernten einander 1797 in Berlin kennen und haben seit dem Ende dieses Jahres sogar längere Zeit zusammen gewohnt. In der so gewonnenen Gemeinsamkeit mancher Anschauungen ist Schleiermacher für Schlegels „Lucinde" mit ihrer für die Zeit um 1800 sehr freien Auslegung einer Liebe zwischen den Geschlechtern eingetreten. Die Freundschaft setzte sich nach Schlegels Übersiedlung nach Jena in einem lebhaften Briefwechsel fort. Schleiermachers Berufung an die Universität Halle bedeutet zugleich mit seinem dortigen engeren Anschluß an Henrik Steffens einen Wandel. Die Freundschaft mit Fr. Schlegel muß aber wohl schon spätestens mit Ablauf des Jahres 1805 als beendet gelten.[40] Bis zu Novalis' Tod aber symbolisiert

---

37 Vgl. Ernst Behlers Einleitung zu der von ihm hg. Kritischen Gesamtausgabe der Schriften Fr. Schlegels. – Dilthey a.a.O. passim.
38 Dazu Friedrichs Brief an den Bruder Aug. Wilhelm v. Januar 1792, Briefwechsel Fr. Schlegel-Novalis, hg. von M. Preitz, Darmstadt 1957, S. 9f.
39 Schleiermacher-Briefe, Bd. 3, S. 266.
40 An Rahel Varnhagen schreibt Fr. Schlegel am 9.XII.1805 aus Köln: „Dass Schleiermacher die von mir mit ihm verabredete Übersetzung des Plato nun, ohne mich zu fragen, allein unternommen hat und fortsetzt, ist eine Perfidie, die ich ihm nie zugetraut hätte". (Rahel Varnhagens Freundeskreis, a.a.O., S. 91)

Friedrich Schlegel die freundschaftliche Verbindung zwischen dem Theologen und dem Dichter.

Vermutlich hat alles mit einer brieflichen Mitteilung Schlegels an Novalis begonnen, und zwar schreibt er ihm am 26.9.1797: „Es gibt auch einen Philosophen (sic!) in Berlin, er heißt Schleiermacher ... und trägt viel zu meiner Zufriedenheit hier bei".[41] Dieser Hinweis mag Novalis am 26.12.d.J. zu der Bitte an den Freund veranlaßt haben: „Schreibe mir doch mehr von Schleiermacher ...".[42] Kontakte zwischen beiden stifteten auch die Hefte der von den Brüdern Schlegel herausgegebenen Zeitschrift „Athenäum" (1798—1800). Sowohl Novalis wie Schleiermacher haben hier publiziert und auf diese Weise Wesentliches von einander erfahren. Fr. Schlegels Brief an Novalis hebt überdies nachdrücklich hervor: „Schleiermacher nimmt sehr warmen Anteil an Dir und grüßt Dich herzlich". Und das gesamte Bemühen in diesen seinen Informationen faßt Fr. Schlegel fortfahrend in dem Satz zusammen: „Es wäre mir wohl so lieb Euch in Contact zu bringen, wie die Religion und die Physik".[43] So teilt er dann auch in seinem Briefe vom 2.12.1798 über Schleiermacher mit, daß dieser „an einem Werk über die Religion" arbeite.[44]

Umgekehrt hat Friedrich Schlegel den Freundschaftsdienst der Kontaktanbahnung und der Kontaktpflege auch wahrgenommen, indem er an Schleiermacher über Novalis berichtete, wie z.B. in seinem Brief vom 16.XI.1799, wo er aus Jena dem Berliner Freunde mitteilte, daß Novalis im Herbst im Kreise der Jenaer Romantiker „christliche Lieder" vorgelesen habe.[45] Auch wird nach dem Tode der Braut berichtet, daß Novalis ihr nachzusterben gedenke[46], später aber auch, daß er sich gleichwohl erneut verlobt habe.[47] Über den bedeutungsvollen Hinweis, daß Novalis die Schleiermacherschen Reden eingehend studiere, wird noch die Rede sein.[48]

41 Preitz, S. 106
42 Das. S. 110
43 Das. S. 123
44 Das. S. 140
45 Schleiermacher-Briefe, Bd. 3, S. 134
46 Das. S. 81
47 Das. S. 105
48 Das. S. 125. — Alle genannten Hinweise werden ergänzt in den Anmerkungen über die erwähnte Lesung der „Geistlichen Lieder" (S. 134), den Bemerkungen über „Europa"-Aufsatz (S. 125, 133, 137, 139f., 143), zum „Ofterdingen" (S. 178) und in besonderer Weise über Novalis' Tod (S. 266). Das. ist auch von Novalis' Nachlaß die Rede (S. 268). Auch sonst wird der Dichter in den Briefen zwischen Schleiermacher und Fr. Schlegel vielfach erwähnt: S. 76f., 80, 83, 88, 94, 106, 121, 173f., 203, 206 und 209.

C *Dokumentarisches über wechselseitige Beziehungen zwischen Schleiermacher und Novalis*

Besonders wichtig sind für uns die Urteile, die Schleiermacher und Novalis übereinander gefällt haben. So bedeutungsvoll auch Schlegels Bemerkung über die Wirkung der Schleiermacherschen Reden auf den Dichter für uns sind: „Hardenberg hat Dich mit höchstem Interesse studiert und ist ganz eingenommen durchdrungen begeistert und entzündet"[49], — bedeutungsvoller erscheint demgegenüber die unmittelbare Bestätigung für Schlegels Angaben. Sie steht in Novalis' geistesgeschichtlich so bemerkenswerter Abhandlung vom Herbst 1799 über „Die Christenheit oder Europa". Hier wird beim Anbruch des neuen Jahrhunderts Schleiermacher geradezu als „Herzschlag der neuen Zeit" gefeiert. Weil er in seinen Reden den Gebildeten einen neuen Zugang zur Religion erschlossen habe, heißt es bei Novalis: „Zu einem Bruder will ich euch führen, der soll mit euch reden, daß euch die Herzen aufgehn, und ihr eure abgestorbene geliebte Ahndung mit neuem Leibe bekleidet, wieder umfaßt und erkennt, was euch vorschwebte, und was der schwerfällige irdische Verstand freilich nicht haschen konnte". Im Hinblick auf das neue Verständnis der Religion wird Schleiermacher mit jenem Wortspiel gefeiert, er habe „einen neuen Schleier für die Heilige gemacht".[50] P. Kluckhohn hat inbezug auf die wechselseitigen Anregungen zwischen Schleiermacher und Novalis vor allem betont, daß Novalis viele Gedanken aus Schleiermachers Reden nicht nur überzeugt bejaht, sondern — als ihm offenbar genuin verwandt — in seinen Fragmenten weiter reflektiert hat.[51] So heißt es z.B. bei Schleiermacher einmal: „Nicht der hat Religion, der an eine heilige Schrift glaubt, sondern der welcher keiner bedarf, und wohl selbst eine machen könnte".[52] Dem entspricht zweifellos weitgehend bei Novalis in den Fragmenten: „Begriff eines Evangelii. Läßt sich nicht die Verfertigung mehrerer Evangelien denken? Muß es durchaus historisch sein? Oder ist die Geschichte nur Vehikel? Nicht auch ein Evangelium der Zukunft"?[53] Hier schwebt dem Dichter sogar die Vision

---

49 Schleiermacher-Briefe, Bd. 3, S. 125. — Novalis ließ sich die Reden noch vor deren Auslieferung Mitte September 1799 durch einen Expreßboten vom Verleger Unger in Berlin besorgen und studierte sie unverzüglich. (Fr. Schlegel an Schleiermacher am 20.IX.1799, Briefe, Bd. 3, S. 121)
50 Novalis. Schriften (1968), Bd. 3, S. 521. Vgl. auch vorn S. 19
51 Novalis. Schriften (1929) Bd. 3, S. 279. Demnach beziehen sich die Fragmente Nr. 4 bis 97 (a.a.O. S. 283—295) auf Schleiermachers Auffassung der Religion. (Dazu auch das. S. 243).
52 Reden (Pünjer-Ausgabe) S. 119
53 Novalis. Schriften (1929) Bd. 1, S. 400

einer künftigen Gemeinschaftsarbeit vor, indem er fortfährt: „Vereinigung mit Tieck und Schlegel und Schleiermacher zu diesem Behuf".[54]

Manches spricht allerdings gegen die Möglichkeit, daß sich ein solcher Plan je hätte verwirklichen lassen. Dabei können wir von den großen Gegensätzlichkeiten zwischen Schleiermacher, Schlegel und Tieck absehen. Auch in Hinblick auf Novalis ergeben sich hier begründete Zweifel. Besonders der genannte Aufsatz „Die Christenheit oder Europa", der schon seit seinem ersten Vortrag während des Romantikertreffens Mitte November 1799 in Jena heftig umstritten war und eine recht verworrene Wirkungs- und Publikationsgeschichte hat, zeigt bezeichnende Unterschiede zu wichtigen Überzeugungen Schleiermachers. Gerade in dieser Schrift, bei deren Abfassung sich Novalis durch die Lektüre der Reden Schleiermachers in seinen schon vorher geäußerten Ideen bestätigt und sozusagen theologisch sanktioniert fühlte, zeichnet die religiöse Prophetie des Novalis ein Bild des Mittelalters und der mittelalterlich-katholischen Kirche, das dem Kirchenideal in Schleiermachers 4. Rede direkt entgegengesetzt ist. Schleiermacher lehnt bei seiner deutlich von herrnhutischen Erfahrungen mitgeprägten „wahren Kirche" alle äußeren, politisch-staatlichen Formungskräfte ab und greift gerade die Vermischung weltlicher und geistlicher, politischer und kirchlicher Tendenzen in der Kirchengeschichte an.[55] Die mit der Verklärung des Mittelalters Hand in Hand gehende neue Hinwendung zur vorreformatorischen Kirche, für die u.a. Fr. Schlegels spätere Konversion zum Katholizismus nur ein Beispiel ist, widerspricht schon vom Ansatz her dem, was Schleiermacher hätte mitvertreten können.

Bei vielen Zügen des Gemeinsamen in manchen Gedankenzusammenhängen darf also der Unterschied in ihren gesamten Grundanlagen nicht übersehen werden. Beide verkörpern, um es mit den Kategorien Eduard Sprangers anzudeuten, zwei in ihren Grundstrukturen verschiedene „Lebensformen"[56], d.h. in beiden dominieren unterschiedliche geistig-seelische Antriebskräfte. Sie wirken sich auch dort aus, wo sie sich in ihren denkerischen Bemühungen das Wesen der Religion zu klären suchen. Man könnte bei dem Dichter Novalis und seinen „Geistlichen Liedern" von einer Dominanz der religiösen Lebensform in Verbindung mit der ästhetischen sprechen. Dabei trägt — gegenüber der unmittelbaren religiösen Ergriffenheit — die ästhetische Form-

---

54 Das.
55 Vgl. H.J. Mähl, Die Idee des goldenen Zeitalters im Werk des Novalis, Hamburg 1959, S. 383
56 Eduard Spranger, Lebensformen. Geisteswissenschaftliche Psychologie und Ethik der Persönlichkeit. 5. Auflage, Halle 1925

gebung im Wortkunstwerk des lyrischen Gedichts einen mehr akzidentellen Charakter. Im Unterschied dazu läßt die umfassend angelegte und scharfsinnig durchkomponierte Systematik des Theologen Schleiermacher deutlich die Wesenszüge eines bedeutenden „wissenschaftlichen" Menschen der mehr „theoretischen" Lebensform vermuten, dem seine große von ihm – in Anlehnung an Fr. Schlegel – selbst so genannte „Virtuosität" des Geistes[57] ermöglicht, die auch von ihm in ihrer ganzen Ursprünglichkeit durchlebte religiöse Gefühlsergriffenheit und -bewegtheit in ein in sich stimmiges Denkgefüge zu objektivieren. Aber gerade an dieser „Virtuosität" nimmt Novalis Anstoß und beantwortet sich die Frage: „Warum kann in der Religion keine Virtuosität stattfinden"? mit einem ähnlichen Argument, wie er es früher schon einmal in seiner Kritk am philosophischen System Fichtes geltend gemacht hatte[58] : „Weil sie auf Liebe beruht. Schleiermacher hat eine Art von Liebe, von Religion verkündigt, – eine Kunstreligion – beinahe eine Religion wie die des Künstlers, der die Schönheit und das Ideal verehrt. Die Liebe ist frei...".[59] Die hier mit der Freiheit der Liebe gemeinte Unmittelbarkeit und Spontaneität bedarf nach Novalis' Auffassung keiner rationalen Systematisierung und sei diese noch so „virtuos" vorgenommen worden. Seiner Lebensform des Religiös-Künstlerischen entspricht – wie schon gesagt – als adäquater Ausdruck das fromme Lied, die Hymne, der Aphorismus.

Umgekehrt fühlte sich Schleiermacher aber von Novalis' religiöser Lyrik unmittelbar angerührt. In der 3. Auflage seiner Reden (1821) rühmt er die Gesänge „unseres Hardenberg" als Beispiel für „fromme Dichtung in aller der Kraft und Herrlichkeit"[60]. Auch sonst wissen wir von seiner Vorliebe für Novalis' Dichtungen.[61] So tief ihn aber zumal Novalis' „Geistliche Lieder" auch bewegt haben, so wollten sie ihm dennoch lange Zeit „nicht zum kirchlichen Gebrauch passen"[62]; sie erschienen ihm dafür zu subjektiv. Später (1829) sind dann einige Lieder doch – und zwar auf Schleiermachers Veranlassung – in das neue Berliner Gesangbuch aufgenommen worden.[63] Auch hat Schleiermacher

57 Reden (Pünjer-Ausgabe), S. 282
58 S. unsere Anm. 32a
59 Novalis. Schriften (1929) Bd. 3, S. 289
60 Reden (Pünjer-Ausgabe), S. 219
61 In einem Brief an E. Grunow v. 29.VII.1802 heißt es z.B.: „Ich lese täglich, wenn auch nur ein halbes Stündchen, irgend etwas Schönes! Besonders habe ich den Ofterdingen vor" (Briefe Bd. 1, S. 324).
62 Dennoch erscheint das sog. kleine Marienlied (Nr. XV) in Schleiermachers „Weihnachtsfeier" (1806) an gegebener Stelle eingefügt: Novalis. Schriften (1960) Bd. 1, S. 123 u. 126, sowie Schleiermacher, Gesamtausgabe der Werke, I. Abt., Bd. 1, S. 497f.
63 Novalis. Schriften (1960) Bd. 1, S. 125: Nach der hier vorgenommenen Zählung handelt es sich um die Lieder IX, I, VI und V

einmal in einer späten Predigt eine Novalis-Strophe eingefügt, obwohl er es sonst streng vermieden hat, in Predigten Liedverse zu zitieren. Ein unbekannter Referent berichtet darüber: „Eine Ausnahme hat er einmal von dieser Regel gemacht, doch auch nur diese eine. Am 2. Sonntage nach Trinitatis des Jahres 1831 hat er über die Worte des Herrn gepredigt Joh. 14,27.... Es ist dies wahrscheinlich eine der herrlichsten, tiefsinnigsten Predigten, die dieser große Theologe jemals gehalten hat; jedenfalls ragt sie durch eine Innigkeit der Empfindung, durch eine Höhe der Anschauung hervor, die dem Gipfel, falls sie denselben nicht erreichen, wenigstens nahe kommen. Diese Predigt hat Schleiermacher mit der Strophe von Novalis geschlossen: „Wenn alle untreu werden, Erhalte mich Dir treu, — Daß Dankbarkeit auf Erden Nicht ausgestorben sei. Einst schauen alle wieder Voll Glauben himmelwärts Und sinken liebend nieder Und fallen Dir ans Herz". Noch leben etliche, welche diese Predigt gehört haben. Diese werden bezeugen, wie der Prediger unter strömenden Tränen, mit von tiefster Erregung bebender Stimme, die Strophe rezitierte; sie werden es bezeugen, welch ein mächtiger Eindruck davon ausgegangen ist über die dicht gedrängte Versammlung in der Dreifaltigkeits-Kirche zu Berlin. Und manche unter diesen Zeugen rechnen das Erlebnis zu ihren schönsten und teuersten Erinnerungen".[64] Diese innere Verbundenheit mit dem Werk des Dichters hat ihn auch wie nur wenige befähigt, Größe und Tragik des Menschen Friedrich v. Hardenberg zu erkennen. Schleiermacher schreibt nach des Dichters Tod an Eleonore Grunow: „Hardenberg wäre neben allen Anderen ein sehr großer Künstler geworden, wenn er uns länger gegönnt worden wäre. Das war aber freilich nicht zu verlangen; er war nicht sowohl durch sein Schicksal, als durch sein ganzes Wesen für diese Erde eine tragische Person, ein dem Tode Geweihter. Und selbst sein Schicksal scheint mir mit seinem Wesen zusammenzuhängen".[65]

Etwas menschlich Großes und Bedeutendes hat Schleiermacher offensichtlich an der Person wie an deren Werk fasziniert, und so erhebt er Novalis bald rfach dessen Tode (1806) zu einem großen Vorbilde als homo religiosus, so wenn er in Hinblick auf ihn auffordert: „An ihm schauet die Kraft der Begeisterung und der Besonnenheit eines frommen Gemüths und bekennt wenn die Philosophen werden religiös sein und Gott suchen wie Spinoza und

---

64 Friedrich von Hardenberg (genannt Novalis). Eine Nachlese aus den Quellen des Familienarchivs, hrsg. von einem Mitglied der Familie, 2. Auflage, Gotha 1883, S. 263ff. — Die zitierte Novalis-Strophe ist aus den Anfangs- und Schlußversen des VI. Geistlichen Liedes mit charakteristischen Änderungen entnommen. Die Selbstgewißheit des frommen Ich bei Novalis ändert Schleiermacher in eine Bitte und in das Wir der Glaubenden. (Novalis. Schriften (1960), Bd. 1, S. 165f.)
65 Briefe, Bd. 1, S. 324f.

die Künstler fromm sein und Christum lieben wie Novalis, dann wird die große Auferstehung gefeiert werden für beide Welten".[66] Hier spannt Schleiermacher einen sehr weiten Bogen; er reicht vom spekulativen Pantheismus Spinozas bis hin zu einem herrnhutisch-frommen und aus der inneren Erfahrung lebenden Christusglauben. Zugleich ist die Rede von einer auf die irdische Welt wie auf die Transzendenz bezogenen Auferstehung, beides sinnhaft geknüpft an die Gestalt des Novalis. Schleiermacher hat mit diesem Hinweis auf Novalis einem Mißverständnis wehren wollen, dem der Dichter und sein Werk schon so bald nach seinem Tode ausgesetzt war. Über Heinrich Heines Novalis-Darstellung in seiner „Romantischen Schule" ist dieses Bild des wirklichkeitsvergessenden, todessehnsüchtigen Dichters ja bis in die jüngste Zeit hinein immer wieder überliefert worden. Am Anfang des 19. Jahrhunderts war Schleiermacher einer der wenigen — und man kann mit einigem Recht sagen — der erste überhaupt, der Novalis nicht als schwärmerischen Mystiker mißverstand. Da die Zusammenstellung von Novalis mit Spinoza in der 2. Auflage seiner Reden 1806 Anstoß erregt hatte, äußert er sich in der 3. Auflage 1821 noch einmal zu Novalis. Es ist aufschlußreich, daß Schleiermacher zu dieser Zeit seinen damaligen Hinweis auf Novalis dadurch unterstreicht, daß er sich gegen die „Nüchterlinge" wendet, die den Dichter als „schwärmerischen Mystiker" verschrieen.[67] Schleiermacher hebt bei Novalis also gerade nicht dessen Liebesmystik[68] hervor — trotz seiner „mystischen Anlage" weiß er sich hier sehr wohl in vielem vom Dichter geschieden —, sondern möchte seine Leser auf die Herzensfrömmigkeit und Christusliebe des Novalis aufmerksam machen, durch die er sich mit dem Verfasser der „Geistlichen Lieder" tief verbunden fühlt. Man wird diese Verbundenheit Schleiermachers mit Novalis nicht ohne die für ihn so entscheidenden religiösen Erfahrungen aus seiner Herrnhuter Zeit verstehen können. Es ist die vor allem herrnhutisch geprägte, ähnliche religiöse Lebensstimmung[69], die beide verbindet, wenn auch aus ihr bei Schleiermacher und

---

66 Reden (Pünjer-Ausgabe) S. 53 u. S. 135f.
67 Reden (Pünjer-Ausgabe), S. 135
68 P. Kluckhohn hat die Liebesmystik Hardenbergs eingehend charakterisiert. Vgl. dazu P. Kluckhohn: Die Auffassung der Liebe in der Literatur des 18. Jahrhunderts und in der deutschen Romantik, Halle 1922, S. 132ff., 464ff., 501ff.
69 Unter dem Begriff „Heilige Wehmut" hat R. Unger diese religiöse Lebensstimmung bei Schleiermacher und Novalis sehr ausführlich dargestellt. Seine Ausführungen sind besonders für das Verständnis der Darstellung des Christentums in Schleiermachers 5. Rede bedeutsam. Vgl. R. Unger: Heilige Wehmut. Zum geistes- und seelengeschichtlichen Verständnis einer romantischen Begriffsprägung. In: Jahrbuch des Freien Deutschen Hochstifts. Frankfurt a.M., 1940, bes. S. 355ff. Jetzt auch in Unger, Gesammelte Studien, Darmstadt 1966, Bd. 3, S. 181–254.

Novalis sehr individuelle Anschauungen hervorgehen. Dies wird auch durch ein Bekenntnis unterstrichen, das Schleiermacher während der Arbeit an seinen Reden im Frühjahr 1799 abgibt. In Abgrenzung zu der Naturreligion Hülsens schreibt er an Henriette Herz: „Meine Religion ist so durch und durch Herzreligion, daß ich für keine andere Raum habe".[70] Daß er sich mit diesem Selbstbekenntnis insbesondere für die Aufnahme der Reden bei Novalis interessiert[71], zeigt eine schon·damals wache, innere Anteilnahme Schleiermachers an den religiösen Gedanken des Dichters.

Über diese Verbindung einer auf der eigenen Erfahrung beruhenden herrnhutisch gestimmten „Herzreligion" hinaus sieht aber auch der „Herrnhuter einer höheren Ordnung" in Novalis einen Geistesverwandten. In dem schon zitierten Brief an E. Grunow über seine Lektüre des „Ofterdingen" charakterisiert Schleiermacher den Verfasser und sein Werk mit Worten, in denen er deutlich die ihm wesensverwandten Züge seiner eigenen Anlage und Anschauung ausspricht: „Dies ((der „Ofterdingen")) geht nicht allein auf die Liebe und auf die Mystik — die kannte ich ja schon im Hardenberg, sondern auch auf die dem Ganzen zu Grunde liegende große Fülle des Wissens und auf die unmittelbare Beziehung desselben auf das Höchste, auf die Anschauung der Welt und der Gottheit".[72]

Warum es nun Schleiermacher gelungen ist, besser als der Dichter das beiden Gemeinsame und Verbindende zu erfassen, setzt neben dem einfühlsamen Mit- und Nacherleben die sprachlichen Ausdrucksmittel voraus, die dem hermeneutisch geschulten Theologen Schleiermacher mit seinem geschliffenen Denkstil zu Gebote stehen. Mit seiner Fähigkeit, sprachliche Aussageformen bis zum seelischen Quellbereich ihres Ursprungs zurückzuverfolgen, wurde ihm — bei allen Unterschieden — eine innere Verwandtschaft mit dem Dichter bewußt. Imgrunde ist auch sekundär, ob hier der eine die begriffliche Sprache systematisierender Reflexion spricht und der andere sich der Sprache poetischer Bildlichkeit bedient, wie die der religiösen Lyrik oder wie sie der größeren emotionalen Unmittelbarkeit des Ausdrucks im aufblitzenden Einfall des Aphorismus entspricht. Primär erscheint bei beiden die seelische Ausgangslage ihrer tiefen inneren Bewegtheit des Gemütsgrundes. Es läßt sich das erläutern. In seinen Fragmenten formuliert Novalis einmal ganz allgemein: „Poesie ist *Darstellung* des Gemüts".[73] In besonderer Weise gilt das für alle

---

70 Brief vom 3. März 1799, Briefe, Bd. 1, S. 208
71 In einer kurz darauf folgenden Briefstelle spricht Schleiermacher seine gespannte Erwartung aus, „was Hardenberg zur Religion sagen werden". Das. S. 208
72 Briefe, Bd. 1, S. 324
73 Novalis. Schriften (1929) Bd. 3, S. 317. — Vgl. dazu S. 286, 298, 336

religiöse Poesie, besonders die Lyrik. Wichtig aber ist, auch sie als eine sich
selbst verobjektivierende „Darstellung" zu verstehen, nicht nur als bloß
existentielle Selbstaussage im Sinne einer subjektiven Selbst-Darstellung und
als Spiegelung individueller frommer Gefühlsregungen. Sieht man das so, treten auch die Unterschiede zurück, die zwischen der Sprache des Dichters und
der des Theologen bestehen. Die innere Berührung der Gedanken wird im
Vergleich dazu besonders an einer bekannten Stelle aus Schleiermachers
„Glaubenslehre" deutlich, wo es heißt: „Christliche Glaubenssätze sind Auffassungen der christlich-frommen Gemütszustände *in der Rede dargestellt*".[74]
Entsprechende Gedanken hat Schleiermacher an anderen Stellen seiner Schriften wiederholt abgewandelt, so z.B. im „Sendschreiben". Hier geht es darum,
„daß die Sätze nur das Abgeleitete sind und der innere Gemütszustand das
Ursprüngliche".[75] In der „Praktischen Theologie" wird das kommentierend
ergänzt: „Was nun die Elemente der religiösen Darstellung betrifft, das was
dargestellt werden soll: so sind diese nichts anderes als die religiösen Gemütszustände".[76] Mit dem hier ständig abgewandelten genetischen Primat des
Emotionalen vor dem Rationalen, wird zumal in der Theologie Schleiermachers
das Rationale keineswegs in Emotionalität aufgelöst. In Übereinstimmung mit
Gedanken, die schon Herder in seinen anthropologischen Bemühungen dargelegt hatte, als er — stark beeinflußt von J.J. Rousseau — das Wirklichkeits-
fremde im rationalistisch verengten Menschenbilde bekämpfte, hat auch die
Romantik die Reintegration des Emotionalen in das Bild des „wirklichen"
Menschen vertreten. Dennoch muß wohl in Hinblick auf Schleiermacher und
Novalis ergänzt werden, daß es sich bei beiden um jenes letztlich neutesta-
mentliche Erbe handelt, das der Pietismus einst im Gegensatz zum Intellek-
tualismus der Orthodoxie wiederbelebt hatte und das beiden in ihrer Jugend
in der herrnhutischen Christusfrömmigkeit mit auf ihren Lebensweg gegeben
worden war.

---

74 Schleiermachers „Glaubenslehre" Teil I § 15, S. 105 (beide Sperrungen vom Verf.)
75 Schleiermachers Sendschreiben über seine Glaubenslehre, hg. v. H. Mulert, Gießen
   1908, S. 34
76 Sämtliche Werke, I. Abt., Bd. 13, S. 103

III. Die theologischen und anthropologischen Voraussetzungen zur Christologie – Das Gott-Welt-Verhältnis

1. Die Denkstruktur des principium individuationis – Die bestimmende Mitte im Denken Schleiermachers –

Das christologische Denken des jungen Schleiermacher steht in enger Verbindung mit einem zentralen Gedanken der Reden, dem Mittler-Gedanken, der in seiner höchsten Dimension unmittelbar das Verhältnis Gottes zur Welt, des Unendlichen zum Endlichen, betrifft. Die Hauptproblemstellungen der Christologie des jungen Schleiermacher – der Gedanke der Vermittlung und die mit ihm zusammenhängende Frage nach dem Verhältnis von Idee und Wirklichkeit, Metaphysischem und Historischem – erhalten von der Gott-Welt-Beziehung und den in ihr zum Ausdruck kommenden Grundgedanken Schleiermachers ihre entscheidende Prägung.

Fragen wir darum zunächst nach diesen Grundgedanken Schleiermachers.

Versteht man unter dem Zentrum des Schleiermacherschen Denkens nicht eine rationale Formel, sondern eine lebendige Denkstruktur, die auf philosophischer Reflexion ebenso wie auf religiöser Erfahrung beruht, so wird das principium individuationis als bestimmende Mitte im Denken Schleiermachers deutlich.[1]

Neben der Herrnhuter Frömmigkeit, in der der Individualitätsgedanke des jungen Schleiermacher seinen religiösen Wurzelboden hat[2], verbindet darüberhinaus die Denkstruktur des principium individuationis Schleiermacher mit einer geistesgeschichtlichen Tradition, in der Leibniz eine besondere Stellung einnimmt.[3] Aufgrund eines intensiven Leibniz-Studiums hat Schleiermacher wahrscheinlich die bekannten Worte niedergeschrieben:

„Ich besinne mich ..., daß mir schon bei meinen ersten philosophischen Meditationen das principium individuationis als der feste kritische Punkt der theoretischen Philosophie vorschwebte, nur daß ich meinen Anker nirgends werfen konnte".[4]

---

1 In der Schleiermacher-Forschung hat besonders W. Bartelheimer, passim, darauf hingewiesen.
2 Die Herkunft des Individualitätsgedankens aus Schleiermachers Herrnhuter Zeit hat besonders S. Eck, a.a.O., aufgezeigt.
3 Vgl. W. Schultz, Das griechische Ethos in Schl.'s Reden u. Monologen, in: NZSTh, 10. Bd. 1968, Heft 3, S. 269.
4 Vgl. W. Dilthey, Leben Schleiermachers, Bd. I, 2. Aufl. 1922, S. 186 (aus der ungedruckten Arbeit des jungen Schleiermacher über das spinozistische System).

Dem Gedanken des principium individuationis liegt bei Schleiermacher eine Reflexion über die Voraussetzungen und Möglichkeiten menschlichen Wissens zugrunde.

„Wissen und Sein gibt es für uns nur in Beziehung aufeinander. Das Sein ist das Gewußte und das Wissen weiß um das Seiende". ... „Jedes besondere Wissen, und somit auch das Sein, dessen Ausdruck es ist, besteht nur in Gegensätzen und durch solche; und jedes Wissen, das in Gegensätzen besteht, ist notwendig ein besonderes, das neben sich anderes haben muß".[5]

In diesen Sätzen aus dem Grundriß der philosophischen Ethik von 1812/13 ist die ganze Dialektik in der Denkstruktur des principium individuationis bei Schleiermacher klar erkennbar. Die immer auf Seiendes bezogene Verstandestätigkeit des Menschen muß notwendig dem sog. Satz vom Widerspruch folgen, d.h. sie vollzieht sich in Gegensätzen, insofern Begriff und Gegenstand jeweils nur in Abgrenzung von einem je anderen möglich ist. Solche Sonderung im Seienden aber schließt das Zusammensein von mannigfaltig-vereinzeltem Seienden ein, aufgrund dessen sich das eine vom anderen unterscheidet. Das Unterscheiden, Vergleichen und Messen, das die ratio unternimmt, indem sie das einzelne Seiende zueinander in Beziehung setzt, ist jedoch nur möglich infolge einer aller Sonderung zugrundeliegenden Einheit, von der sich alles Einzelne gesondert hat. Das individuell geprägte Einzelding existiert darum nicht für sich, sondern muß immer anderes, gleichfalls individuell gestaltetes Seiendes neben sich haben, von dem es sich abhebt und zu welchem es nur im Gegensatz seine individuelle Struktur erhält. Der Gegensatz zwischen dem einzelnen Seienden kann aber nun andererseits kein absoluter sein, da alle besonderen Dinge im Bezug zu der ursprünglichen Einheit stehen, von der sie sich gesondert haben. Alle Gegensätze sind nichts anderes als die spezifische Ausprägung einer Einheit, wie die Einheit sich nur in der Vielfalt der gesonderten Dinge darstellt. Einheit und Mannigfaltigkeit sind somit die beiden sich bedingenden Pole des principium individuationis.

Es ist nun von wesentlicher Bedeutung, dieses Gegensatzdenken bei Schleiermacher näher zu bestimmen.

2. Das Lebensgesetz der Oszillation

Das Verhältnis von Einheit und Mannigfaltigkeit im principium individuationis liegt nicht nur allen entscheidenden Begriffspaaren bei Schleier-

---

5 Grundriß der philosophischen Ethik, hrsg. von A. Twesten, Berlin 1841, §§ 23 u. 27, S. 8f.

macher, wie z.B. dem Verhältnis von Natur und Vernunft, realem und idealem Sein zugrunde, sondern prägt die gesamte Struktur des Verhältnisses von Gott und Welt bzw. Gott und Mensch. Das bekannte „metaphysische Schema"[6] aus der 1. Rede über die Religion, in dem Schleiermacher ein seiner geistigen Umwelt nicht fremdes „unabänderliches Gesetz" verkündet, signalisiert schon die wesentliche Grundrichtung seines Denkens, die auch in den späteren Jahren zum Ausdruck kommt und sich besonders am Gott-Welt-Verhältnis konkretisiert:

„Ihr wißt, daß die Gottheit durch ein unabänderliches Gesetz sich selbst genötiget hat, ihr großes Werk bis ins Unendliche hin zu entzweien, jedes bestimmte Dasein nur aus zwei entgegengesetzten Kräften zusammenzuschmelzen, und jeden ihrer ewigen Gedanken in zwei einander feindseligen und doch nur durcheinander bestehenden und unzertrennlichen Zwillingsgestalten zur Wirklichkeit zu bringen".[7]

Die unendliche Vielfalt alles endlichen Lebens pulsiert in ununterbrochener Bewegung, in einem ständigen Wechsel zwischen zwei gegensätzlichen Kräftezentren, aus dem im spannungsreichen Durchdringen der beiden Urkräfte der Natur, des gegenseitigen Aneignens und Abstoßens, das konkrete, bestimmte Dasein sich gestaltet. Schleiermacher sieht dieses Gesetz in allen Bereichen des Lebens wirkend, vornehmlich auch im Leben der Menschen. Es ist das Gesetz des Lebens selbst, denn Leben gibt es nur dort, wo gegensätzliche Spannung herrscht, wo es keine Erstarrung und keinen Stillstand gibt, vielmehr alles in unendlicher Bewegung begriffen ist.[8] An dieser Bestimmung des endlichen Lebens als einer unaufhörlichen Oszillation[9] zwischen Wahrheit und Irrtum, Gut und Böse, Freiheit und Abhängigkeit, Vernunft und Natur, Besonderem und Allgemeinem, Idealem und Realem etc. hat Schleiermacher zeit seines Lebens durchgehend festgehalten.

---

6 Vgl. P. Seifert, a.a.O., S. 58f.
7 Reden, S. 5f.
8 In einem Brief an Henriette Herz vom 17.12.1803 schreibt Schleiermacher: „... jedes Leben ist ein beständiges Werden; es soll kein Stillstand darin sein, es soll weiter kommen und in ununterbrochener Entwicklung fortschreiten". (Briefe, 1. Aufl. 1858, Bd. I, S. 402).
9 Der Begriff ‚Oszillation' ist Schleiermacher von Schelling herangetragen worden. Auch nach der Zeit der Wirkung Schellings auf Schleiermacher bleibt er der entscheidende Ausdruck für die Wesensbestimmung aller Bereiche des endlichen Lebens. „Die Oszillation ist ja die allgemeine Form alles endlichen Daseins, ... ich habe in diesem Schweben die ganze Fülle meines irdischen Lebens". – „... Wir können einmal aus dem Gegensatze zwischen dem Idealen und dem Realen ... nicht heraus". (Schleiermacher an Jacobi, 30.3.1818, Briefe, Bd. II, S. 351f.)

Der Sachverhalt der oszillierenden Bewegung ist in der neueren Schleiermacher-Forschung besonders von W. Schultz betont worden. Er weist hinsichtlich der harmonisierenden Grundtendenz in der Oszillation auf die Nähe zu Leibniz und das griechische Denken hin und sieht in dieser Denkstruktur Schleiermachers „die theologische wie auch die philosophische Grundformel seines gesamten Schaffens, die seiner Glaubenslehre wie seiner Ethik und Dialektik zugrundliegt".[10]

Das Verständnis des Lebens als eines lebendigen, dynamischen und in immer fortschreitender Entwicklung sich vollziehenden Prozesses teilt Schleiermacher mit vielen seiner Zeitgenossen, nicht zum wenigsten mit Goethe. Der besondere Akzent liegt hierbei auf der zwar zielgerichteten, aber niemals zuende gehenden Bewegung, denn das beständige Werden konstituiert das Leben, wie das Erstarrte und Gewordene den Tod. Die Unendlichkeit dieser Bewegung schließt darum zugleich die Unvollkommenheit in allen Bereichen des Lebens ein. Schleiermachers Bekenntnis zum Geist der ewigen Jugend in den Monologen drückt dies mit den Worten aus:

„... es findet die Betrachtung keine Schranken, muß immer unvollendet bleiben, wenn sie lebendig bleiben will". – „... ein ganz vollendetes Wesen ist ein Gott, es könnte die Last des Lebens nicht ertragen und hat nicht in der Welt der Menschheit Raum". – „Unendlich ist, was ich erkennen und besitzen will, und nur in einer unendlichen Reihe des Handelns kann ich mich selbst ganz bestimmen. Von mir soll nie weichen der Geist, der den Menschen vorwärts treibt, und das Verlangen, das nie gesättigt von dem, was gewesen ist, immer Neuem entgegengeht. Das ist des Menschen Ruhm, zu wissen, daß unendlich sein Ziel ist, und doch nie still zu stehn im Lauf".[11]

Vor allem aber ist es die lebendige Tätigkeit der Gottheit, die dem Leben seine unendliche Lebendigkeit verleiht.

„Das Universum[12] ist in einer ununterbrochenen Tätigkeit und offenbart sich uns jeden Augenblick. Jede Form die es hervorbringt, jedes Wesen dem es nach der Fülle des Lebens ein abgesondertes Dasein gibt, jede Begebenheit, die es aus seinem reichen immer fruchtbaren Schoße herausschüttet, ist ein

---

10 W. Schultz, Die unendliche Bewegung in der Hermeneutik Schleiermachers, in: ZThK, 65. Jhrg., 1968, Heft 1, S. 26; vgl. auch ‚Das griechische Ethos in Schleiermachers Reden und Monologen', in: NZSTh, 10. Bd., 1968, Heft 3, S. 284
11 Monologen, hrsg. i.A. d. Wiss. Buchgesellschaft, Darmstadt 1953, S. 24, – 128/29, – 144/45 (Seitenzahlen nach der Urausgabe)
12 Das ‚Universum' in seinem offenbarenden Handeln steht hier für das lebendige Wirken Gottes; vgl. über die Schichtungen im Universumbegriff bei P. Seifert, a.a.O., S. 77ff.

Handeln desselben auf Uns". – „Alle Begebenheiten in der Welt als Handlungen eines Gottes vorstellen, das ist Religion".[13]

Der Prozeß der Oszillation ist also ein unendlicher, weil bei seinem Stillstand das Leben ein Ende fände, in dem die Gottheit „ihr großes Werk bis ins Unendliche" offenbart. Die Unendlichkeit dieser oszillierenden Bewegung ist aber vor allem auch dadurch bedingt, daß die endlichen Gegensätze von einer letzten, absoluten Einheit umschlossen sind, die sich fortwährend in der gegensätzlichen Vielfalt des Lebens ausprägt und somit die Oszillation in Gang hält, jedoch als absolute Einheit von aller endlichen Gegensätzlichkeit geschieden bleibt. Die Erstarrung zu einem absoluten Gegensatz ist darum ebenso wie das Zusammenfallen der jeweiligen Pole, zwischen denen die oszillierende Bewegung stattfindet, für den endlichen Bereich ausgeschlossen. Der Sachverhalt der unendlichen Oszillation führt uns offensichtlich wiederum zu der Denkweise des principium individuationis, in der Schleiermacher das Verhältnis von Unendlichem und Endlichem bestimmt hatte. Hier zeigt sich nun auch deutlich, daß Schleiermacher zwei verschiedene Unendlichkeitsbegriffe kennt. Der in ständiger Bewegung und Verwandlung fortschreitende Prozeß der Oszillation gehört einer ganz anderen Ebene an als das Unendliche, das sich im Endlichen darstellt, obwohl die Unendlichkeit des Lebens schon immer auf dieses Unendlich-Göttliche hinweist.[14]

3. Das Universum als Dimension des offenbarenden Handelns

Die in der unterschiedlichen Bestimmung des Unendlichen offenbar werdende Distanz zwischen Gott und Welt sowie ihre gegenseitige Bezogenheit kommt in den Reden in dem komplexen Begriff des Universums zum Ausdruck, den Schleiermacher sogleich in zwei Sinnrichtungen gebraucht: in Richtung auf das irdische Leben in Welt, Geschichte und Menschheit und auf den übersinnlichen Bereich, die Ewigkeit. „Es ist Euch gelungen das irdische Leben so reich und vielseitig zu machen, daß Ihr der Ewigkeit nicht mehr bedürfet, und nachdem Ihr Euch selbst ein Universum geschaffen habt, seid Ihr überhoben an dasjenige zu denken, welches Euch schuf".[15]

Der Universumsbegriff fügt sich der besonderen Struktur des Verhältnisses von Unendlichem und Endlichem in den Reden ein, indem er in der Dimen-

---

13 Reden, S. 56/57
14 Vgl. W. Schultz, Das griechische Ethos in Schleiermachers Reden und Monologen, in: NZSTh, S. 261ff. (s.o. Anm. 10)
15 Reden, S. 2

sion des offenbarenden Handelns das Unendlich-Göttliche umschreibt, die Wirklichkeit Gottes, die auch unter den Bezeichnungen „Eins und Alles"[16], der „Weltgeist"[17], „das ewige Wesen"[18] und der „Geist des Universums"[19] erscheint. Durch seine unaufhörliche Selbstindividualisierung lebt dieses Unendliche in der Vielfalt des Endlichen und ist in allem Einzelnen und Endlichen gegenwärtig. Als „Darstellung des Unendlichen" und „Teil des Ganzen"[20] hat das Beschränkte eine festumrissene, konkrete Gestalt und kann „innerhalb dieser Grenzen selbst unendlich sein und eigengebildet werden".[21] Dieser Gedanke der Individualität schließt aber notwendig den Gesichtspunkt der Universalität ein, insofern das Individuelle als positive Darstellung des Unendlichen immer schon von diesem herkommt und bestimmt ist, von dem Universum, das jedem Wesen „nach der Fülle des Lebens ein abgesondertes Dasein gibt".[22] Solche Sonderung in ihrem Bezug zum Ganzen und Einen anzuschauen, ist darum die Anschauung des Universums, die „die allgemeinste und höchste Formel der Religion"[23] ist, „die unmittelbare Wahrnehmung von dem allgemeinen Sein alles Endlichen im Unendlichen und durch das Unendliche, alles Zeitlichen im Ewigen und durch das Ewige".[24]

An dieser Verhältnisbestimmung von Unendlichem und Endlichem in den Reden nach der Denkweise des principium individuationis wird deutlich, welche zentrale Stellung dem Gedanken der Individualität und Universalität bei Schleiermacher zukommt.

4. Zur Erkenntnistheorie Schleiermachers im Blick auf die Dialektik im Gott-Welt-Verhältnis

Von diesen Grundgedanken des jungen Schleiermacher ausgehend, wollen wir nun die Dialektik in der Gott-Welt-Beziehung zu verdeutlichen suchen,

16 a.a.O., S. 128
17 a.a.O., S. 80; vgl. Erläuterung 12 zur 2. Rede, in der Ausgabe von Pünjer, S. 140
18 a.a.O., S. 295
19 a.a.O., S. 126; – Wie wenig Schleiermacher an diesen Bezeichnungen interessiert ist, die er als pantheistische oder personalistische Gottesvorstellungen von der jeweiligen Richtung der Phantasie abhängig sieht und die somit das Wesen der Religion gar nicht tangieren, zeigt der Schluß der 2. Rede, in der die Anschauung des Universums als jene Wirklichkeit Gottes beschreibt, die sich „ursprünglich handelnd auf den Menschen" zu erkennen gibt. (Reden, S. 129f.; vgl. auch S. 256f.)
20 Reden, S. 56
21 a.a.O., S. 53
22 a.a.O., S. 56
23 a.a.O., S. 55
24 Reden, 2. Aufl. 1806, in der Ausgabe von Pünjer, S. 47

wie sie auch in den späteren Schriften Schleiermachers vorherrscht, und sodann die Konsequenzen bedenken, die sich aus dieser dialektischen Denkbewegung für Schleiermachers erkenntnistheoretischen Standpunkt ergeben.

Aus der starken Betonung des handelnden Gottes folgt notwendig die Bedingtheit von Welt und Mensch durch Gott: „Gott kann in der Religion nicht anders vorkommen als handelnd, und göttliches Leben und Handeln des Universums hat noch niemand geleugnet"[25], wie andererseits „Ihr keinen Gott haben könnt ohne Welt".[26] In dieser gegenseitigen Bezogenheit von Gott und Welt kann aber nun nicht übersehen werden, wie die lebendige Wirklichkeit Gottes sich in ihren Handlungen als eine Realität erweist, die mit dem Geschehen in Welt, Geschichte und Menschheit niemals identisch werden kann. Der seit dem Urteil des Hofpredigers Sack über die Reden nicht mehr verstummte Pantheismusvorwurf ging stets an Schleiermachers Denkvoraussetzungen vorbei. Er hat ihn darum auch zeit seines Lebens mit konsequenter Entschiedenheit von sich gewiesen; denn die dialektische Bewegung des Denkens nach dem principium individuationis schließt ein Identitätsdenken von vornherein aus. Die Gegenwart des Unendlichen im Endlichen bedeutet zwar die Teilhabe des Relativen am Absoluten, wobei das Einzelne als Teil des Ganzen am absoluten Sein partizipiert; aber das Besondere ist nicht das Ganze, das Endliche nicht das Unendliche, Welt und Mensch nicht Gott.

Es ist nun wichtig, die Konsequenzen zu bedenken, die sich aus der Unterscheidung der Begriffe Gott und Welt für Schleiermachers erkenntnistheoretischen Standpunkt ergeben. In der 2. Auflage der Reden von 1806 gibt Schleiermacher eine Unterschiedsbestimmung von Gott und Welt, die sich dann später besonders in der Dialektik findet und in unmittelbarem Bezug zu seiner Erkenntnislehre steht: „Ist nicht Gott die einzige und höchste Einheit? ist es nicht Gott allein vor dem und in dem alles einzelne verschwindet? ... Sonst sagt mir doch irgend etwas Anderes, wenn es dieses nicht sein soll, wodurch sich das höchste Wesen, das ursprüngliche und ewige Sein, unterscheiden soll von dem Einzelnen, Zeitlichen und Abgeleiteten"![27]

Gott als die unterschieds- und gegensatzlose Einheit und die Welt als die Totalität der Gegensätze – wie sieht Schleiermacher innerhalb dieser Begriffsbestimmung Aufgabe und Möglichkeit menschlicher Erkenntis?

In seinem Erkenntnisvermögen ist der Mensch an die Welt der Gegensätze gebunden, aus der er niemals heraustreten kann: „Jedes Wissen ist, je kleiner dem Umfange nach, um desto mehr durch Mannigfaltigkeit von Gegensätzen

25 Reden, S. 130
26 a.a.O., S. 129; s. auch S. 55
27 Reden, 2. Aufl, in der Ausgabe von Pünjer, S. 122

bestimmt, und je größer, desto mehr der Ausdruck höherer und einfacherer Gegensätze. Das absolute Wissen ist der Ausdruck gar keinen Gegensatzes sondern des mit ihm selbst identischen absoluten Seins. Als solches aber ist es im endlichen Bewußtsein kein bestimmtes Wissen..., sondern nur Grund und Quelle alles besonderen Wissens".[28]

Was sich uns schon aus dem Grundgesetz der Oszillation und der Denkstruktur des principium individuationis in den Reden ergeben hatte, wird nun mit der Definition des Wissens in den ethischen Entwürfen und der Dialektik ganz deutlich, daß für Schleiermacher die Identität von Denken und Sein, die absolute Identität, niemals Gegenstand des wirklichen Wissens sein kann, sondern vielmehr dessen transzendentale Voraussetzung ist, daß also das Wissen nicht zum absoluten Wissen werden kann, sondern immer in der Unvollkommenheit und Ungenauigkeit verhaftet bleibt.[29] Auch für den Erkenntnisvorgang gilt das Gesetz der Oszillation zwischen zwei voneinander unabhängigen Funktionen, der organischen und der intellektuellen, die zusammen die reale und ideale Seite des Seins ergeben. Die Annahme dieses höchsten Gegensatzes zwischen realem und idealem Sein, ideal als Begriff in der Vernunft und real als Gegenstand in der Außenwelt, ist für Schleiermacher die Bedingung wirklichen Wissens; wie andererseits die Duplizität auf die allgemeine Einheit des Seins hinweist, die sich in den beiden Seinsmodi darstellt.[30]

Entscheidend ist, daß die Identität jener höchsten Differenz nicht zu wissen ist, „sondern wir setzen sie nur voraus zum Behuf des Wissens".[31] Die Idee des Wissens gründet also in der Idee der absoluten Einheit, die nie zum Objekt des Denkens gemacht werden kann: „... diese Einheit des nur in beiden modis seienden Seins ist das transcendente, d.h. dasjenige, was wir niemals unmittelbar anschauen, sondern dessen wir uns nur als eines nothwendig anzunehmenden bewußt werden können, so daß uns die allgemeine Einheit des Seins hier völlig hinter dem Vorhang bleibt".[32] Dieser erkenntnistheoretische Standpunkt Schleiermachers kann als eine Art theologia negationis gelten, insofern aus seinen Denkvoraussetzungen konsequent die Nicht-

---

28 Grundriß der philosophischen Ethik, a.a.O., S. 246
29 Schleiermacher steht damit im klaren Gegensatz zu Schelling, bei dem die absolute Identität als der Gegenstand wirklichen Wissens erscheint, das dadurch zum absoluten Wissen wird und Prinzip der Religion ist. (Vgl. H. Süskind, a.a.O., S. 274f., über die erkenntnistheoretische Beziehung Schelling-Schleiermacher).
30 Dialektik, in: Sämtliche Werke, III. Abt., IV. Bd., 2. Teil, 2. Bd., 2. Abt., hrsg. von L. Jonas, Berlin 1839, § 136, S. 77: „Das transcendentale ... ist also die Idee des Seins an sich unter zwei entgegengesetzten und sich aufeinander beziehenden Arten oder Formen und modis, dem idealen und realen, als Bedingung der Realität des Wissens"
31 Dialektik, Vorlesung von 1818, a.a.O., S. 78
32 a.a.O., S. 78

erkennbarkeit Gottes hervorgeht: „Nur in negativer Form konnten wir es ((das Absolute)) aufstellen, und das ist unser Nichthaben".[33] Da „ein vollzogenes Bewußtsein Gottes durchaus nicht möglich ist"[34], weil Gott nicht in das Gebiet des Gegensatzes gezogen und zu einer Gegebenheit neben anderen gemacht werden kann, deshalb sieht Schleiermacher „in allen Ausdrücken für Gott etwas Relatives".[35] Die grundsätzliche Unerkennbarkeit Gottes ist darum auch der Grund für Schleiermachers Abneigung gegenüber einer allzu selbstverständlichen theologia affirmativa, gegenüber den Anthropomorphismen in der Gottesvorstellung, daß nicht „etwas aus unserem Sein auf Gott übertragen ((wird)), was für ihn, und wenn man es auch unendlich setzt, doch nur eine Unvollkommenheit sein kann".[36]

Aber die Einsicht, daß Gott für unser Erkennen immer „hinter dem Vorhang" bleiben muß, daß also das alles bedingende und aus sich entfaltende göttliche Subjekt nie zum Gegenstand unseres Wissens werden kann, muß als eine dialektische Erkenntnis begriffen werden. Denn für Schleiermacher ergibt sich gemäß der Denkweise des principium individuationis aus der grundsätzlichen Unerkennbarkeit Gottes auch der andere Gesichtspunkt, wonach das Unendliche in seinen positiven Darstellungen, das Universum in der Fülle seiner Selbstindividualisierungen anzuschauen ist. In der Anschauung des Universums wird Gott nicht als ein Seiendes für sich, sondern als das alles bedingende göttliche Subjekt, als das Sein in allem Seienden angeschaut. Und dies geschieht, indem alles einzelne Seiende als individuelle Darstellung des Göttlichen gesehen wird, d.h. nicht vereinzelt für sich, sondern im Zusammenhang mit diesem — die Individualität in ihrer Universalität.

Nachdem wir uns die Struktur der wesentlichen Grundgedanken Schleiermachers zu veranschaulichen suchten, wenden wir uns im folgenden der Christusanschauung in seinen frühen Predigten zu.

---

33 a.a.O., S. 153
34 a.a.O., S. 156
35 a.a.O., § 126, S. 69
36 Der christliche Glaube, 7. Aufl., Berlin 1960, hrsg. von M. Redeker, 1. Bd., § 55, 1. Abschn., S. 292

IV. Die Christusanschauung Schleiermachers in seinen frühen Predigten

1. Die besondere Bedeutung der frühen Predigten Schleiermachers

Schleiermachers Stellung zum Christentum in seinen Reden über die Religion und die Bedeutung, die er hierbei der Person Jesu Christi zumißt, sind seit O. Ritschl[1] noch immer die entscheidenden Probleme, denen sich die Interpretation des Hauptwerkes des jungen Schleiermacher gegenübergestellt sieht. Man wird sich der Beantwortung dieser Fragen kaum nähern können, ohne zuvor die geistige und religiöse Entwicklung überblickt zu haben, die Schleiermacher in der Zeit der Abfassung der Reden bereits zurückgelegt hatte.[2] Die Briefe und Predigten Schleiermachers aus dieser Epoche geben uns Einblick in sein geistiges Ringen und religiöses Denken, das sich in tiefgehenden persönlichen Erfahrungen und Auseinandersetzungen mit dem Geist der Zeit einen eigenen Weg zu bahnen sucht. Bei der Interpretation der frühen Predigten Schleiermachers geht es uns daher vor allem um den Versuch, das Eigenständige und Weiterführende seiner Gedanken inmitten traditioneller und zeitbedingter Wendungen zu erkennen. Predigten und Briefe aus dieser Zeit sind Dokumente der persönlichen Frömmigkeit Schleiermachers, die uns über seine Stellung zu Christus und dem Christentum vor den Reden über die Religion wertvollen Aufschluß geben.

Schon Dilthey hatte auf die Bedeutung der frühen Predigten in Schleiermachers Entwicklung hingewiesen und sie als Dokumente eines aus tiefen religiösen Zweifeln und Kämpfen neu erwachten religiösen Gemütslebens gewürdigt. Aus der Entstehungsgeschichte der Monologen, die Dilthey erstmals bis in die Schlobittener Zeit zurückverfolgte und für die er als Vorstufen für das Werk von 1800 das Fragment „Über den Wert des Lebens" und die Neujahrspredigt von 1792 aufzeigte, wird eine wichtige Linie in Schleier-

---

1 O. Ritschl, Schleiermachers Stellung zum Christentum in seinen Reden über die Religion, Gotha 1888. Dieses Werk nimmt in der Auslegungsgeschichte der Reden eine besondere Stellung ein, insofern hier das Problem des Verhältnisses von Gestalt und Gehalt erstmals klar erkannt und in der Beantwortung der Frage nach Schleiermachers Christentumsverständnis die Hauptaufgabe der Interpretation gesehen wurde. Ritschl sah als Ziel des Werkes die Christentumsdarstellung in der 5. Rede an und gab damit der zentralen Frage des Verhältnisses von 2. und 5. Rede eine neue Richtung, die aber von der nachfolgenden Forschung wenig berücksichtigt wurde. — Vgl. die Aufnahme der wichtigsten methodischen Erkenntnisse Ritschls bei P. Seifert, a.a.O., S. 14 u. 181f.

2 Die geistige und religiöse Entwicklung des jungen Schleiermacher ist fast in der gesamten Sekundärliteratur zum jungen Schleiermacher berücksichtigt worden. — Außer von Dilthey und Haym wurde sie besonders von Wehrung und Wendland (s. a.a.O.) ausführlich dargestellt.

machers ethischem Nachdenken deutlich, die ohne die Zeugnisse seiner Predigten unerkannt bliebe.[3]

Die nachfolgende Forschung sah in den ersten Predigten Schleiermachers fast nur einen gemäßigten, ganz aus der Zeit heraus verständlichen aufklärerischen Standpunkt oder den Gegensatz zur orthodoxen Schultheologie, soweit sie sie überhaupt zum Verständnis der Theologie Schleiermachers berücksichtigte.[4] Hinsichtlich der Reden beherrschte von Anfang an die kritische Frage nach dem Verhältnis des Redners zum Prediger Schleiermacher die Diskussion.[5] Erst Paul Seifert konnte mit dem Nachweis der engen Beziehung zwischen Redner und Prediger den hier sonst allgemein konstatierten Dissensus berichtigen, – den Schleiermacher selbst stets von sich wies –, indem er zeigte, „daß nach dem Zeugnis der Reden das Buch selbst nicht nur mit der Verkündigung des Predigers Schleiermacher vereinbar ist, sondern Teil dieser Verkündigung sein will".[6]

---

3 Dilthey, Leben Schleiermachers, I. Bd., Berlin 1870, S. 142–146; S. 448 und Denkmale, S. 46f. Vgl. auch vorn S. 21

4 Es sei besonders auf die Darstellungen bei Wendland, Die religiöse Entwicklung Schleiermachers, Tübingen 1915, S. 63–99, und bei Bleek, a.a.O., S. 49–65, verwiesen, wo sich viele wertvolle Einzelanalysen finden, sowie auf das bis heute grundlegende Werk über Schleiermachers Predigt von W. Trillhaas, das die Charakteristik der Schleiermacherschen Predigten und ihren Zusammenhang mit seiner Theologie unter systematischen und homiletischen Gesichtspunkten herausarbeitete (Schleiermachers Predigt und das homiletische Problem, Leipzig 1933). In der relativ geringen Wertschätzung der Predigten Schleiermachers wird sich das Urteil Emil Brunners ausgewirkt haben, daß die Predigten zur Beurteilung der Theologie Schleiermachers nicht herangezogen werden können (vgl. Die Mystik und das Wort, 2. Aufl. Tübingen 1928, S. 361). Jedoch kann diese Auffassung, wonach Schleiermacher sich dem herrschenden kirchlichen Sprachgebrauch in seinen Predigten „akkomodiert" habe, um so den Widerspruch zu seinen theologischen Überzeugungen zu verwischen, heute als von der Forschung eindeutig widerlegt angesehen werden. Vgl. auch schon das Urteil Barths in seiner Geschichte der protestantischen Theologie, a.a.O., S. 382ff.

5 Vgl. das Urteil des Hofpredigers Sack über die Reden, der sich schon deren Sprache und Inhalt nicht aus dem Mund eines aufrichtigen christlichen Predigers vorstellen konnte: „... was ist ein solcher Prediger für ein bedauernswürdiger Mensch"! (Briefe, Bd. III, S. 277). – s. auch die Urteile O. Ritschls, a.a.O., S. 21 und Wehrungs, a.a.O., S. 108.

6 a.a.O., S. 113. – Wie Dilthey auf die Linie hinwies, die von den frühen Predigten zu den Monologen führte, so versuchte Seifert die Affinität der Schlobittener Predigten zu wichtigen Grundgedanken der Reden aufzuzeigen. – Vgl. besonders seinen Versuch, das „metaphysische Schema" aus der 1. Rede mit der Neujahrspredigt von 1792 in Zusammenhang zu bringen, a.a.O., S. 58f. und 125. – Vor Seifert hatte schon Wendland, a.a.O., S. 95ff., und G. Zumpe, Die Gottesanschauung Schleiermachers und die Pantheismusfrage, Theol. Diss. Berlin 1942, S. 53ff., auf die sachlichen Parallelen zwischen Reden und Predigten hingewiesen.

So wird dem Prediger Schleiermacher in der neueren Forschung in dem Maße vermehrte Aufmerksamkeit gewidmet, in dem nach der Originalität seines theologischen Denkens gerade auch in seinem Frühwerk gefragt wird. Für unsere Frage nach den christologischen Gedanken Schleiermachers vor den Reden über die Religion kommen vor allem die Predigten in Betracht, die er vom Jahre 1789 an gehalten hat.[7]

2. Methodische Überlegungen zur Interpretation der frühen Predigten und der Reden

Obwohl die Predigten Schleiermachers in besonderer Weise Aufschluß über sein theologisches Denken in den einzelnen Epochen seines Lebens geben, steht gerade ihre Interpretation – wie die Predigtinterpretation überhaupt – vor erheblichen methodischen Problemen. Unsere eingegrenzte Fragestellung nach dem Christusbild der frühen Predigten wird ihre jeweils eigene Gestalt hinsichtlich Textgrundlage, Aufbau und Gesamtintention sorgfältig zu beachten haben. Die Eigenart der Schleiermacherschen Predigt, ihre klare Gedankenfolge in Richtung auf ein fest umrissenes Predigtziel setzt der Frage nach den theologischen Grundgedanken ihres Verfassers bestimmte Grenzen. Auch für die Predigten stellt sich somit das Problem des „Exoterismus", das in der Forschung bei der Interpretation der Reden vielfach diskutiert wurde.[8]

Inwieweit läßt es die Predigtsituation zu, Schleiermachers eigene theologische Überzeugungen zum Ausdruck zu bringen? Wie hat Schleiermacher selbst die äußeren Vorgegebenheiten einer Predigt beurteilt? Gegenüber den Herrnhutern hat es Schleiermacher als einen besonderen Mangel empfunden, daß sie bei der Vermittlung und Darstellung religiöser Gedanken nicht zwi-

---

7 Sie sind abgedruckt in: Sämtliche Werke, II. Abt., Bd. VII, 1. und 2. Sammlung, hrsg. von A. Sydow, als „eigenhändig ausgeschriebene(n) Ausarbeitungen des Verfassers" (S. XI). Die 1. Sammlung enthält Predigten aus Schleiermachers Kandidatenjahren 1789–94, die 2. Sammlung vom Amtsantritt in Landsberg a.d.W. bis zum Amtsantritt im Charitéhause zu Berlin 1794–96. – Die von Schleiermacher selbst herausgegebene 1. Predigtsammlung von 1801 (II. Abt., Bd. I) enthält Predigten, die größtenteils in zeitlicher und sachlicher Nähe zu den Reden stehen.

8 O. Ritschl hat a.a.O. erstmals ausführlich diese Problematik aufgezeigt, der er mit der Überschrift „Der exoterische Charakter der Reden über die Religion" ein eigenes Kapitel widmete (S. 1–28). Auch ist hier schon das Verhältnis der Predigten, vor allem der 1. Predigtsammlung von 1801, zu den Reden im Anschluß an Diltheys Ausführungen hierüber (a.a.O., S. 421f.) in diesen Problemkreis einbezogen worden. Seine Fragestellungen und Folgerungen blieben in der nachfolgenden Forschung weitgehend unberücksichtigt, erst Seifert hat sie wieder aufgegriffen und weitergeführt (a.a.O., S. 14, 29ff., 114ff.). – Vgl. auch Wendland, a.a.O., S. 95ff.

schen Außen und Innen, Gestalt und Gehalt, Exoterischem und Esoterischem unterscheiden könnten.[9] Und in dem schon erwähnten bekannten Brief an den Hofprediger Sack über seine Reden hatte er betont, „daß ohne einen gewissen Anthropomorphismus nichts in der Religion in Worte gefaßt werden kann".[10]

Solche und ähnliche Briefzeugnisse zeigen zunächst das grundsätzliche Interesse Schleiermachers, in der Begegnung mit Menschen und allen Erscheinungsformen des endlichen Lebens das Wesentliche vom Unwesentlichen, das Innere vom Äußeren, das Unmittelbare vom Vermittelten, das Ineffabile von anthropomorphistischer Darstellungsweise streng auseinanderzuhalten. Zu dieser notwendigen Unterscheidung gehört aber auch die notwendige Bezogenheit, denn das Esoterische kann nicht ohne das Exoterische existent werden. Schleiermacher sah die exoterische Gestalt eines esoterischen Inhalts keineswegs als eine niedere und minderwertige Stufe bei der Mitteilung religiöser Gedanken an. Obwohl ihm die mystisch-direkte Weise einer Berührung mit dem Wesentlichen durchaus nicht unbekannt ist[11], stellen solche vereinzelten Augenblicke doch nicht die Grundbedingungen menschlichen Austausches infrage, an die auch die Vermittlung religiöser Inhalte gebunden ist. Selbstverständlich hat Schleiermacher nicht jede Form von Exoterismus gutgeheißen, wenn er diesen als unbedingt notwendig bezeichnet. Vielmehr zeigt seine Auseinandersetzung mit den theologischen und philosophischen Richtungen seiner Zeit, wie sehr er um eine angemessene Darstellungsweise bei den jeweils zu vermittelnden Sachverhalten ringt. Doch die Bemühung um eine möglichst weitgehende Entsprechung zwischen Gestalt und Gehalt kann niemals zu einer Aufhebung der hier waltenden Spannung führen. Eine Adäquation bleibt prinzipiell ausgeschlossen. Der Grund für diese

---

9 Im Brief Schleiermachers vom 14. Dezember 1803 an Brinkmann, den auch schon O. Ritschl in diesem Zusammenhang zitiert, berichtet Schleiermacher von. den Schwierigkeiten bei einer Begegnung mit einer Herrnhuterin, der er so gern bekannt hätte, wie viel es ihm bedeute, in der Gemeine gewesen zu sein: „Nicht einmal so weit konnte ich mit ihr kommen, daß ich sie aufmerksam darauf machte, wie viel es wert wäre, daß man zeitig lernte, die Welt von einer Idee aus zu betrachten; sondern sie meinte, dabei könnte wenig Gewinn sein, wenn man die Idee hernach fahren ließe. Hier hätte es nun gegolten, ihr mein Glaubensbekenntnis abzulegen über das eigentliche Esoterische des Heilandes und der Gemeine, wenn ich Zeit gehabt hätte. Wirklich bin ich überzeugt, daß die Herrnhuter, von denen der Mühe wert ist zu reden, recht guten Grund haben in der Religion, nur freilich in der Theologie und Christologie ist er sehr schlecht; aber das ist ja das Exoterische. Daß sie Beides nicht von einander trennen können, ... ist schlimm ..." (Briefe, Bd. IV, S. 87/88f.).
10 Briefe, Bd. III, S. 283
11 Erinnert sei an die Stelle in den Reden, in der Schleiermacher von der höchsten Blüte der Religion spricht (Reden, S. 74f.).

wesentliche Tatsache in der Hermeneutik Schleiermachers liegt in seinem uns schon begegneten Gedanken von der unendlichen Oszillation.[12] Leben gibt es nur dort, wo Bewegung ist, und diese Bewegung findet zwischen zwei Polen statt, die — wenn sie identisch würden — Erstarrung herbeiführten und damit das Leben auslöschten. Wie für alle Bereiche des endlichen Lebens, so gilt der Gedanke der unendlichen Bewegung auch für das Leben der Sprache. Werden die Ausführungen Schleiermachers über den notwendigen Anthropomorphismus in diesem Zusammenhang gesehen, so ist deutlich, daß jede Wesenserkenntnis und Tiefenerfahrung grundsätzlich nur approximativ durch Vermittlung exoterischer Ausdrucksformen möglich ist.

Zum Exoterismus in dieser allgemeingültigen Bedeutung treten nun aber noch die besonderen exoterischen Bedingungen hinzu, die in den Schriften Schleiermachers jeweils unterschiedlicher Art sind. Vor allem sind es die verschiedenartigen Adressaten, die den Exoterismus z.B. der Predigten gegenüber dem der Reden notwendig verschieden gestalten müssen. Schleiermacher redet in den Predigten bewußt zu Christen: „... als gäbe es noch Gemeinen der Gläubigen und eine christliche Kriche; als wäre die Religion noch ein Band, welches die Christen auf eine eigentümliche Art vereinigt".[13]

Die sich oft anders darbietende kirchliche Wirklichkeit läßt ihn an dieser Voraussetzung nicht zweifeln. Vielmehr gibt diese positive Anknüpfung an das alle Christen vereinigende Band des gemeinsamen Glaubens und Bekennens dem Prediger die Möglichkeit, sich seinen Hörern in besonderer Weise verständlich zu machen. Gegenüber dem Redner mit seinem so gänzlich verschiedenartigen und individuell geprägten Publikum der „gebildeten Verächter" befindet sich der Prediger darum auch in einer bevorzugten Ausgangssituation. Besonders O. Ritschl hat in klarer Erkenntnis der daraus zu ziehenden methodischen Folgerungen mit Recht von einem „höheren Exoterismus" der Predigten gegenüber dem der Reden gesprochen.[14] Seine hiermit in Zusammenhang stehende These,

---

12 Die Beziehungen dieses Schleiermacherschen Grundgedankens zu seiner Hermeneutik hat W. Schultz in einem Aufsatz aufgezeigt: „Die unendliche Bewegung in der Hermeneutik Schleiermachers" in ZThK, 65. Jhrg., 1968, Heft 1, S. 23ff.
13 Predigten, Bd. I, S. 6f. (aus der Vorrede zur 1. Predigtsammlung von 1801).
14 O. Ritschl hat mit seiner Formulierung vom „höheren Exoterismus" der Predigten das Urteil Diltheys modifiziert, der in Schleiermachers Predigten im Unterschied zu den Reden „den unveränderten Ausdruck seines innersten Lebens" glaubte erkennen zu können. (Leben Schleiermachers, S. 423). Solche direkte Mitteilung Schleiermachers ist nach Ritschl aufgrund des für Reden wie Predigten geltenden Exoterismus ausgeschlossen, aber dennoch nehmen die Predigthörer, „weil bei ihnen echte Religion schon vorausgesetzt ist, einen höheren Standpunkt ein und besitzen ein tieferes Verständnis, als die der Religion noch fernstehenden gebildeten Verächter derselben. Schon daraus folgt, daß der in den Predigten geübte kirchliche Exoterismus von höherer Art ist als derjenige, welcher den letzteren gegenüber zur Anwen-

daß die christliche Verkündigung auch inhaltlich in den Predigten auf einer höheren Stufe stehe als in den Reden, wird in dieser Allgemeingültigkeit jedoch nicht aufrechterhalten werden können. Die besonderen Voraussetzungen der Predigthörer, die die Rede vom „höheren Exoterismus" der Predigten rechtfertigen, stellen ja keineswegs nur eine geeignete Vorbedingung dar, sich in möglichst weitgehender Weise in der Sache zu verständigen. Denn gerade hier, im Raum der Kirche, trifft Schleiermacher auf ganz bestimmte Erwartungen seiner Hörer, die an dem gewohnten Predigtstil der Zeit orientiert sind. Dieser von seinem Auditorium erwartete kirchliche Exoterismus gibt dem Prediger oft nur sehr beschränkte Möglichkeiten, sich mit seinen eigenen Gedanken und Überzeugungen mitzuteilen. Daß Schleiermacher die persönlich-individuell geprägte Mitteilung in einem für seine eigenen Gedanken und Empfindungen offenen und sie verstehenden Zuhörerkreis als Ideal seiner Predigttätigkeit ansah, geht deutlich aus den Reden hervor, in denen er verschiedentlich das Vorbild einer Personalgemeinde zeichnet.[15] Wie sehr Schleiermacher aber gerade in seinen frühen Predigten vor einer ganz anderen Wirklichkeit stand, zeigt eine Stelle aus der 4. Rede, die die Glieder der äußeren Kirche charakterisiert: „Verständen sie sich auf die Religion, so würde ihnen doch das die Hauptsache sein, daß der, welchen sie für sich zum Organ der Religion gemacht haben, ihnen seine klarsten individuellsten Anschauungen und Gefühle mitteilte; das mögen sie aber nicht, sondern setzen vielmehr den Äußerungen seiner Individualität Schranken auf allen Seiten und begehren, daß er ihnen vornehmlich Begriffe, Meinungen, Lehrsätze, kurz, statt der eigentlichen Elemente der Religion die Abstraktionen darüber ins Licht setzen soll".[16] Mit diesem kirchlichen Exoterismus seiner Predigthörer mußte sich Schleiermacher auseinandersetzen, wollte er von ihnen verstanden werden. Konkret bedeutet das aber, daß Schleiermacher – abgesehen von seiner persönlichen Haltung – in bestimmtem Umfang von vornherein genötigt war, an den traditionellen, d.h. aufgeklärten Predigtstil seiner Zeit anzuknüpfen.

Es ist ohne weiteres deutlich, daß dieser Überlegung bei der Bemühung, seine theologische Gedankenwelt in den ersten Predigten kennenzulernen, besondere Bedeutung zukommt. Für die Frage der Beziehungen der Predigten zu den Reden hat vor allem P. Seifert auf diesen Sachverhalt hingewiesen. Er schreibt im Blick auf die notwendige Anbequemung Schleiermachers an das

---

dung kommt. Denn in jener kirchlichen Sprache findet wirklich schon ein Austausch statt, wie er aus dem Wesen der Religion, speziell aus dem der christlichen hervorgeht. Die Sprache der Reden ist aber nur Mittel zum Zweck". (a.a.O., S. 25).
15 Reden, S. 141, 220f., 224
16 Reden, S. 198

Verständnis seiner Hörer: „Daran muß man sich erinnern, wenn man in der Predigtart und Ausdrucksweise des jungen Schleiermacher erstaunlich viel traditionelle Elemente findet, die zu dem revolutionären ‚Subjektivismus' der Reden scheinbar nicht passen wollen".[17] Solche sprachliche und gedankliche Anpassung an die Verständnismöglichkeiten seiner Hörer und Leser hat Schleiermacher stets als eine legitime Methode betrachtet. Nicht nur für die Reden, sondern auch für die Predigten gilt sein Grundsatz: „... so ist es in der Tat kaum ein frommer Betrug, sondern eine schickliche Methode, bei dem anzufangen und um das besorgt zu scheinen, wofür der Sinn schon da ist, damit gelegentlich und unbemerkt sich das einschleiche, wofür er erst aufgeregt werden soll".[18] In ähnlicher Weise äußert sich Schleiermacher in einem Brief an Brinkmann, in dem er dem Freund von der Kritik berichtet, die Jean Paul an der Idealismus-Darstellung vornehmlich der Monologen geübt hat. Den Tadel Jean Pauls, daß in Reden und Monologen bestimmte Gedankengänge nicht in der gewohnten Terminologie, sondern in Anknüpfung an den Begriffs- und Vorstellungshorizont eines breiteren gebildeten Publikums zum Ausdruck kommen, rechnet sich Schleiermacher als mögliches Verdienst an: „Nun sage mir nur, ob es ein anderes Mittel gibt, sich ihnen verständlich zu machen, als wenn man denselben Gedanken in Formeln, die ihnen bekannter sind, ausdrückt? Ich halte das für die größte philosophische Kunst, und wollte wohl, es wäre wahr, daß ich sie geübt hätte".[19]

Die bewußte Rücksicht Schleiermachers auf die Verständnismöglichkeiten derer, auf die er einwirken wollte, wird nun noch durch eine weitere Beobachtung unterstrichen, die für den Zugang in die Gedankenwelt besonders des jungen Schleiermacher von erheblicher Bedeutung ist. Wir meinen den rhetorischen Charakter vor allem der Reden und Predigten.[20] Diese Tatsache kennzeichnet zunächst, „da alle Mitteilung der Religion nicht anders als rhetorisch

---

17 a.a.O., S. 118
18 Reden, S. 49. – Daß Schleiermacher auch in seiner akademischen Lehrtätigkeit noch am Ende seines Lebens dem gleichen methodischen Grundsatz folgte, zeigt eindrücklich der Erlebnisbericht Adolf Diesterwegs „Über die Lehrmethode Schleiermachers". (A. Diesterweg, Schriften und Reden, Bd. II, Leipzig 1950, S. 117ff.).
19 Brief an Brinkmann vom 9. Juni 1800: Briefe, Bd. IV, S. 71
20 Im Brief an Brinkmann vom 27. Mai 1800 findet sich eine interessante Äußerung Schleiermachers über die Rhetorik in den Reden im Gegenüber zu den Monologen: „... in den Reden habe ich mir auch den Styl durchaus rhetorisch gedacht, und was ich hie zu rechne, so viel es ging, überall einzuweben gesucht. Dies habe ich mir bei den Monologen ausdrücklich verboten; denn wer wird mit sich selbst rhetorisieren"? (Briefe, Bd. IV, S. 66); vgl. auch die Ausführungen über den rhetorischen Charakter von Reden und Predigten mit ihren methodischen Konsequenzen bei O. Ritschl, a.a.O., S. 26ff., und P. Seifert, a.a.O., S. 171ff.

sein kann"[21], das ernsthafte Bemühen Schleiermachers, eine lebendige Wechselwirkung zwischen Reden und Hören nicht nur im geselligen Gespräch, sondern gerade auch bei der Vermittlung religiöser Gedanken herzustellen. Er glaubte, dies durch den rednerischen Ausdruck am besten bewirken zu können. Wie intensiv sich Schleiermacher als Redner die innere Beziehung zum Hörer dachte, zeigen Notizen aus dem Ersten Tagebuch: „Soll das Vernehmen des Hörers eine Tätigkeit sein, so muß es auch im Redenden etwas wirken; die Passivität muß aktiv sein". − „Das Reden selbst muß aber schon eine Wirkung des Hörenden sein. Dies ist freilich nur divinatorisch möglich, nämlich so, daß er es gleich als seine Wirkung adoptiert. Zugleich aber soll jedes eine Äußerung meines Wesens sein".[22]

Aus dem rhetorischen Charakter ergeben sich aber nun auch im Unterschied zu anderen Ausdrucksweisen bestimmte Regeln für Aufbau und Anordnung eines Vortrags. Schleiermacher hat sich darüber folgendermaßen geäußert:

„Rhetorisch ist ein Vortrag, der so geordnet ist, daß der Effekt der einzelnen Teile durch ihren Ort bestimmt wird − er ist entgegengesetzt dem logischen, wo der Ort jedes Teils durch seine organische Position in einem System bestimmt wird; man kann auch geradezu sagen, wo der Ort durch den Effekt bestimmt wird. Das Rhetorische ist eine Eigenschaft der Anordnung, nicht von der Qualität der einzelnen Teile abhängig. Diese macht den Vortrag poetisch. Eine Predigt darf in angemessenem Grade rhetorisch sein, aber nur in einem sehr eingeschränkten Grade poetisch. Logische Predigten tun nur selten gut".[23]

Für das Verständnis der Predigten ergibt sich hieraus eine wesentliche Folgerung. Denn wenn Schleiermacher das Rhetorische vom Logischen in der Weise abgrenzt, daß er es gerade nicht wie dieses von systematischer Gestaltung bestimmt sieht und dem Rhetorischen in Reden und Predigten eindeutig den Vorzug gibt, so ist klar, daß ein systematisch-gliederndes Interpretationsverfahren insbesondere den Predigten gegenüber unangemessen ist. Um einen Einblick in die theologischen Gedanken Schleiermachers und ihre Weiterentwicklung bis zum Erscheinen der Reden zu bekommen, ist es vielmehr erforderlich, die Predigten in ihrem jeweiligen Strukturzusammenhang zu sehen. Neben den Predigten stellen darüberhinaus die gleichzeitigen Briefzeugnisse gerade in dieser Epoche eine wertvolle Quelle dar, da sich in ihnen die geistige Entwicklung Schleiermachers widerspiegelt und sie den theologischen Standort des Predigers oft in aufschlußreicher Weise kommentieren.

21 Reden, S. 49
22 Denkmale, Nr. 147 u. 148, S. 105
23 Denkmale, Nr. 19, S. 92

3. Schleiermachers geistig-religiöse Entwicklung und ihre Bedeutung für seine ersten Predigten

In einem Brief an den Vater schreibt Schleiermacher aus Drossen: „Ich habe mit den Zweifeln angefangen zu denken, und soviel ich seitdem auch gelesen und selbst nachgedacht habe, soviel Umgang ich auch mit den festesten Anhängern dieses und jenes Systems gepflogen habe, so bin ich doch gewissermaßen in der Theologie sowohl als in der Philosophie auf dieser Stufe stehn geblieben".[24] Hinter dieser dem Vater gegebenen Versicherung seiner Abneigung gegenüber aller System- und Streitsucht steht nicht nur die frühe Selbständigkeit und Abgeklärtheit seines Denkens, sondern zugleich auch der schwere innere Kampf, den diese Zweifel mit allen äußeren Folgen hervorgerufen hatten. Für Schleiermachers ganzes theologisches Werk ist es von weittragender Bedeutung gewesen, daß diese Zweifel von früh an um die Lehre von der Person Jesu Christi kreisten, d.h. um die traditionell-kirchliche Christologie.

In seiner Selbstbiographie vom Jahre 1794 sagt Schleiermacher über die Zeit vor seiner Herrnhuter Erziehung: „Ich hatte schon mancherlei religiöse Kämpfe bestanden. Die Lehre von den unendlichen Strafen und Belohnungen hatte schon meine kindische Phantasie auf eine äußerst beängstigende Art beschäftigt, und in meinem elften Jahre kostete es mich mehrere schlaflose Nächte, daß ich bei der Berechnung des Verhältnisses zwischen den Leiden Christi und der Strafe, deren Stelle dieselben vertreten sollen, kein beruhigendes Facit bekommen konnte".[25]

Im Herrnhuter Brüderseminar von Barby löste sich Schleiermacher schließlich von den beiden Grundpfeilern sowohl der orthodoxen wie pietistischen Christologie: der Lehre vom Tod Christi als einer stellvertretenden Versöhnung und dem streng gefaßten Straf- und Gerichtsgedanken. Das Drängen der Gemeine auf das Erringen übernatürlicher Gefühle führte bei Schleiermacher trotz aller Anstrengung nicht zum gewünschten Ziel. In der starken Konzentration auf das eigene Erleben, der unerbittlichen Strenge und Ehrlichkeit gegen sich selbst und dem nach vergeblichen Bemühungen entstandenen religiösen Einsamkeitsgefühl ist sein religiöser Kampf in Barby durchaus Luthers Klosterkampf vergleichbar: „... vergeblich rang ich nach den übernatürlichen Gefühlen, von deren Notwendigkeit mich jeder Blick auf mich selbst mit Hinsicht auf die Lehre von dem künftigen Vergeltungszustande überzeugte, von deren Wirklichkeit außer mir mich jeder Vortrag und jeder

24 Brief v. 23. Dezember 1789 (Briefe, Bd. I, S. 78)
25 Briefe, Bd. I, S. 7

Gesang, ja jeder Anblick dieser bei einer solchen Stimmung so einnehmenden Menschen überredete und die nur von mir zu fliehen schienen. Denn wenn ich auch einen Schatten davon erhascht zu haben glaubte, so zeigte es sich doch bald als mein eigenes Werk, als eine unfruchtbare Anstrengung meiner Phantasie".[26]

Kontinuität und Wandlung bestimmen zugleich das weitere christologische Denken Schleiermachers, nachdem es sich in den „Klosterkämpfen von Barby" zur Eigenständigkeit durchgerungen hatte. Die vielfältigen geistigen Kräfte seiner Zeit, mit denen er sich intensiv auseinandersetzte, haben die einmal gewonnenen christologischen Grundüberzeugungen nicht verändern können, so sehr diese auch im Geiste der Zeit vorgetragen sind. Andererseits ist eine Wandlung unverkennbar, die besonders in der Vergrößerung des Abstandes zwischen Christus und den Christen zum Ausdruck kommt und damit die einzigartige Bedeutung von Person und Werk Christi in der Folgezeit stärker hervortreten läßt. Daß Schleiermachers Stellung zu Christus mit so frühen Zweifeln an der traditionellen Lehre von seiner Person und seinem Werk verbunden war, hatte aber vor allem zur Folge, daß in seiner Christologie an die Stelle überkommener Lehrsätze die Echtheit der persönlichen Überzeugung und Erfahrung traten.

Der Beginn der Predigttätigkeit Schleiermachers scheint aber nun zunächst gar nicht in das Bild zu passen, das wir aus den Briefen gewinnen, die er aus Barby und Drossen geschrieben hat. Besonders in seiner Stellung zu Christus läßt sich eine Wendung vermuten. Aus Barby enthüllt er erstmals in dem berühmten Brief vom 21. Januar 1787 dem Vater seine schon länger gehegten Zweifel: „Ich kann nicht glauben, daß der ewiger, wahrer Gott war, der sich selbst nur den Menschensohn nannte, ich kann nicht glauben, daß sein Tod eine stellvertretende Versöhnung war, weil er es selbst nie ausdrücklich gesagt hat, und weil ich nicht glauben kann, daß sie nötig gewesen; denn Gott kann die Menschen, die er offenbar nicht zur Vollkommenheit, sondern nur zum Streben nach derselben geschaffen hat, unmöglich darum ewig strafen wollen, weil sie nicht vollkommen geworden sind".[27] Die Briefe an Brinkmann aus Drossen zeigen Schleiermacher in einer oft depressiven und skeptischen Stimmung gegenüber der ganzen theologischen Dogmatik. Über die Predigtweise seines Onkels Stubenrauch, in dessen Hause er sich auf das theologische Examen vorbereitet, berichtet er:

---

26 Briefe, Bd. I, S. 7f. u. 10. – Für das Thema ‚Luther und Schleiermacher' würde aus einer Vergleichung ihrer frühen religiösen Zweifel und der Stellung, die in ihnen jeweils der Vater einnimmt, manches Bedeutsame zu erschließen sein.
27 Briefe, Bd. I, S. 42f.

„Dieser Mann zieht sich desto mehr vom eigentlichen Christentum zurück, je mehr er mit demselben zu tun hat, und er hat in der wenigen Zeit, daß er hier Prediger ist, größere Fortschritte gemacht als in Halle, wo doch die Kirchengeschichte sein Hauptstudium war. Alle die Sächelchen vom stellvertretenden Tod etc. hatte er freilich längst verworfen; aber Christus stellte sich ihm immer noch in einem gewissen übernatürlichen Licht dar, – auch das gibt sich jetzt nach und nach, und er sieht die ganze Sache in Rücksicht auf unsre Zeiten nur als ein Mittel an, dem Volk seine Pflichten auf eine wirksamere, überredendere Art vorzustellen".[28]

Und in einem anderen Brief an Brinkmann heißt es: „Du mußt wissen, daß ich jetzt ziemlich fleißig in den traurigen und finstern Abgründen der Theologie herumirre. ...“; „... wünsche bald in eine andere Sphäre versetzt zu werden, wozu mir mein Berlinisches Examen den Weg bahnen soll. Ich fürchte nur, mein guter Genius wird ominös die Flügel über meinem Haupt schütteln und davon fliehn, wenn ich von theologischen Subtilitäten Red und Antwort geben soll, die ich im Herzen – verlache. Aber Eberhard[29] hat sich auch einmal mit aller seiner Ketzerei vom Consistorio müssen examinieren lassen".[30] Wenn auch solche brieflichen Äußerungen keinen restlosen Aufschluß über sein damaliges Verhältnis zu Theologie und Christentum geben, so ist doch die rationalistische Kritik am Christentum deutlich, die sich zuweilen auch im offenen Gegensatz ausdrückt: „Meine Partie ist unwiderruflich genommen und wenn Wizenmann und Sokrates selbst zur Verteidigung des Christentums aufstehen, so werden sie mich nicht zurückbringen".[31]

Vergleicht man diese Stimmung mit den ersten Schlobittener Predigten, so sieht man sich in eine völlig neue Welt versetzt. Aus Drossen schrieb er noch: „Beinahe hätt' ich einmal aus Unmut den verzweifelten Streich begangen zu predigen".[32] Am Schluß seiner vielleicht ersten Predigt mit dem Thema ,Daß Christus allein unser Seligmacher ist und wir keines andern zu warten haben', stehen die Sätze: „Viele Menschen schämen sich jetzt des Christentums; manche eigentümliche Lehren desselben sind aus der helldenkenden Welt verbannt, und es gilt fast für das Zeichen eines schwachen Verstandes, Trost und

---

28 Briefe, Bd. IV, S. 16
29 Johann August Eberhard, Prof. der Philosphie in Halle, vormals Theologe. Schleiermacher erinnert sich in den Briefen an Brinkmann verschiedentlich dankbar an seine Vorlesungen, die er in Halle hörte und vertraute ihm seine ersten philosophischen Untersuchungen an. Durch Eberhards Kritik an der Philosophie Kants wurde Schleiermacher zur eigenständigen intensiven Auseinandersetzung mit Kant angeregt.
30 Briefe, Bd. IV, S. 45, 47
31 An Brinkmann, handschriftl.; vgl. Dilthey, a.a.O., S. 144
32 Briefe, Bd. IV, S. 35

Beruhigung in der Gewißheit derselben zu finden — ach, laßt uns doch fest stehen mitten in diesem Strom, laßt uns nichts wegwerfen von dem, was in den Worten und Lehren Jesu gegründet ist! ... Laßt uns ihm allein anhangen, seinen Fußstapfen allein folgen, seiner Lehre allein beitreten und ihn allein preisen für alles Heil und alle Seligkeit, die wir genießen und hoffen"![33]

Wie läßt sich diese Wendung verstehen? Geben die ersten Predigten Schleiermachers ein gänzlich verändertes Bild in seiner Einschätzung des Christentums und der ‚Religion Jesu'[34] wider? Muß die Tatsache, daß Schleiermacher anfängt zu predigen, als ein ebenso neues, wie sein ganzes weiteres Leben bestimmendes Datum in seiner religiösen Entwicklung angesehen werden? Zunächst ist es wichtig zu sehen, daß die gleichzeitigen Briefe aus Schlobitten einen ebenso neuen Ton zeigen, der auf die große Bedeutung hinweist, die dieser Aufenthalt in Schleiermachers Leben gehabt hat. An den Vater schreibt Schleiermacher jetzt: „Ich fühle mich so glücklich vor vielen andern Menschen, ich bin fähig zu empfinden, wie trefflich es ist, unter guten Menschen zu sein und Gutes um sich her zu sehen; ich bin fähig, selbst innerlich glücklich zu sein, indem mir mein Herz sagt, daß ich das Gute und Edle aufrichtig liebe, daß ich die Wahrheit suche, daß ich mich für die bessere Menschheit interessiere und daß ich die schönen trefflichen Gaben zu schätzen weiß, womit der gute Gott auch dieses Erdenleben beschenkt".[35] Der Sinn für die ‚bessere Menschheit' oder — wie er später sagt — das ‚höhere Leben', ist Schleiermacher erstmals in Schlobitten aufgegangen, und viele seiner späteren Gedanken über Menschheit und Individualität sind ohne die Jahre im Hause des Grafen Dohna nicht denkbar.[36] Dilthey schreibt über diesen wichtigen Einschnitt in Schleiermachers Leben:

„Ein instinktives Bedürfnis seiner Seele wird erfüllt. Aus der stillen, von Büchern gefüllten Pastorenwohnung sah er sich nun in einen ganz weltlichen und im besten Sinne aristokratischen Kreis versetzt. Bis dahin hatten die Verhältnisse seine fein und reich organisierte Seele immer wieder schmerzlich eingeengt, so sehr er sie geliebt hatte. Diese Seele weitete sich aus in so

33 Predigten, Bd. VII (2. Abt. d. sämtl. Werke), S. 12
34 Mit ‚Religion Jesu oder Christi' ist in den Predigten das Christentum als ganzes mit besonderer Betonung des Lebens und der Lehre Jesu umschrieben. — Vgl. Predigten, Bd. VII, S. 27
35 Briefe, Bd. I, S. 86
36 Vgl. Monologen, S. 17ff. u. S. 49f.; der ‚neue Lebenssinn', der sich Schleiermacher in Schlobitten eröffnet, wurde in seiner Bedeutung für Schleiermachers ethische Entwicklung ausführlich dargestellt von A. v. Ungern-Sternberg, Freiheit und Wirklichkeit. — Schleiermachers philosophischer Reifeweg durch den deutschen Idealismus, Gotha 1931, S. 19ff.

glücklichen und den Reichtum der feinsten Empfindungen umfassenden Verhältnissen wie er sie hier vorfand, als ob er in ihnen geboren wäre. Und ich finde keine deutlichere Offenbarung seiner geistigen Organisation, als wie er nun, nachdem in seinen früheren Briefen immer wieder etwas Gedrücktes, ja nicht selten in Ausmalung von Empfindungen und Charakteren Schwärmendes hervortrat, obwohl jetzt doch jeder wissenschaftliche Fortschritt zurückgehalten war, überall ein überströmendes Gefühl von Glück zeigt, ein tiefstes Auffassen des ihn Umgebenden, völliges Genüge ohne Sehnsucht nach seinen Büchern und den Problemen, die ihn da beschäftigt hatten".[37]

Die lebendige Wechselwirkung zwischen Denken und Empfinden, Lebensgefühl und Lebensäußerung kommt in diesem gleichgestimmten Ton der Briefe und Predigten zum Ausdruck, die für Schleiermacher schon in dieser Frühzeit charakteristisch ist. So spiegeln die Predigten in vielfältiger Weise das gesteigerte Lebensgefühl wider, das Schleiermacher in der neuen Umgebung ergriffen hatte. Und in dieser Darstellung des höheren Lebens im Schlobittener Kreise war die ethische Gesinnung mit der Frömmigkeit harmonisch geeint. Zur ,besseren Menschheit' gehört notwendig das vollkommene Beispiel des Lebens und der Lehre Jesu, zur Tugend die Religion.[38] Die im einsamen Denken fast erstorbene Frömmigkeit Schleiermachers erwachte in Schlobitten zu neuem Leben und ihre Äußerung erfolgte weitgehend im Predigtstil der Zeit. Es ist für diese Frömmigkeit und ihre Ausprägung auch in späterer Zeit außerordentlich bedeutsam, daß sie sich ,,in einem ganz weltlichen Kreis" entfaltete, im geselligen Austausch von Gedanken und Empfindungen. Schleiermacher schreibt an seinen Vater: ,,Mein Herz wird hier ordentlich gepflegt und braucht nicht unter dem Unkraut kalter Gelehrsamkeit zu welken, und meine religiösen Empfindungen sterben nicht unter theologischen Grübeleien; hier genieße ich das häusliche Leben, zu dem doch der Mensch bestimmt ist, und das wärmt meine Gefühle" [39]

Wenn diese religiöse Gesinnung sich in den frühen Predigten auch oft in rein moralischen Erörterungen über Tugend und Glückseligkeit zu erschöpfen scheint, so kann doch die neue Wertung des Christentums nicht allein mit einer formalen und inhaltlichen Anpassung an die Predigtweise der Zeit erklärt werden.

Die Wandlung von einer tiefen Skepsis gegenüber dem Christentum zu einer Apologie der ,Religion Jesu' hat weitgehend ihre eigenständige Wurzel in der religiösen Entwicklung Schleiermachers.

37 Dilthey, a.a.O., Bd. I, S. 45f.
38 Predigten,Bd. VII, S. 42ff.
39 Briefe, Bd. I, S. 94

Schon in den ersten Predigten zeigt sich die apologetische Haltung Schleiermachers, die in den Reden so bestimmend wurde: „Vielen ist die Religion Jesu zu eng; ihr Herz will sich dadurch nicht sättigen lassen, sie dursten noch nach mehrerem; aber indem sie auf neue Erkenntnisse oder neue Offenbarungen harren: so warten sie ja noch auf etwas anderes als auf Jesum, so rauben sie ihm ja den Ruhm, daß seine Lehre hinlänglich sei das Herz zu beglücken, und dennoch kann ihre Seele keine wahren Bedürfnisse aufweisen, die er nicht gestillt hätte".[40]

In der Erfahrung der ‚besseren Menschheit' im Kreise von Schlobitten erlebte Schleiermacher aber zugleich die religiöse Bestimmung des Menschen. Auf dem Wort ‚Bestimmung' liegt in dieser Schlobittener Zeit ein ganz besonderes Gewicht. In der Neujahrspredigt von 1792 wird die wahre Schätzung des Lebens in der „Erreichung unserer Bestimmung" gesehen.[41] Daß jedes Menschenleben seine eigene Bestimmung hat, das Wort also im Sinne von persönlicher Eigenart zu verstehen ist, kommt schon in dieser Predigt zum Ausdruck, in der Schleiermacher fragt: „... kann nicht *ein jeder in seiner Sphäre* nach den Gesetzen der Religion und Tugend tätig sein und darin zunehmen"?[42] In dem Fragment „Über den Wert des Lebens" heißt es: „Was das Bewußtsein deines Wesens dir zu sein und zu werden gebietet, das bleibt dir geboten..."[43] In einem Brief an den Vater schreibt Schleiermacher inbezug auf seine Schwester Charlotte: „... das gehört doch meines Erachtens schon wesentlich dazu, daß die Ruhe, die jeder genießt, seine eigene ist, daß die Empfindungen, wodurch sie hervorgebracht wird, ihm natürlich sind und mit seinen anderen Gesinnungen übereinstimmen".[44]

Wie sich in diesen Zeugnissen aus Schlobitten Schleiermachers Individualitätsanschauung zu entfalten beginnt und wie diese aufs engste mit seinen eigenen religiösen Erfahrungen und Einsichten verbunden ist, hat P. Seifert überzeugend aufgezeigt. Er sieht in Schlobitten die biographische Wurzel für die Stelle aus den Reden, in der Schleiermacher den Grund seines Redens angibt: „... es ist die innere unwiderstehliche Notwendigkeit meiner Natur"[45], und spricht in diesem Zusammenhang davon, „daß in Schlobitten die Reden über die Religion geboren worden sind"![46] In der Tat ist Schleiermacher in Schlobitten das Bewußtsein seiner eigenen Bestimmung aufge-

40 Predigten, Bd. VII, S. 12
41 a.a.O., S. 141
42 a.a.O., S. 141
43 Denkmale, S. 52
44 Briefe, Bd. I, S. 98
45 Reden, S. 5
46 a.a.O., S. 132

gangen: „So lange man bergan steigt, kann man die Gegend umher noch nicht beurteilen; wenn man schon wieder herabgeht, ist es zu spät, sich erst danach umzusehen; aber oben, so lange man auf der Höhe wandelt, ist es Zeit. Die Zeit der Jugend liegt hinter mir, die Herrschaft der Phantasie hat ein Ende; ihre unsteten Freuden haben einer heiteren Ruhe Platz gemacht, die aus einer Betrachtung der Dinge, wie sie in ihrem Zusammenhang sind, entsteht. Der Egoismus des Vergnügens ist der Begierde, etwas für Andere zu sein, gewichen. Keine Unruhe, welche das ganze Leben betrifft, treibt meine Seele jetzt umher".[47] Die Begierde, ‚etwas für andere zu sein‘, findet nicht zuletzt auch ihren Ausdruck auf der Kanzel.

Die in Schlobitten vollzogene Wandlung[48] in der gesamten geistig-religiösen Anschauungsweise Schleiermachers, wovon die neue Einstellung zu Person und Werk Christi nur einen Teilaspekt darstellt, muß aber nun wiederum in Kontinuität zu der vorangegangenen Entwicklung gesehen werden. Bei der viel verhandelten Frage nach dem Verhältnis des Schleiermacherschen Denkens innerhalb der einzelnen Perioden seines Lebens ist es von entscheidender Bedeutung, auf die charakteristische Verbindung zu achten, die die Linien der Wandlung und Kontinuität in seiner geistigen und religiösen Entwicklung eingehen. Einwirkungen von außen in Gestalt der Auseinandersetzung mit dem Denken und Empfinden der Zeit und dem Umgang mit Menschen hinterlassen oft nur insofern ihre Spuren in Schleiermachers Gedankenwelt, als sie eigene schon durchlebte Erfahrungen zu neuem Leben zu erwecken vermögen. Im Selbstverständnis Schleiermachers begegnen wir daher immer wieder der Versicherung einer auf höherer Ebene sich ausdrückenden Treue gegen sich selbst.[49]

4. Christus in den frühen Predigten

Die Christusverkündigung der frühen Predigten verläßt nun im wesentlichen auch nicht den Standpunkt, den Schleiermacher in den Briefen an den Vater aus Barby eingenommen hatte. Programmatisch wird in der ersten uns

47 Denkmale, S. 51
48 Vor Seifert haben besonders Haym und Wehrung schon darauf hingewiesen, daß in Schlobitten eine Wandlung in Schleiermachers religiöser Anschauung stattgefunden hat.
49 Es sei besonders an den Brief an Georg Reimer vom 30. April 1802 erinnert, in dem Schleiermacher von sich sagt, er sei „nach Allem wieder ein Herrnhuter geworden ..., nur von einer höhern Ordnung" (Briefe, Bd. I, S. 309). s.S. 31, Anm. 3. Für den späteren Schleiermacher s. auch die Sendschreiben über seine Glaubenslehre und die Erläuterungen zur 3. Aufl. der Reden 1821.

überlieferten Predigt der Weg eingeschlagen. Schleiermacher will über die Frage aus Matth. 11,3: Bist du es, der da kommen soll, oder sollen wir eines anderen warten?, „ganz menschlich reden". Damit verlegt Schleiermacher im bewußten Gegensatz zur herrschenden Kirchenlehre den Schwerpunkt seiner Christusverkündigung auf die Wirkungen, die das „vollkommene(s) Beispiel" Christi gegenüber den Menschen ausübt.[50] Er will ausdrücklich „bei solchen Gründen stehenbleiben, die sich näher auf uns selbst beziehen, und die Christus selbst hier den Jüngern Johannis vorhält, um sie aus ihrem Zweifel zu reißen".[51]

Wir sehen also deutlich, wie Schleiermacher schon hier die Richtung einschlägt, die er bei der Ausführung seiner Christologie in der Folgezeit nicht mehr verlassen sollte. In der Konzentration auf Leben und Lehre Jesu — unter Absehung von den Wunderberichten und den dogmatischen Lehren über ihn — glaubte er schon seinen ersten Predigthörern die einzigartige Würde Christi am ehesten nahebringen und sie zur Nachfolge aufrufen zu können. Man wird das apologetisch-pädagogische Moment, das sich ebenfalls schon hier bemerkbar macht, nicht übersehen dürfen, wenn es auch vollkommen mit seinen eigenen Überlegungen und Erfahrungen übereinstimmt.[52] Daß Schleiermacher den einmal eingeschlagenen Weg in der Darlegung seiner christologischen Gedanken so erstaunlich konsequent eingehalten hat — bei aller Wandlung in der Art und Weise der Beschreitung dieses Weges —, daß sein vorwiegendes Interesse auf die lebendige Kraft und Wirkung Christi gegenüber den Menschen und nicht auf dogmatische Erwägungen über sein Versöhnungswerk gegenüber Gott gerichtet war, erklärt sich nur aus der bestimmenden Macht, die die eigenen religiösen Erfahrungen auf sein Denken ausgeübt haben. Vor allem sind es die Herrnhuter Jahre, in denen die Richtung seines christologischen Denkens begründet wurde. Wie in Barby schon vor der Begegnung mit der Aufklärungstheologie die Zweifel an der Versöhnungs- und Zweinaturenlehre erwachten, so wurden in Schlobitten die Erinnerungen an die Herrnhuter Gemeinden wieder lebendig, in denen Schleiermacher die persönliche Gemeinschaft mit Christus anschaulich erlebt hatte.[53] Die Linie der Kontinuität in Schleiermachers Christologie beruht somit weitgehend auf seinen

---

50 Predigten, Bd. VII, S. 5f.
51 a.a.O., S. 5
52 Dieses zeigt sich besonders in dem logischen Aufbau der Predigten und in dem Bemühen, auf alle möglichen Einwände einzugehen.
53 Vgl. den Brief an den Vater vom 16. August 1791, in dem Schleiermacher von dem Wiedererwachen seiner Gemütskräfte spricht. (Briefe, Bd. I, S. 94). Siehe auch P. Seifert, a.a.O., S. 131.

Herrnhuter Erfahrungen. Auf sie geht vor allem der Vorzug zurück, den Schleiermacher zeitlebens einer echten Christusfrömmigkeit gegenüber der theoretischen Christologie gegeben hat. Die Bedeutung Herrnhuts für seine Denkweise bestätigt Schleiermacher schon 1794 in seiner Selbstbiographie: „Hier wurde der Grund zu einer Herrschaft der Phantasie in Sachen der Religion gelegt, die mich bei etwas weniger Kaltblütigkeit wahrscheinlich zu einem Schwärmer gemacht haben würde, der ich aber in der Tat mancherlei sehr schätzbare Erfahrungen verdanke, der ich es verdanke, daß ich meine Denkungsart, die sich bei den meisten Menschen unvermerkt aus Theorie und Beobachtung bildet, weit lebendiger als das Resultat und den Abdruck meiner eigenen Geschichte ansehen kann".[54]

Zu seiner ‚eigenen Geschichte' im Jahre 1794 gehört neben Herrnhut aber auch die intensive Auseinandersetzung mit der Aufklärung und mit den Denkern seiner Zeit, vor allem — wie es noch näher zu zeigen gilt — mit der Philosophie Kants. Ihre Spuren haben sich in den frühen Predigten Schleiermachers mannigfaltig niedergeschlagen, so daß sie ganz dem Geist einer ‚edlen Aufklärung' zugeordnet wurden.[55] In der Tat hat Schleiermacher die Wirkung Christi gegenüber den Menschen in stark moralischen Wendungen beschrieben, nachdem ihm seit Herrnhut nur noch in dieser Richtung etwas über Christus aussagbar erschien. Im Zusammenhang des optimistischen Menschenbildes dieser Predigten heißt es: „Wie hoch kann sich nicht der Mensch emporschwingen! Welche Leichtigkeit das Gute zu üben, welche Freiheit von Leidenschaft, welche Ruhe der Seele, welche Liebe zu Gott, welche lebendige Erkenntnis heiliger Wahrheiten ist ihm nicht möglich"![56] Auch wird Christus als „vollkommenes Beispiel"[57], als „durchgängig sicheres Vorbild im Guten"[58] geschildert, das den Bemühungen um sittlichen Fortschritt Richtung und Weisung zu geben vermag. Der Kampf des jungen Schleiermacher um die Reinheit des Tugendbegriffes, gegen die Verbindung von Tugend und Glückseligkeit kommt auch hier zum Ausdruck, wenn er ganz im Sinne Kants Christus als das Vorbild einer nur um ihrer selbst willen sich äußernden

54 Briefe, Bd. I, S. 7
55 Die frühen Predigten sind in der Forschung bisher fast nur als Dokumente der „moralisch-intellektualistischen Periode" Schleiermachers gewertet worden, so Bleek, a.a.O., S. 49ff.; vgl. auch Wendland, a.a.O., S. 63. Daß diese einseitige Sicht den frühen Predigten Schleiermachers aber nicht gerecht zu werden vermag, werden wir im folgenden zu zeigen versuchen. Schon P. Seifert weist auf Stellen hin, die im Laufe der Jahre die traditionellen Wendungen vermissen lassen. (a.a.O., S. 119f.).
56 Neujahrspredigt von 1792, Bd. VII, S. 141f.
57 Predigten, Bd. VII, S. 6
58 Predigten, Bd. VII, S. 5

Tugend bestimmt: „Dies ist eine Tugend nicht aus Heuchelei, nicht aus Temperament, sondern aus unerschütterlich festen Grundsätzen".[59]

Den Geist Kants lassen diese Predigten immer wieder erkennen, wenn die Achtung vor dem Sittengesetz betont wird, das das Gute nur um seiner selbst willen fordert. Schleiermacher hat aber auch schon früh scharfsinnige Kritik an Kant geübt. In der Abhandlung „Über das höchste Gut", die nach Dilthey in die letzte Studentenzeit Schleiermachers fällt[60], weist Schleiermacher, von Kants eigenen Voraussetzungen ausgehend, die Widersprüchlichkeit einer Verbindung von Tugend und Glückseligkeit auch für die intelligible Welt nach, in der für Kant der Begriff des höchsten Gutes bestand. Er trifft damit den Nerv des Kantischen Gottesbeweises, der auf der Annahme eines gesetzmäßigen Verhältnisses zwischen Tugend und Glückseligkeit beruht: „Aus unserer Welt verweiset Kant die Wirklichkeit dieser Verbindung und tut Recht daran. Allein sollte sie in jener Welt sich eher als möglich denken lassen? Ich denke nicht. Nimmt man an, daß uns in jedem anderen möglichen Zustand die Sinnlichkeit auch ankleben wird, so werden auch die Naturgesetze unseres Begehrungsvermögens immerfort von den Geboten der praktischen Vernunft unterschieden bleiben. Nimmt man das Gegenteil an, so ist nicht erweislich, daß es uns alsdann noch um so etwas als Glückseligkeit ist zu tun sein werde".[61] Der Begriff des höchsten Gutes kann darum nur als reiner Vernunftbegriff bestimmt werden; „er sagt die Totalität dessen aus, was durch reine Vernunftgesetze möglich ist".[62] Jede Verbindung mit der Glückseligkeit ist unstatthaft, da diese in der intelligiblen Welt keinen Platz hat: „Denn Glückseligkeit setzt Bedürfnisse und Neigungen voraus, diese aber sind Folgen der sinnlichen Natur des Menschen, mithin gehören sie, sowie ihre Befriedigung, in die Sinnenwelt. Herr Kant hat also diese zwei Welten, die er sonst so scharf unterscheidet, miteinander vermengt"![63] Schleiermacher hat an der Autonomie des sittlichen Bewußtseins und an der Trennung ‚dieser zwei Welten' auch später konsequent festgehalten.[64]

Die Wirkung von Leben und Lehre Jesu auf die Gesinnungen der Menschen[65] steht, im unmittelbaren Zusammenhang mit der Verwirklichung

59 Predigten, Bd. VII, S. 8
60 Denkmale, S. 6
61 a.a.O., S. 13
62 a.a.O., S. 10
63 a.a.O., S. 13
64 Zum Verhältnis Kant-Schleiermacher siehe Dilthey, a.a.O., S. 88ff.; W. Loew, Das Grundproblem der Ethik Schleiermachers in seiner Beziehung zu Kants Ethik. Dissertation Marburg 1914; Th. Siegfried, Kant und Schleiermacher, Gotha 1931.
65 Mit dem Wort ‚Gesinnung' faßt Schleiermacher schon in diesen Predigten die Gesamtausrichtung eines Menschen zusammen; die Betonung des sittlichen Handelns ist stets

wahren Menschseins in ihm. Schleiermacher sieht den Sinn der Sendung Christi in dem lebendigen Beispielcharakter eines wahren Menschen, an dem sich der gefallene Mensch ausrichten kann, da er ein Mensch ist wie wir: „Der gefallene Mensch hat auch den Maßstab der Kräfte verloren, welche er nicht mehr gebrauchte; er wußte nicht mehr, was er sollte, er fühlte nicht mehr, was er könne: da sehnt er sich nach einem aus seiner Gattung, an dem er deutlich gewahr werden könne, wie weit der Mensch mit dem Beistand Gottes auf dem Wege der Vollkommenheit kommen könne; hier ist uns Christus geboren, der auch als Mensch die Vollkommenheit besitzt, die uns vorgezeichnet ist; da liegt er zum Beweis, wie völlig er uns gleich ist, er hat Fleisch und Blut wie wir, ist schwach und hilflos und ohnmächtig, er durchläuft die Bahn eines jeden Menschen in Entwicklung und Wachstum der Kräfte und stellt uns sein Beispiel als den höchsten Triumph der menschlichen Natur dar".[66] Nur unter dem Gesichtspunkt des Beispiels, als „das höchste Vorbild von dem, was wir werden sollen"[67], kommt Jesu Menschlichkeit zum Ausdruck, die Schleiermacher besonders in den Weihnachtspredigten[68] betont. Wenn auch der Hinweis nicht fehlt, daß „der uns in allen Schwachheiten des irdischen Zustandes gleicht, eben der ist, mit dem sich die Gottheit auf eine so wundervolle Weise vereinigt hat"[69], so dient die Hervorhebung der Menschlichkeit Jesu doch vor allem dazu, wie Schleiermacher es als Thema einer Predigt formuliert: „Daß Jesu Lehre und Betragen uns jeden Vorwand abschneide, unter dem wir uns seinen Forderungen entziehen könnten".[70] Das höchste Vorbild des wahren

---

in die Ganzheitsbetrachtung des Menschen eingeschlossen. Schleiermacher sieht als „hauptsächliche Wirkung des Christentums ... wahre Sinnesänderung und Besserung" (Predigten, Bd. VII, S. 45) an, wie er 1795 über Matth. 3,33 mit dem Thema predigt: „Die Religion muß den ganzen Menschen beleben und regieren" (handschriftl. s. P. Seifert, a.a.O., S. 121). Die „Religion Jesu", sein Leben u. seine Lehre, bewirkt „wohltätigen Einfluß auf den Charakter" (a.a.O., S. 44), „Verbesserung des Verstandes und Willens" (a.a.O., S. 305f.), „Erkenntnis" (a.a.O., S. 129), „Erleuchtung unseres Verstandes" und „Beruhigung unseres Herzens" (a.a.O., S. 199).
66 Predigten, Bd. VII, S. 63f.
67 Predigten, Bd. VII, S. 199; vgl. auch in der 1. Sammlung, Predigten, Bd. I, S. 139.
68 Die Menschheitsbedeutung von Weihnachten drückt Schleiermacher mit den Worten aus: „Wie ist die wahre Erkenntnis des Höchsten dadurch unter einem großen Teil der Menschen ausgebreitet; wie ist nicht Gesinnung der Liebe so fest in sie eingepflanzt; wie sind sie nicht glücklicher und zufriedener geworden"! (a.a.O., S. 134). Vgl. unsere Ausführungen über Schleiermachers „Weihnachtsfeier" S. 112ff.
69 Predigten, Bd. VII, S. 56
70 Predigten, Bd. VII, S. 182; in dieser Predigt wird die Nähe Jesu zu den Seinen mit zwei die rationalistische Denkart Schleiermachers charakterisierenden Sätzen beschrieben: „... er ist uns nicht so unähnlich, er erhebt sich nicht so über uns, daß wir glauben könnten, seine Lehre gehöre nicht für uns; ... er demütigt uns nicht so, daß wir die Hoffnung aufgeben müßten, seinen Forderungen Genüge zu leisten".

Menschen Jesus sieht Schleiermacher im Anschluß an Joh. 13,34 in seinem „erhabenen Gefühl der wärmsten allgemeinsten Menschenliebe, des ausgebreitetsten Wohlwollens gegen alle, die der menschlichen Natur teilhaftig sind".[71] Wie später in der Weihnachtsfeier ist die Antwort der Christen auf die Liebe Christi auch in den frühen Weihnachtspredigten die „Empfindung der Freude, welche der auszeichnende Charakter dieses Festes ist".[72]

Neben diesem rein moralischen Verständnis der Sendung Christi, seinem Vorbildcharakter in der Erfüllung wahren Menschseins, taucht aber schon am Schluß einer frühen Schlobittener Weihnachtspredigt ein Gedanke auf, der den Sinn der Geburt Christi tiefer faßt. Im Blick auf die verlorengegangene Gemeinschaft mit Gott heißt es: „Der unglückliche Mensch hatte auch seinen Zusammenhang mit Gott verloren; seine Liebe und Güte war ihm verschwunden, und er bedurfte eines neuen glänzenden Beweises derselben, um aus diesem tötenden Traum zu erwachen. Da schenkt uns Gott Christum, der uns alles wiederbringt, was wir verloren haben".[73] Der wahre Mensch Jesus ist der von Gott „Gesandte"[74], der die Gottesgemeinschaft wiederherstellt. Man wird solche Aussagen nicht überbewerten können — die Wendungen „unglückliche(r) Mensch" und „tötende(r) Traum" zeigen ja deutlich die rationalistische Prägung —; dennoch wird mit dieser „Sendung Gottes an die Menschen"[75] die besondere Würde Christi deutlich, die ihn in all seiner Menschlichkeit von allem Menschlichen unterscheidet. Wenn Schleiermacher betont, daß die Menschlichkeit Jesu gleich der unsrigen ist, so darf doch auch in diesen Frühpredigten der Abstand nicht übersehen werden, der Christus von den Christen trennt. Nicht nur, daß die Vollkommenheit Jesu das Vorbild auf dem *Weg* zur Vollkommenheit bleibt, dessen Ziel nicht in diesem Leben liegt, sondern Schleiermacher sieht ebenso schon hier in dem Gedanken der Sündlosigkeit Jesu[76] — jenem für die spätere Christologie der Glaubenslehre entscheidenden Grundgedanken — die einzigartige Würde Christi ausgedrückt, die auch die Prädikate „göttlicher Lehrer"[77] und „Sohn Gottes"[78] umschreiben. Daß Schleiermacher sich mit diesen Wendungen nur dem kirchlichen Sprachgebrauch angeglichen habe, ist schwerlich anzunehmen. Die Zweinaturen-

---

71 Predigten, Bd. VII, S. 118
72 a.a.O., S. 64
73 a.a.O., S. 64
74 a.a.O., S. 196
75 a.a.O., S. 325
76 „... in allen Dingen als ein Mensch erfunden ... und doch ohne Sünde" — a.a.O., S. 187
77 a.a.O., S. 186
78 a.a.O., S. 196

lehre, die dogmatische Fassung der Gottheit Christi, ist gewiß nicht der Ausgangspunkt der Christusverkündigung dieser Predigten; aber die bewußte Zurückstellung dieses Gedankens will auch nicht die göttliche Würde Christi einschränken, die Schleiermacher vielmehr in ihrer gegenwärtigen Bedeutung durch Beschreibung der Wirkungen Christi auf die Gesinnungen der Menschen und nicht durch dogmatische Reflexion über sein Versöhnungswerk gegenüber Gott seinen Hörern näherzubringen versucht.[79]

Die Sendung Jesu ist für Schleiermacher ein ganzheitliches Geschehen, das keine isolierte Betrachtung eines besonderen Heilsereignisses zuläßt. In den Passionspredigten werden darum auch Leiden und Tod Jesu in Zusammenhang mit seinem ganzen Leben und Wirken gesehen. Im Eingang zu seiner Ordinationspredigt aus der Passionszeit 1794 sagt Schleiermacher: „Wir wollen an das Ende Jesu nicht denken, ohne zugleich auf den Zweck seiner ganzen Erscheinung unter den Menschen zurückzublicken".[80] Der Tod Jesu stellt somit die Vollendung seiner irdischen Wirksamkeit dar, „weil er uns zeigt, wie groß in Christo die Überzeugung von den heiligen Wahrheiten war, die er mit seinem Tode versiegelte".[81] Entsprechend dem Vorbildcharakter von Leben und Lehre Jesu ist sein Tod „das sicherste Zeichen von der gänzlichen Vollendung dieser Belehrung".[82] Die ethische Gesinnung ist auch der vorherrschende Grundzug der Passionspredigten: „Wir sehen ihn an als den sterbenden Freund und Lehrer..., dessen letzten Ermahnungen und Vorschriften wir uns um desto williger unterwerfen, weil er sie selbst mit der größten Beharrlichkeit bis zum Tode am Kreuz ausübte; dessen letzte Seufzer und Worte unser Herz nicht nur zu einer flüchtigen Rührung, sondern zu einem heiligen Gelübde des treusten Gehorsams und der eifrigsten Anhänglichkeit bewegen".[83] Vergleicht man diese Sätze Schleiermachers mit einer Abendmahlspredigt seines Vaters, die dieser nach seiner Hinwendung zum Herrn-

79 Das Urteil Wendlands über die Christusverkündigung dieser Predigten im Gegenüber zu den späteren besteht gewiß zurecht: „Das, worin Jesus uns gleicht, nicht das, wodurch er uns gegenübersteht, ist in jener Zeit der Gegenstand seiner Predigt". (a.a.O., S. 95). Von einer „wesentlichen Gleichheit (Christi) mit uns" zu sprechen (so Bleek, a.a.O., S. 57), ist man aber nicht berechtigt. Der Standpunkt Schleiermachers kommt in einer Osterpredigt deutlich zum Ausdruck: „Wir ... dürfen uns zwar dem Göttlichen, nicht gleich machen, aber uns doch mit ihm vergleichen". (Predigten, Bd. VII, S. 89).
80 Predigten, Bd. VII, S. 193. In der Weihnachtspredigt 1792 heißt es zu Beginn: „Wir brauchen aber nicht bei seinem Leiden stehn zu bleiben; sein ganzes Leben war ein Leben für andere". (a.a.O., S. 117).
81 Predigten, Bd. VII, S. 211
82 a.a.O., S. 212
83 a.a.O., S. 213

hutertum gehalten hat, so wird der Unterschied zu einer die Leiden Christi zum Zwecke der Rührung ausmalenden Predigtweise deutlich. In dieser Predigt des Vaters nach 1778 heißt es: „O daß doch einmal durch diese erbarmende Liebe, die so unschuldig als freiwillig am Kreuz für euch geblutet, euer Herz möchte gerührt, erweicht und zerschmolzen werden... Wir sollen ... seinen Tod verkündigen, seinen Leichnam, der für uns gebrochen, die Hände und Füße, die für uns durchbohrt, das Blut, so für uns aus seiner Seite floß ...“[84]

Wenn der Sohn Schleiermacher von der „Kraft der Eindrücke" spricht, „welche die Betrachtung des leidenden und sterbenden Erlösers .... hervorbringt" (a.a.O., s. Anmerkung 81), so steht immer der sittliche Gedanke, der Ruf zur Nachfolge, im Vordergrund. Auch die Karfreitagspredigt aus der 1. Sammlung, in der Töne der Rührung nicht fehlen, steht unter dem bezeichnenden Thema: „Einige Empfindungen des sterbenden Jesu, die auch wir uns für unsere letzten Augenblicke wünschen sollen".[85] Die in erster Linie sittlich aufgefaßte Wirkung des Todes Christi trennte Schleiermacher von einer Passionsmystik und der Passionsstimmung der Herrnhuter. Mit diesem Verständnis des Todes Jesu bleibt Schleiermacher konsequent im Rahmen einer Christusverkündigung, deren Hauptziel die Befestigung einer am Vorbild Christi ausgerichteten ethischen Gesinnung ist.

Es erhebt sich aber nun die Frage, inwieweit diese Verkündigung des Todes Jesu mit den Zweifeln im Zusammenhang steht, die sich bei Schleiermacher in seiner Herrnhuter Zeit gegenüber der orthodoxen Satisfaktionslehre gebildet hatten. Einige Wendungen in den Passionspredigten erinnern deutlich an jene religiösen Kämpfe. So betont Schleiermacher inbezug auf die Bedeutung des Todes Jesu, „daß jeder sich über die Sache seine eigene Vorstellung macht", und daß es deswegen überaus wichtig ist, daß keiner seine Erklärungen „von dem, was die Schrift darüber sagt, dem andern als notwendig und einzig wahr aufdringe".[86] In der Karfreitagspredigt aus der 1. Sammlung heißt es zu Beginn: „Laßt uns, ich bitte Euch, wenigstens jetzt alle die besonderen Vorstellungen bei Seite setzen, die ein jeder von gewissen eigentümlichen Wohltaten und Segnungen des Todes Jesu haben mag. Ich ehre sie alle, wenn sie in einem Herzen wohnen, welches ich ehre; und es wäre traurig, wenn der heiligste der Tage damit hingebracht würde, Fragen aufzuwerfen, Meinungen zu sichten, Untersuchungen anzustellen, wodurch die Gemüter nicht zum Guten bewegt, und oft gar von einander entfernt werden, indem sich Ver-

---

84 Zitiert nach A. Backwitz, Johann Gottlieb Adolph Schleyermacher als Prediger, in: Jahrbuch für Schlesische Kirchengeschichte, Bd. 47, 1968, S. 92 und 95.
85 Predigten, Bd. I, S. 37ff.
86 Predigten, Bd. VII, S. 211

schiedenheiten, die freilich immer stattfinden müssen, gerade dann aufdecken, wenn man sich am innigsten vereinigen will"![87] In diesen Sätzen kommt der theologische Standort des Predigers in zweifacher Weise zum Ausdruck. Einerseits zeigen sie, wie sich die Deutung des Todes Jesu in den Passionspredigten an die in Barby gemachten Erfahrungen und die dort entstandene Erkenntnis anschließt, die Schleiermacher zu einer Christusverkündigung führen, welche nicht dogmatische Lehren über Christus, sondern die Wirkung Christi gegenüber den Menschen ins Zentrum rückt. Andererseits lassen sie aber auch eine theologische Entwicklung erkennen, die schon deutlich auf die theologische Grundanschauung in den Reden hinweist. Wenn Schleiermacher die besonderen Vorstellungen über das Erlösungswerk Christi nur dann anerkennen will, „wenn sie in einem Herzen wohnen, welches ich ehre", so ist damit das Kriterium bezeichnet, nach dem die religiösen Vorstellungen auch in den Reden beurteilt werden. Nicht in ihnen selbst, in der Anerkenntnis dieser oder jener religiösen Überzeugung zeigt sich die Echtheit der Frömmigkeit, sondern allein in einem von den Handlungen Gottes durch Anschauung und Gefühl ergriffenen Gemüt.[88] Das Zurücktreten dogmatischer loci in der Christusverkündigung Schleiermachers erfolgt nicht aus einer grundsätzlich indifferenten Haltung ihnen gegenüber; aber Schleiermacher war schon in seinen ersten Predigten der Auffassung, daß das Handeln Gottes an dem Menschen nicht durch bestimmte dogmatische Begriffe und Vorstellungen eingeengt werden darf. Dieser Gefahr glaubte er darum auch am ehesten entgehen zu können, wenn er die Sendung Christi in ihrem ganzheitlichen Geschehen verkündigt, deren ganz persönliche Bedeutung für jeden einzelnen zur lebendigen Erfahrung gebracht werden soll.

Zu Beginn der schon zitierten Antrittspredigt in Landsberg a.d.W. hebt Schleiermacher ausdrücklich hervor, daß jeder Christ das Amt habe, den Tod des Herrn zu verkündigen, „nicht etwa was der Tod Jesu für die Menschen überhaupt sein soll und sein kann, sondern welches die Früchte desselben für ihn gewesen sind, wie wohltätig sie auf seine Seele gewirkt haben, wie er noch immer Rat und Trost bei ihnen sucht und auch für die Zukunft auf ihre wohltätige Kraft rechnet".[89] Unter diesem Ganzheitsgesichtspunkt kann Schleiermacher dann auch die Erlösungs- und Heilsbedeutung des Todes Jesu

---

87 Predigten, Bd. I, S. 37f.
88 Es sei besonders an die Ausführungen Schleiermachers am Schluß der 2. Rede erinnert, in denen die grundsätzliche Vorgegebenheit des sich offenbarenden Gottes gegenüber allen Gottesvorstellungen – und somit auch der christlichen – scharf herausgestellt wird.
89 Predigten, Bd. VII, S. 207

im Blick auf die verlorengegangene Gemeinschaft des Menschen mit Gott in Formulierungen zum Ausdruck bringen, welche die nur moralische Deutung hinter sich lassen: „Wir denken ihn (Christus) uns als das Samenkorn, welches ausgesäet werden und ersterben mußte, damit durch seinen Tod eine große reiche von Gott gesegnete Ernte hervorginge, durch welches allein auch wir jetzt eingewurzelt sind und grünen und reifen in dem Boden des Reiches Gottes".[90] Sein Tod „vertilgt aufs kräftigste alle Zweifel und Bedenklichkeiten, alles finstere Mißtrauen und alle zaghafte Entfernung von Gott"[91] und läßt somit den Christen die Versöhnung erfahren, die „freudige Hoffnung zu Gott", die Schleiermacher neben den „gebesserten Gesinnungen unseres Herzens"[92] als den Sinn der Erscheinung Christi unter den Menschen bezeichnet.

Welche Bedeutung mißt Schleiermacher nun der Auferstehung Jesu bei? Die Osterpredigten zeigen, daß er auch hier den Schwerpunkt nicht auf die wunderhafte Erscheinung des Auferstandenen legt, sondern den Zusammenhang der Auferstehung Jesu mit seiner ganzen Sendung betont. Gott hat durch die Auferweckung Jesu von den Toten „die herrliche Krone ... allen Taten des Erlösers ... aufgesetzt"; somit ist die Auferstehung Jesu „die glänzendste Bestätigung seiner Sendung, ... der sicherste Beweis, daß Gott alles, was er gelehrt, getan und gelitten, mit billigendem Wohlgefallen angesehen habe".[93] Schleiermacher ist daran gelegen hervorzuheben, daß nicht erst die Auferstehung den Erweis für das göttliche Handeln an Jesus erbracht hat. Wie sie jedoch für die Schwachheit der Jünger und ihren fast ganz verschwundenen Glauben an die göttliche Sendung Jesu nach seinem Kreuzestod notwendig war, so ist sie auch „... wichtig für uns, denn sie ist noch immer für die schwachen, denen die innere Würde der Religion Jesu noch nicht genug ist um von ihrer Göttlichkeit überzeugt zu sein, der augenscheinlichste Beweis".[94] Deutlich zeigen diese Worte den aufklärischen Geist im Verständnis der Auferstehung Jesu. Die „innere Würde der Religion Jesu", die ethische Überzeugungskraft seines Beispiels im irdischen Leben beweist für sich selbst, daß es der Gesandte Gottes ist, der in seiner Auferstehung die göttliche Bestätigung seines Lebens und Wirkens erfährt. Will Schleiermacher somit einem isoliert-wunderhaften Verständnis der Auferstehung wehren, so läßt er jedoch an ihrer Wirklichkeit keinerlei Zweifel. Er sieht den Grund des

---

90 Predigten, Bd. VII, S. 211f.
91 a.a.O., S. 212
92 a.a.O., S. 194
93 a.a.O., S. 78
94 a.a.O., S. 219

Osterfestes in der leiblichen Auferstehung Jesu, „...daß auch sein Körper die Verwesung nicht sahe und sogleich ins Leben zurückgerufen wurde, und daß er sich in dieser erneuerten und verherrlichten Gestalt zum großen Trost seiner niedergeschlagenen Jünger sichtbar darstellte".[95] Der irdische Jesus ist mit dem Auferstandenen zusammengedacht: „Christus hat nach seiner Auferstehung noch die nämlichen Empfindungen, welche in seinem irdischen Leben seine schöne Seele zierten..., er liebte diejenigen noch immer, die ihm damals theuer waren, er wirkte noch immer und zwar mit erhöhter Kraft auf ihre Seelen, und er kann ihnen die tröstliche Versicherung geben, Ich bin bei euch bis an der Welt Ende".[96]

In der Osterpredigt mit dem Thema „Von dem Siege, den Christus durch seine Auferstehung über den Tod davon getragen", gewinnt das Auferstehungsereignis auch eine bestimmtere soteriologische Bedeutung: „Wenn Christus nicht auferstanden wäre, und wir wollten doch seinen Tod als einen Tod zum Heil der Menschheit ansehen, so hätten wir keine ausdrückliche Versicherung von Gott, die uns dessen gewiß machte, so wüßten wir nicht, ob der Himmel sein großes Opfer so theuer geachtet als wir, ob Gott es so gern und gültig angenommen als er es willig und vollständig gebracht hat, so würden noch weit mehr Zweifel über die Sendung Jesu in den Herzen der Menschen entstehn als jetzt, und da wir keinen festen geoffenbarten Grund der Vergebung unserer Sünden erkennen würden, so würde es um einen so ungewissen Preis unzählig vielen zu sauer werden sich ihrer zu entledigen".[97]

Wir haben gesehen, wie die Christusverkündigung der ersten Predigten Schleiermachers vom Geist der theologischen Aufklärung beeinflußt ist und somit Person und Werk Jesu Christi weitgehend unter dem Gesichtspunkt seines Vorbildes und seiner auf die Gesinnung der Menschen wirkenden Lehre erscheint. Zugleich aber trat uns die nachhaltige Wirkung der eigenen religiösen Erfahrungen Schleiermachers auf sein Christusbild in diesen frühen Predigten entgegen. Die wesentliche Bedeutung Herrnhuts und des Aufenthalts in Schlobitten für die ersten Predigten Schleiermachers muß darum in viel stärkerem Maße hervorgehoben werden, als es bisher geschehen ist.[98]

Vor allem unter dem Einfluß der religiösen Welt Herrnhuts hat Schleiermacher die natürliche Religion der Aufklärung abgelehnt und beim Gebet ein

95 Predigten, Bd. VII, S. 218
96 a.a.O., S. 87
97 a.a.O., S. 78
98 Für die 1. Predigtsammlung von 1801 hat dies schon P. Seifert hervorgehoben. Die Beziehung der Frühpredigten Schleiermachers zur Theologie Zinzendorfs hat im wesentlichen H. Bleek dargestellt (a.a.O., S. 51 ff.).

kindliches Zutrauen zum Vater gefordert: „Wir haben im Himmel einen liebe-vollen Vater, der nicht nur weiß, was wir bedürfen, ehe wir ihn darum bitten, sondern der es auch gern sieht, daß wir ihn darum bitten, daß wir unsre Wünsche und Hoffnungen zu seinen Füßen niederlegen".[99] In der Predigt „Vom rechten Gebet des Christen im Namen Jesu" betont Schleiermacher, daß richtige Begriffe vom höchsten Wesen nichts in der Gebetsnot helfen und sieht im Gebet die menschliche Würde in ihrer ganzen Größe.[100] Auch im Verständnis der Sünde verläßt Schleiermacher verschiedentlich die rationali-stisch-optimistische Sicht des Menschen: „... wo hätte wol auch der Mensch einen ärgeren Feind seiner Seligkeit als sein eigenes Herz"?[101] Die Sünde wird als „Mißtrauen gegen sich selbst"[102] bezeichnet. Besonders in der Pre-digt über Phil. 2,12 kommt ein vertieftes Sündenverständnis zum Ausdruck. Es heißt dort: „... wer an die Nothwendigkeit der Sendung Jesu glaubt, der muß ja fühlen, daß es notwendig gewesen sei, in seinem Herzen gleichsam ein Gegengewicht anzubringen, ohne welches er immer in die Herrschaft der Sünde hinabgesunken sein würde"![103]

Besonders aber sind die Nachwirkungen Herrnhuts in den oft bekenntnis-haften Worten deutlich, mit denen Schleiermacher zur persönlichen Nach-folge Christi aufruft: „Viele verlachen das Unbegreifliche, das von seiner Religion unzertrennlich zu sein scheint – ach, laßt uns diesen Leichtsinn fliehen, laßt uns doch soviel dankbares Zutrauen zu Jesu haben, daß wir das nicht verachten, was wir nicht verstehn, daß wir nicht glauben, dasjenige ohne ihn besser zu verstehn, was er selbst uns weislich verborgen gelassen hat! Viele unserer Mitbrüder haben sich außer dem Gebiet unserer Religion ein kleineres Gebäude von wenigeren Wahrheiten errichtet, unter dem sie Schutz und Ruhe genug finden; Wohl ihnen, wenn sie glücklich sein können; aber laßt uns doch nicht von dem stolzen Wahn derselben hingerissen werden, als wenn sie nun gar keine Verbindlichkeiten gegen Christum mehr hätten: – auch das schwächere Licht, das ihnen leuchtet, haben sie von ihm geborgt; nur durch das Christentum sind die Wahrheiten allgemein geworden, die sie dem eigenen Nachdenken der Vernunft zuschreiben. ... Ach, laßt uns doch alle diese Abwege fliehen! alle thun unserm Glauben und unsrer Denkungsart Schaden. Laßt uns ihm allein anhangen, seinen Fußstapfen allein folgen, seiner Lehre allein beitreten und ihn allein preisen für alles Heil und alle Seligkeit, die wir genießen und hoffen"![104]

99 Predigten, Bd. VII, S. 70
100 a.a.O., S. 27ff.
101 a.a.O., S. 94
102 a.a.O., S. 100
103 a.a.O., S. 100
104 a.a.O., S. 12

V. Christus -- der Mittler

Mit der Übernahme einer Predigerstelle an der Berliner Charité im Jahre 1796 beginnt für das theologische und christologische Denken des jungen Schleiermacher eine neue, entscheidende Epoche. Das Neue ist vor allem durch die veränderte geistig-religiöse Atmosphäre bestimmt, die Schleiermacher nach seinem Weggang von Landsberg a.d.W. in Berlin antraf und die durch das Stichwort ‚Romantik' nur sehr schemenhaft umschrieben ist. Wie die religiöse Welt von Herrnhut, die Erfahrungen des Aufenthaltes in Schlobitten und die Auseinandersetzung mit der Aufklärung nachhaltig auf die Christusanschauung des jungen Schleiermacher einwirkten, haben wir uns bisher aus den Zeugnissen der Briefe und frühen Predigten zu veranschaulichen gesucht. Nun ist es − besonders seit seiner Freundschaft mit Friedrich Schlegel − der in den vielfältigsten Schattierungen sich äußernde romantische Geist, dem sich das Denken Schleiermachers öffnet und in dessen Wirkungskreis er einen eigenen Standpunkt zu gewinnen sucht.

Ohne Frage ist Schleiermacher in den Reden über die Religion, dem Hauptdokument dieser Zeit, um eine Stellungnahme zu der Bedeutung Christi und des Christentums bemüht.[1] Welcher Gestalt sie ist und welches Gewicht Schleiermacher Christus und dem Christentum zukommen läßt, soll nun der Gegenstand unserer weiteren Überlegungen sein.

Schleiermachers Verständnis des Christentums und seines Stifters findet in einem zentralen Gedanken der Reden seinen Ausdruck, der nicht nur den Darlegungen in der 5. Rede, sondern auch der Bestimmung des Wesens der Religion in der 2. Rede zugrundeliegt: dem Mittlergedanken, der Idee der Vermittlung des Endlichen mit dem Unendlichen. Mit diesem Gedanken ist Schleiermacher aufs engste den religiösen Ideen der Romantik verpflichtet. Es erhebt sich somit die Frage, welche Folgerungen sich aus der Aufnahme dieses Hauptgedankens der romantischen Religionsauffassung durch Schleiermacher für sein Verständnis des Christentums ergeben. Inwieweit ist es Schleiermacher möglich, in Solidarität mit dem Zeitgeist einen eigenen Standpunkt

---

1 Auf die viel verhandelte Frage nach dem Verhältnis der 2. zur 5. Rede braucht hier nicht im einzelnen eingegangen zu werden. Wir verweisen auf die Ausführungen P. Seiferts, a.a.O., S. 181ff., der die These O. Ritschls, a.a.O., aufnimmt, daß die Reden von ihrem Ziel aus, der Darstellung des Christentums in der 5. Rede, interpretiert werden müssen. In der Reden-Interpretation wird hinter die von Seifert aufgezeigten Beziehungen zwischen der Religion als Idee (Wesen) und Religion als Geschichte (Erscheinung), zwischen spekulativer und historischer Betrachtung, nicht mehr zurückgegangen werden können. Vgl. auch G. Wehrung, Der geschichtsphilosophische Standpunkt Schleiermachers, a.a.O., S. 110ff.

gegenüber Wesen und Gestalt des Christentums und seiner Stellung in der Welt der Religionen zu gewinnen – und wie ist dieser zu beurteilen? Zur Beantwortung dieser Frage müssen wir uns zunächst der Ausprägung des Mittlergedankens in Schleiermachers Umwelt zuwenden.

1. Der Mittlergedanke in der Religion der Frühromantik

„Vermitteln und Vermitteltwerden ist das ganze höhere Leben des Menschen, und jeder Künstler ist Mittler für alle übrigen".[2] So heißt es in den „Ideen" Friedrich Schlegels, und dieser Satz zeigt auch schon die Ausdehnung des Mittler-Begriffs auf die Gesamtwirklichkeit der objektiven und subjektiven Welt, die für die Romantiker wie für Schleiermacher charakteristisch ist. Die Idee der Vermittlung erscheint einmal in einer grenzenlosen Allgemeinheit und findet Anwendung in dem ganzen Gebiet des höheren Menschentums[3], oder sie bleibt auf den religiösen Bereich beschränkt, wo sie zur Hauptfunktion des religiösen Menschen wird. Diese Mittlertätigkeit des religiösen Menschen beschreibt Friedrich Schlegel in demselben Fragment aus den „Ideen": „Ein Mittler ist derjenige, der Göttliches in sich wahrnimmt, und sich selbst vernichtend preisgibt, um dieses Göttliche zu verkündigen, mitzuteilen, und darzustellen allen Menschen in Sitten und Taten, in Worten und Werken".[4] In dieser Beschreibung des religiösen Mittlertums wird einmal deutlich, daß die Wahrnehmung des Göttlichen die Voraussetzung der Mittlerfunktion ist, d.h. daß sie auf das Offenbarungsgeschehen bezogen ist. Sodann besteht die eigentliche Mittlertätigkeit darin, daß das Wahrgenommene verkündigt, mitgeteilt wird. Diese Mitteilung geschieht vor allem in der Erweckung des ‚Sinnes'. Der mit dem religiösen Mittlertum aufs engste verbundene Begriff des Sinnes, der darum auch im Zentrum der romantischen Religionsauffassung steht, besagt zunächst, daß es einer besonderen Sichtweise bedarf, damit jemandem die Welt der Religion aufgeht, d.h. daß er die

---

2 Aus den ‚Ideen' Friedrich Schlegels. Kritische Friedrich-Schlegel-Ausgabe, hrsg. von E. Behler, 2. Bd., 1. Abt., Charakteristiken und Kritiken I, hrsg. von H. Eichner, Darmstadt 1967, S. 260.

3 Außer auf dem Gebiet der Kunst wird der Mittlergedanke bei Novalis auch auf die Politik angewandt: „Die Lehre vom Mittler leidet Anwendung auf die Politik. Auch hier ist der Monarch – oder die Regierungsbeamten – Staatsrepraesentanten – Staatsmittler. Was dort gilt, gilt hier ... Aus jedem ächten Staatsbürger leuchtet der Genius des Staats hervor – so wie in einer religiösen Gemeinschaft ein persönlicher Gott gleichsam in tausend Gestalten sich offenbart."; aus dem „Allgemeinen Brouillon", 1798/99, Bd. III, S. 314.

4 a.a.O., S. 260

Welt „mit Religion" anschaut.[5] Der religiöse Mittler vermag nun kraft seiner eigenen Wahrnehmung des Göttlichen diese Sichtweise zu erschließen, die in allem Endlichen das Unendliche sieht, die Offenbarung des Unendlich-Göttlichen im Endlich-Irdischen. Der religiöse Sinn öffnet sich der ganzen Breite des endlichen Lebens; es gibt keinen Bereich, in dem er nicht Göttliches wahrzunehmen imstande ist. Vornehmlich ist es aber der Mensch und die Menschheit, wo der religiöse Sinn Göttliches erblickt. In dieser Ausdehnung des religiösen Mittlertums auf alles Endliche als Mittler des Unendlichen und Träger des Ewigen ist die Mittleridee der Reden mit Gedanken eng verwandt, die Fr. Schlegel und Novalis kurz vor und nach dem Erscheinen der Reden geäußert haben.[6] So heißt es in den „Ideen" Fr. Schlegels: „Gott erblicken wir nicht, aber überall erblicken wir Göttliches; zunächst und am eigentlichsten jedoch in der Mitte eines sinnvollen Menschen, in der Tiefe eines lebendigen Menschenwerks".[7] Novalis bezeichnet am Schluß seines Aufsatzes „Die Christenheit oder Europa" als eine der drei Gestalten des Christentums „das Mittlerthum überhaupt, als Glaube an die Allfähigkeit alles Irdischen, Wein und Brod des ewigen Lebens zu seyn".[8] Und in seinem Fragment „Blüthenstaub" wird dieser Glaube an die Transparenz des Irdischen für das Göttliche mit dem Satz ausgedrückt: „Jeder Gegenstand kann dem Religiösen ein Tempel, im Sinn der Auguren, seyn".[9] Von dieser Weite des Blickes, den die Religion eröffnet, sprechen die Reden an zahlreichen Stellen. Die Religion „will im Menschen nicht weniger als in allen andern Einzelnen und Endlichen das Unendliche sehen, dessen Abdruck, dessen Darstellung".[10] „Darum ist es auch das Gemüt eigentlich worauf die Religion hinsieht ..."[11] Und von diesem von Religion, d.i. von den Handlungen des Universums ergriffenen Gemüt heißt es: „Einem frommen Gemüte macht die Religion alles heilig und wert, sogar die Unheiligkeit und die Gemeinheit selbst".[12] Besonders am Schluß der 4. Rede wird deutlich, wie Schleiermacher sich das religiöse Mittlertum denkt und wie es auf alle religiösen Menschen als Glieder der

---

5 In Anlehnung an das bekannte Wort aus den Reden: „Alles mit Religion tun, nichts aus Religion.", S. 69
6 Daß sich die Idee der Vermittlung in den Reden in dieser Ausprägung nicht erschöpft, sei hier schon angemerkt. Auch sollen die Unterschiede des Mittlergedankens bei Fr. Schlegel und Novalis nicht außer acht gelassen werden. Es kann aber auf sie erst später eingegangen werden.
7 a.a.O., S. 260
8 Bd. III, S. 523
9 Bd. II, S. 444
10 Reden, S. 51
11 a.a.O., S. 87
12 a.a.O., S. 66

wahren Kirche angewandt wird. Innerhalb der wahren Kirche, der „Akademie von Priestern"[13] und dem „Chor von Freunden"[14], soll jeder jedem ein religiöser Führer und Mittler sein, indem sich jeder „als einen würdigen Gegenstand der Anschauung (des Universums) sieht ... für die übrigen".[15] In dem Satz: „Alles Menschliche ist heilig, denn alles ist göttlich"[16] gipfelt die Allgemeinheit des religiösen Mittlertums.

Aber diese Freiheit und Grenzenlosigkeit des religiösen Sinnes, deren Erweckung nicht auf einen bestimmten Kreis von Mittlern besonderer Dignität beschränkt bleibt, sondern in wechselseitigem Austausch[17] von allen Gliedern der wahren Kirche geübt wird, erfährt dann doch eine charakteristische Begrenzung. Bei der Zeichnung des Bildes von der wahren Kirche und der Beschreibung der heiligen Personen mit ihrem „frommen Sinn" – „der immer rege und offne Sinn, dem das Seltenste und Gemeinste nicht entgeht"[18] – zeigt sich eine Einschränkung, die auch mit anderen Äußerungen in den Reden übereinstimmt: „Wenn so ihr ganzes Leben und jede Bewegung ihrer

13 a.a.O., S. 233
14 a.a.O., S. 233
15 a.a.O., S. 234
16 a.a.O., S. 234
17 In diesem wechselseitigen Mittlertum, das zwischen den Gliedern der wahren Kirche stattfindet, drückt sich der Individualitätsgedanke Schleiermachers aus: „Jeder weiß daß auch Er ein Teil und ein Werk des Universums ist, daß auch in ihm sein göttliches Wirken und Leben sich offenbart". (Reden, S. 233). – Auf das Verhältnis zwischen Mittlertum im romantischen Sinne und Priestertum im reformatorischen und katholischen Verständnis macht Th. Siegfried, Das romantische Prinzip in Schleiermachers Reden über die Religion, Phil. Diss. Jena 1916, aufmerksam: „Auf der Basis dieses wechselseitigen Mittlertums hat Schleiermacher seine religiöse Gemeinschaft aufgebaut und in eigenartiger Verschiebung des reformatorischen Sprachgebrauchs das allgemeine Priestertum in diesem Sinne verwirklicht sehen wollen". – Die Reformation lehnte die menschliche Vermittlung des Priesters ab und gab jedem ein unmittelbares Verhältnis zu Christus, der der einzige Mittler zwischen Gott und den Menschen ist. „... sie, (die Romantik) lehnt die Ausschließlichkeit der Mittlertätigkeit sowohl Christi als des Priesters ab und lehrt statt des allgemeinen Priestertums das allgemeine Mittlertum jedes Menschen". (S. 60) – Siegfried meint, daß damit der genuine Begriff des Priestertums reiner bewahrt sei als im Protestantismus, der gerade die Mittlerstellung des Priesters aus dem Begriff entfernt, und sieht darin das erste Symptom der Wendung der Romantik zum Katholizismus.
18 Die Bedeutung und Richtung, die dem ‚Sinn' in den Reden zukommt, zeigt besonders der berühmte Satz: „Praxis ist Kunst, Spekulation ist Wissenschaft, Religion ist Sinn und Geschmack fürs Unendliche". (S. 52/53). Wir verweisen hier auf die Ausführungen Seiferts, a.a.O., S. 68ff., der die Bezogenheit des Sinnes auf die Einheit des Universums hervorhebt, die der Sinn in den einzelnen Anschauungen wahrnimmt, wodurch auch seine Passivität charakterisiert ist. Die Beziehung des Sinnes zum religiösen Mittlertum im Verhältnis von Mensch zu Mensch sieht jedoch Seifert nicht, weshalb er auch das Verstehensproblem bei der Erweckung des religiösen Sinnes nicht in den Blick bekommt.

innern und äußern Gestalt ein priesterliches Kunstwerk ist, so wird vielleicht durch diese stumme Sprache manchen der Sinn aufgehn für das was in ihnen wohnt".[19] Der Sinn für Religion vermag also nur da geweckt zu werden, wo schon ein Keim zur Entfaltung vorhanden ist.[20] Wie sehr die Mitteilung der Religion auf eine entsprechende Empfangsbereitschaft bzw. Empfangsmöglichkeit angewiesen ist, wird besonders dadurch deutlich, daß Schleiermacher auch bei der Schilderung des erhofften glücklicheren Zustandes der Menschheit, in dem die Befreiung von sklavischen Fesseln mit sehr optimistischen Worten beschrieben wird, die Religion sich nur dort verbreiten sieht, wo eine innere Fähigkeit für sie besteht: „In der glücklichen Zeit wenn Jeder seinen Sinn frei üben und brauchen kann, wird beim ersten Erwachen der höheren Kräfte, in der heiligen Jugend unter der Pflege väterlicher Weisheit Jeder der Religion teilhaftig, *der ihrer fähig ist;* alle einseitige Mitteilung hört dann auf und der belohnte Vater geleitet den kräftigen Sohn nicht nur in eine fröhlichere Welt und in ein leichteres Leben, sondern auch unmittelbar in die. heilige, nun zahlreichere und geschäftigere Versammlung der Anbeter des Ewigen".[21]

Schleiermacher teilt dieses Verständnis des Sinnes als eines Verstehensvorganges, der den Bereich der Entfaltung eines schon vorhandenen Keimes von Verstehensmöglichkeit nicht verläßt, besonders mit Novalis. Bei ihm wird die Erweckung des Sinnes auch unmittelbar mit einem organischen Wachsen verglichen: „Wie kann ein Mensch Sinn für etwas haben, wenn er nicht den Keim davon in sich hat? Was ich verstehn soll, muß sich in mir organisch entwickeln; und was ich zu lernen scheine, ist nur Nahrung, Inzitament des Organismus".[22]

---

19 Reden, S. 228
20 Dieser Bezug des Sinnes auf ein bestimmtes, d.h. eingegrenztes Verstehensvermögen widerstreitet nicht den Aussagen der Reden, in denen die Allgemeinheit der religiösen Anlage betont wird. (S. 37, 144) — Die Rede von der „eigenen Provinz im Gemüte", die der Religion im menschlichen Geistesleben zukommt, besagt zunächst nur soviel, daß die Bildung zur Religion den gleichen Rang beansprucht wie die Ausbildung anderer menschlicher Anlagen (z.B. Moral, Kunst und Wissenschaft). Bei aller Betonung der Möglichkeit und Notwendigkeit der Bildung zur Religion heißt es doch schon in der 3. Rede, daß „die Anzahl derer nur gering sein kann, welche sich bis zur Religion erheben" (S. 150). Vgl. in der 4. Rede die Unterscheidung derjenigen, „die schon Religion haben" (S. 188), von denen, „welche die Religion erst suchen" (S. 193) und die charakteristische Befürchtung Schleiermachers in der 5. Rede: „... ich fürchte daß auch Religion nur durch sich selbst verstanden werden kann". (S. 286). — Vgl. zum Problem der religiösen Anlage Seifert, a.a.O., S. 36 u. 70ff.
21 Reden, S. 232; — vgl. zum Bezug dieser Stelle auf die rhetorische Wendung vom möglichen Ende des Mittlertums in der 1. Rede (S. 12f.) O. Ritschl, a.a.O., S. 86f.
22 Bd. II, S. 419; vgl. auch die zahlreichen Fragmente über den Sinn und dessen Bildung

Wir haben gesehen, wie in der Wahrnehmung des Göttlichen und der Erschließung des Sinnes für dieses Göttliche Wesen und Funktion des religiösen Mittlertums bestehen, und daß dasselbe die Mitte der romantischen Religionsauffassung darstellt. Weshalb aber ist der Mittlergedanke der religiöse Hauptgedanke der Romantik? Warum ist ohne Mittlertum Religion undenkbar? Nicht von ungefähr hieß es in dem schon zitierten Fragment bei Fr. Schlegel: „Gott erblicken wir nicht, aber überall Göttliches". Ein unmittelbarer Bezug zum Absoluten ist dem Menschen unmöglich, da er an die Bedingungen des Endlichen in Raum und Zeit gebunden bleibt. Die unmittelbare Gotteserkenntnis bleibt nur ein Ausnahmezustand mystischen Erlebens, aber gerade in den Beziehungen zum Endlichen wird das Unendliche offenbar.

Dies wird besonders an der Gottesvorstellung des Novalis deutlich. Wenn er verschiedentlich es als das höchste Ziel des Menschen bezeichnet, Gott selbst zu werden und die Forderung aufstellt, daß der Mensch nicht nur an Gott glauben, sondern ihn auch erkennen soll, so läßt er doch keinen Zweifel darüber, daß dieses Ziel als ein ewiges über dem Menschen steht. Hier ist der Mensch in Sünde, Krankheit und Tod verstrickt. Aber er vermag die Gegenwart Gottes in den Gegebenheiten des Irdischen zu erleben, in denen sich Gott repräsentiert: „Gott selbst ist nur durch Repraesentation verständlich".[22a] Diese Repräsentation Gottes im Irdischen denkt Novalis besonders konkret: „... Gott, als Arzt, als Geistlicher, als Frau, Freund etc. Alles Gute in der Welt ist unmittelbare Wircksamkeit Gottes. In jedem Menschen kann mir Gott erscheinen".[22b] Daß dies aber geschieht, dafür bedarf es des Glaubens: „Gott selbst ist auf keine andere Weise bey uns wirksam als durch den Glauben".[22c] Auch die mystisch-übersinnliche Art des Gotteserlebnisses, die bei Novalis neben dem Repräsentationsgedanken erscheint, ist nicht ohne Glauben möglich. In einem Fragment aus dem „Blüthenstaub" kommt die auf Offenbarung und Glauben beruhende Mystik Hardenbergs besonders charakteristisch zum Ausdruck: „Das willkührlichste Vorurteil, daß dem Menschen das Vermögen außer sich zu seyn, mit Bewußtseyn jenseits der Sinne zu seyn, versagt sey. Der Mensch vermag in jedem Augenblicke ein übersinnliches Wesen zu seyn. ... Je mehr wir uns aber dieses Zustandes bewußt zu seyn

---

bei Friedrich Schlegel, besonders in den ‚Ideen'. Auch hier erscheint das charakteristische Organismusbild: „Der Sinn versteht etwas nur dadurch, daß er es als Keim in sich aufnimmt, es nährt und wachsen läßt bis zur Blüte und Frucht". (a.a.O., S. 256) Über den Sinn-Begriff bei Fr. Schlegel vgl. H. Stock, Friedrich Schlegel und Schleiermacher, Phil. Diss. Marburg 1930/31, S. 12.

22a Bd. III, S. 246
22b Bd. III, S. 666
22c Bd. II, S. 427

vermögen, desto lebendiger, mächtiger, genügender ist die Überzeugung, die daraus entsteht; der Glaube an ächte Offenbarungen des Geistes. Es ist kein Schauen, Hören, Fühlen; es ist aus allen dreyen zusammengesetzt, mehr als alles Dreyes: eine Empfindung unmittelbarer Gewißheit, eine Ansicht meines wahrhaftesten, eigensten Lebens".[22d] Daß Gott nur den Gläubigen gegenwärtig ist, zeigt auch eine Stelle aus dem „Allgemeinen Brouillon": „Wunderkraft des Glaubens — Aller Glauben ist wunderbar und wunderthätig. Gott ist in dem Augenblicke, als ich ihn glaube.... Der ächte Glaube bezieht sich nur auf Dinge einer andern Welt".[22e] Eine unmittelbare, d.h. unvermittelte Gotteserkenntnis, bleibt ausgeschlossen, weil eine solche Erkenntnis nur der haben kann, der selbst Gott ist: „Gott wird nur durch einen Gott erkannt".[23]

So kann alles Irdische zum Mittler für das Göttliche werden, je nachdem wieweit sich das Göttliche in ihm offenbart und die Entwicklung der endlichen Welt fortgeschritten ist. Das Bewußtsein der Unzulänglichkeit des Absoluten, von Gott selbst, neben dem Verständnis des Endlichen als Symbol des Unendlichen und Spiegel des Absoluten ist der charakteristische Grundzug der frühromantischen Religiosität.

Schon früher läßt sich dieser Grundzug in der deutschen Geistesgeschichte aufweisen, z.B. bei Herder und bei Goethe. So entspräche wohl vor allem auch dem Goetheschen Denken („Gott, Gemüt und Welt") jener Satz aus Schleiermachers Reden: „Ihr werdet es wissen, . . . daß Ihr keinen Gott haben könnt ohne Welt".[23a] Wie auf Herder und Goethe haben auch auf Schleiermacher und Novalis Gedanken Spinozas nachhaltig eingewirkt. Da das hier im einzelnen nicht nachgewiesen werden kann, muß auch dahingestellt bleiben, wie weit die Frühromantik — wie auch Herder und Goethe — Spinoza „produktiv mißverstanden" haben.

Entscheidend für unsere Arbeit bleibt die unaufhebbare Korrelation des Gottesbewußtseins eines pantheistischen Lebensgefühls zu einem vertieften „Weltbewußtsein"; es bildet somit seine unerläßliche Grundlage. Auch das kommt bei Spinoza deutlich zum Ausdruck. Seine Idee der Inhärenz alles Endlichen im Unendlichen und einer letzten Einheit aller Mannigfaltigkeit im Unendlichen führt auf einen Weg zur Erkenntnis Gottes über die Erkenntnis der Einzeldinge.[23b] In diesem Sinne rühmt Schleiermacher in seinen Reden

---

22d Bd. II, S. 421
22e Bd. III, S. 419/20
23   In der Ausgabe von J. Minor, Jena 1907, Bd. III, S. 95
23a Reden, a.a.O., S. 129
23b Über die „affectiones substantiae", vgl. „Ethica ordine geometrico demonstrata" (1677), 5. Buch.

auch an Spinoza, daß in seiner Sicht die Welt als Spiegel des Universums erscheine.[23c] Mit all dem bricht aber zugleich für den Menschen und die für sein Handeln entscheidenden ethischen Normen das schwierige philosophische Hauptproblem nach Möglichkeit und Formen eines Überganges zwischen dem Unendlichen und dem Endlichen auf. Der in diesem Zusammenhang von der Frühromantik entwickelte Mittlergedanke wurde zunächst philosophisch verstanden. Vor allem hat ihn dann aber Novalis mit der leidenschaftlichen Kraft seines Gemütes durchdrungen und damit im Zuge der gedanklichen Klärung in einem religiösen Sinn weitergebildet.

2. Das Mittler-Fragment im „Blüthenstaub" des Novalis

In der Fragmentensammlung „Blüthenstaub" von Novalis kommt nun diese frühromantische Anschauung von der Religion in einer längeren und in sich abgeschlossenen Gedankenfolge erstmals prägnant zum Ausdruck. R. Samuel bezeichnet dieses große Mittler- bzw. Religionsfragment als „das Zentrale und wesentlich Neue in der Sammlung", die als Ganzes das „bedeutendste Manifest der Frühromantik" darstellt.[24] Zahlreiche geistige Einflüsse bzw. Anregungen auf das Denken von Novalis vor und im Jahre 1797 lassen die Gedanken des „Blüthenstaub" erkennen. An erster Stelle steht die Auseinandersetzung mit Fichte, mit dessen Philosophie sich Novalis in den Jahren 1795/96 intensiv befaßt hatte.[25] Fichtes Philosophie war Novalis besonders für seine Selbstfindung entscheidend geworden. Im „Blüthenstaub"

23c Reden, a.a.O., S. 54 f.
24 In der Einleitung zu „Blüthenstaub", Bd. II, S. 407 und 411. – Vgl. die ganze ausführliche literarhistorische und textkritische Einleitung von R. Samuel, Bd. II, S. 399 ff., sowie die Einleitung von G. Schulz in seiner Novalis-Ausgabe, a.a.O., S. 741 ff. In dem von R. Samuel herausgegebenen Bd. II der Schriften von Novalis wird neben dem Athenaeums-Druck auch eine Handschrift abgedruckt, die „Vermischte Bemerkungen" überschrieben ist. Sie fand sich im Nachlaß und weicht recht erheblich von dem Druck in der von den Brüdern Schlegel herausgegebenen neuen Zeitschrift „Athenaeum" ab, wo die Sammlung unter dem Titel „Blüthenstaub" im 1. Heft im Mai 1798 erschien. Der relativ geschlossene Charakter der Sammlung, das ihr eigene Kompositionsgesetz, wird nur an den „Vermischten Bemerkungen" deutlich, worauf R. Samuel verweist. (Bd. II, S. 409 f.) Fr. Schlegel hatte bei der Bearbeitung für den Druck erhebliche Unordnung in die Sammlung gebracht, indem er entsprechend der romantischen „Symphilosophie" einzelne Fragmente herausnahm und eigene Gedankensplitter einfügte. Jedoch bei dem Religions- bzw. Mittlerfragment, auf das es uns hier allein ankommt, besteht weitgehend Übereinstimmung zwischen den beiden Textfassungen. Wir zitieren nach dem Druck im „Athenaeum".
25 S. die Fichte-Studien, Bd. II, S. 104 ff. und vgl. vorn S. 37 f.

formuliert er jetzt in deutlicher Anlehnung an Fichte: „Die höchste Aufgabe der Bildung ist, sich seines transcendentalen Selbst zu bemächtigen, das Ich seines Ichs zugleich zu sein."[26] Aber auch der junge Schelling, den er Anfang Dezember 1797 in Leipzig persönlich kennenlernte[27]; die Kant- und Hemsterhuis-Studien, Franz von Baader, Hülsen, vor allem Goethe und sein „Wilhelm Meister"[28] und nicht zuletzt der lebendige Austausch mit dem Freund Fr. Schlegel haben Spuren in dieser Sammlung hinterlassen. Für das Religionsfragment aber ist vor allem ein persönliches Erlebnis wichtig, das den Wendepunkt im Denken Hardenbergs angibt, von dem an seine Gedanken immer wieder verstärkt um religiöse Themen kreisen und seine christliche Religiosität Gestalt gewinnt: der Tod seiner Braut Sophie von Kühn am 19. März 1797.[29]

Wenn wir bei dem viel erörterten Sophien-Erlebnis von einem Wendepunkt im Denken Hardenbergs sprechen, so verstehen wir darunter nicht ein isoliertes Ereignis als Geburtsstunde für sein weiteres Schaffen, sondern das im persönlichen Schicksal zur Existenzfrage gewordene Hauptproblem im Denken des Novalis, das er von jetzt an in immer neuen Ansätzen zu bewältigen versucht. Schon in der Zeit seiner Fichte-Studien beschäftigte ihn vor allem die Frage nach der Beziehung zwischen Innenwelt und Außenwelt, zwischen dem „transcendentalen Selbst" und den Dingen und Wesen der äußeren Erscheinung. Seit Sophies Tod war ihm die Frage nach der ewigen Bestimmung des Menschen zur Existenzfrage geworden: wie kann der in Tod und Vergänglichkeit verstrickte Mensch eine neue, bleibende Bestimmung für dieses Leben finden? Im Zusammenhang mit diesem geistigen Ringen entstand das berühmte Wort aus der Sammlung „Blüthenstaub": „Wir träumen von Reisen durch das Weltall: ist denn das Weltall nicht in uns? Die

26 Fragment Nr. 28, Bd. II, S. 425
27 Vgl. den Brief von Novalis an Fr. Schlegel vom 26.12.1797, in dem Novalis einen Rückblick auf seine Arbeiten gibt und von seinen kurz zuvor gemachten Begegnungen berichtet: „Schelling hab ich kennen gelernt. Freimütig hab ich ihm unser Mißfallen an seinen „Ideen" („Ideen zu einer Philosophie der Natur", 1797) erklärt. . . . Er hat mir sehr gefallen – echte Universaltendenz in ihm – wahre Strahlenkraft – von Einem Punkt in die Unendlichkeit hinaus. Er scheint viel poetischen Sinn zu haben." (Fr. Schlegel und Novalis, Briefwechsel, a.a.O., S. 109).
28 Vgl. denselben Brief a.a.O., S. 110 und „Blüthenstaub", Fragment-Nr. 106, Bd. II, S. 459
29 Wir verweisen für die Bedeutung des Sophien-Erlebnisses im Denken des Novalis auf die zahlreichen Darstellungen in der Novalis-Literatur. Genannt sei nur W. Dilthey, Novalis, in: „Das Erlebnis und die Dichtung", Leipzig 1906, S. 209 ff.; P. Kluckhohn, Friedrich von Hardenbergs Entwicklung und Dichtung, Bd. I, S. 12 ff.; H. Ritter, Der unbekannte Novalis, Göttingen 1967, S. 25 ff. und G. Schulz, Novalis in Selbstzeugnissen und Bilddokumenten (rm), Hamburg 1969, S. 63ff.

Tiefen unseres Geistes kennen wir nicht. — Nach Innen geht der geheimniß-volle Weg. In uns, oder nirgends ist die Ewigkeit mit ihren Welten, die Ver-gangenheit und Zukunft. Die Außenwelt ist die Schattenwelt, sie wirft ihren Schatten in das Lichtreich."[30] Wie sehr dieser Gedanke, der in enger Beziehung zu den späteren „Hymnen an die Nacht" und ihrer Kosmologie steht, von untätiger Mystik entfernt ist, macht eine Stelle deutlich, die als notwendige Ergänzung für diesen „Weg nach Innen" von Novalis gedacht ist: „Der erste Schritt wird Blick nach innen — absondernde Beschauung unsres Selbst — wer hier stehn bleibt gerät nur halb. Der zweite Schritt muß wirk-samer Blick nach außen — selbsttätige, gehaltne Beobachtung der Außenwelt sein."[31] Es ist die im Todesjahr seiner Braut 1797 in einem höchst intensiven geistigen Entwicklungsprozeß persönlich erfahrene, jetzt deutlich ausge-sprochene Überzeugung des Novalis, daß der Mensch erst als Bürger beider Welten, einer inneren und einer äußeren, zu seiner eigentlichen Bestimmung findet: „Der Mensch vermag in jedem Augenblick ein übersinnliches Wesen zu sein. Ohne dies wäre er nicht Weltbürger, er wäre ein Tier."[32] Aus dieser durch eigenes Erleben zur Gewißheit gewordenen Erkenntnis erwächst nun notwendig die Folgerung eines Mittlers, dessen der Mensch bedarf, um auch seiner Bestimmung als Bürger jener inneren oder göttlich-übersinnlichen Welt leben zu können. Dies ist das Thema des großen Mittler-Fragmentes, dem wir uns im folgenden zuwenden wollen.

Das Fragment beginnt mit der Feststellung der Grundvoraussetzung für jedes wahrhaft religiöse Erleben: „Nichts ist zur wahren Religiosität unent-behrlicher als ein Mittelglied, das uns mit der Gottheit verbindet. Unmittelbar kann der Mensch schlechterdings nicht mit derselben in Verhältniß stehn."[33]

Der Blick ist zunächst auf das religiöse Subjekt, den Menschen, gerichtet in seinem Verhältnis zur Gottheit. Hier wird es nun ganz offenbar, daß eine unmittelbare, d.h. unvermittelte Gottesbeziehung ausgeschlossen ist, vielmehr die Annahme eines Mittelgliedes das Kennzeichen wahrer Religiosität dar-stellt. Novalis fordert für diese Annahme bzw. Wahl des Mittlers Freiheit: „In der Wahl dieses Mittelglieds muß der Mensch durchaus frey seyn. Der mindeste Zwang hierin schadet seiner Religion."[34] Aber es ist kein subjekti-vistisch-willkürlicher Akt des Menschen, wenn die Wahl des Mittelgliedes nicht unter Zwang, sondern in Freiheit erfolgen soll. Denn diese Wahl richtet sich

---

30 Bd. II, Fragment-Nr. 16, S. 417 f.
31 Bd. II, S. 423
32 Bd. II, S. 421
33 Bd. II, S. 441 f.
34 a.a.O., S. 443

nach dem Bildungsstand der Menschen, dessen Unterschiedlichkeit auch eine verschiedene Ausprägung der Religiosität zur Folge hat: „Die Wahl ist karakteristisch, und es werden mithin die gebildeten Menschen ziemlich gleiche Mittelglieder wählen, dahingegen der Ungebildete gewöhnlich durch Zufall hier bestimmt werden wird. Da aber so wenig Menschen einer freyen Wahl überhaupt fähig sind, so werden manche Mittelglieder allgemeiner werden; sey es durch Zufall, durch Associazion oder ihre besondre Schicklichkeit dazu. Auf diese Art entstehn Landesreligionen."[35] Mit diesen Worten versucht Novalis eine Erklärung für die verschiedenen Gestaltungen von Religion und Religiosität unter den Menschen zu geben. Und es kann nicht zweifelhaft sein, daß er das religiöse Leben innerhalb einer ‚Landesreligion' (für die auch ‚Landeskirche' stehen könnte) unter dasjenige der gebildeten Menschen stellt, die sich in freier Wahl eine ihrer Art gemäße religiöse Vermittlung suchen.

Der Blick weitet sich nun von den Bildungsunterschieden der Menschen auf eine Geschichtsbetrachtung aus, auf eine Geschichte der menschlichen Bewußtseinsentwicklung, die auch die Geschichte der Beziehungen zum religiösen Mittler ist: „Je selbständiger der Mensch wird, desto mehr vermindert sich die Quantität des Mittelglieds, die Qualität verfeinert sich, und seine Verhältnisse zu demselben werden mannichfaltiger und gebildeter: Fetische, Gestirne, Thiere, Helden, Götzen, Götter, Ein Gottmensch."[36] Novalis sieht also die Wahl des Mittelgliedes von der geistigen Entwicklungsstufe der Menschheit abhängig. Zugleich zeigt diese aufsteigende Reihe der Mittelglieder bis zu dem einen Gottmenschen, wie sich die Gottheit in immer vollkommeneren Gestaltungen offenbart. „Sie sind als Offenbarungsstufen der Gottheit gleichsam immer vollkommenere Theophanien."[37] Indem Novalis als das letzte dieser Mittelglieder den einen Gottmenschen nennt, macht er deutlich, daß sich hier die Gottheit in einer ganz besonderen Weise offenbart hat. Bis zu dieser Offenbarung im Gottmenschen führt aber eine lange Reihe vorbereitender Erscheinungsweisen der Gottheit.

Sowohl die Besonderheit der Offenbarung im Gottmenschen als auch ihre Beziehung zu den vorangegangenen Offenbarungsstufen ist damit zum Ausdruck gebracht. Das „Wesen der Religion" sieht darum auch Novalis nicht von der „Beschaffenheit des Mittlers" abhängig, d.h. von der durch den Entwicklungsgrad des menschlichen Bewußtseins bedingten Wahl eines Mittelgliedes, sondern der Bezug des Mittlers zur Gottheit (der in der „Ansicht desselben" zum Ausdruck kommt) und die Verhältnisse, die vonseiten des Menschen zu ihm bestehen, bilden das Wesensmerkmal der Religion.[38]

35 a.a.O., S. 443   36 Bd. II, S. 443
37 I. v. Minnigerode, Die Christusanschauung des Novalis, Berlin 1941, S. 51
38 Bd. II, S. 443

Wenn Religion die Vermittlung wesensmäßig in sich schließt, so entscheidet die Stellung zum Mittler darüber, ob es Irreligion oder wahre Religion ist: „Es ist ein Götzendienst im weitern Sinn, wenn ich diesen Mittler in der That für Gott selbst ansehe. Es ist Irreligion, wenn ich gar keinen Mittler annehme; und in so fern ist Aberglaube und Götzendienst, und Unglaube oder Theismus, den man auch ältern Judaism nennen kann, beydes Irreligion. Hingegen ist Atheism nur Negazion aller Religion überhaupt, und hat also gar nichts mit der Religion zu schaffen. Wahre Religion ist, die jenen Mittler als Mittler annimmt, ihn gleichsam für das Organ der Gottheit hält, für ihre sinnliche Erscheinung.“[39] Hinter diesen Unterscheidungen der Irreligion von der wahren Religion steht die Gottesvorstellung des Novalis, die nur in eingeschränktem Sinne als eine pantheistische bezeichnet werden kann. Der Gedanke der Repräsentation Gottes im Irdischen ist uns schon begegnet; er findet hier seine Anwendung bei der Charakterisierung der wahren Religion. Die gradualistische Weltansicht Hardenbergs von der Entfaltung des Göttlichen in den irdischen Seinsstufen — von den höchsten bis zu den tiefsten — läßt insofern ein pantheistisches Erleben zu, als dieses in allen Erscheinungsweisen des Irdischen eine Repräsentation Gottes, ein „Organ der Gottheit“ zu sehen vermag. In diesem Sinne kann Novalis sagen: „. . . nur pantheistisch erscheint Gott ganz — und nur im Pantheismus ist Gott ganz überall, in jedem Einzelnen.“[40] Aber diese Allgegenwart Gottes im Irdischen, die auch bei ihm nur dem Glaubenden wahrnehmbar ist, schließt die Identität Gottes mit den äußeren Erscheinungen in Natur und Welt wesentlich aus. Da Gott ein geistiges und absolut moralisches Wesen ist, kann er mit der Natur nicht identisch sein, die am Ende der Zeiten erst moralisch werden soll: „Gott und Natur muß man . . . trennen — Gott hat gar nichts mit der Natur zu schaffen — Er ist das Ziel der Natur — dasjenige, mit dem sie einst harmoniren soll. Die Natur soll moralisch werden . . .“[41]

---

39 a.a.O. — Der Text der „Vermischten Bemerkungen“ ist hier durch die Zeichensetzung klarer: „Es ist ein Götzendienst, im weitern Sinn, wenn ich diesen Mittler in der That für Gott selbst ansehe. Es ist Irreligion, wenn ich gar keinen Mittler annehme — und insofern ist Aberglaube, oder Götzendienst — und Unglaube — oder Theismus, den man auch ältern Judaism nennen kann — beydes Irreligion.“ (S. 442).
40 Bd. III, S. 314 („Allgemeines Brouillon“)
41 „Allgemeines Brouillon“, Bd. III, S. 250. — Vgl. auch das Fragment Nr. 933, Bd. III, S. 448, in dem Novalis Gott als das personifizierte X und zugleich als Fichtes Nicht-Ich bezeichnet. Nur personifiziert ist Gott vorstellbar; er ist das wahre, höhere Ich des Menschen und als Nicht-Ich das Wesen der Welt. So ist er die Synthese von Ich und Nicht-Ich, das Urbild von Mensch und Welt. — Zu der mathematischen Formel seiner Gottesvorstellung vgl. K. Barth, Novalis, in: „Die protestantische Theologie im 19. Jahrh.“, Zürich 1947, 3. Aufl. 1960, S. 303—342 u. M. Dick, Die Entwicklung des Gedankens der Poesie in den Fragmenten des Novalis, Bonn 1967.

Das Gott-Welt-Verhältnis stellt sich bei Novalis vor allem in dem Gedanken einer sich annäherungsweise vollziehenden Teilhaberschaft des Irdischen am Göttlichen dar. In diesem Gedanken ist pantheistisch-religiöses Weltgefühl mit der christlichen Anschauungsweise in eigentümlicher Weise verbunden, insofern das Irdische als Träger des Ewigen an der göttlichen Vollkommenheit teilhat, jedoch das Göttliche vom Irdischen wesenhaft geschieden bleibt. Die Struktur des Gott-Welt-Verhältnisses bei Novalis ist weder durch ein Verhältnis pantheistischer Einheit noch durch eine supranatural aufgefaßte Trennung bestimmt, sondern durch das Zugleich der Teilhabe des Irdischen am Göttlichen und der wesenhaften Trennung beider Bereiche. H. Oberbeck kennzeichnet diesen Gottesbegriff treffend: „Nur insofern ist Hardenbergs Gottesbegriff pantheistisch, als Gott in allem Irdischen gegenwärtig sein kann, aber er ist es nicht im Sinne einer unpersönlichen Gottesvorstellung und nicht im Sinne moralischer Indifferenz."[42] Diese Repräsentation Gottes in der Welt bedeutet nicht, daß er in ihr aufgeht, vielmehr nimmt die wahre Religion die göttliche Manifestation als das, was sie ist: Organ der Gottheit in ihrer sinnlichen Erscheinung. Somit ist es verständlich, daß Novalis es als Irreligion bezeichnet, wenn man ‚diesen Mittler in der Tat für Gott selbst' ansieht.[43]

Die wahre Religion ist nun für Novalis in Pantheismus und Monotheismus[44] gegliedert: „Ich bediene mich hier einer Licenz, indem ich Pantheism nicht im gewöhnlichen Sinn nehme, sondern darunter die Idee verstehe, daß alles Organ der Gottheit, Mittler seyn könne, indem ich es dazu erhebe: So wie Monotheism im Gegentheil den Glauben bezeichnet, daß es nur Ein solches Organ in der Welt für uns gebe, das allein der Idee eines Mittlers angemessen sey, und wodurch Gott allein sich vernehmen lasse, welches ich also zu wählen durch mich selbst genöthigt werde: denn ohnedem würde der Monotheism nicht wahre Religion seyn."[45]

Das Religionsfragment kommt zu seinem Zielpunkt, indem Novalis beide Arten der wahren Religion vereinigt sehen möchte: „So unverträglich auch

42 H. Oberbeck, Die religiöse Weltanschauung des Novalis, Theol. Diss., Berlin 1928. Vgl. für die Religiosität der „Hymnen an die Nacht" K. Ziegler, Die Religiosität des Novalis im Spiegel der „Hymnen an die Nacht" in: Zeitschrift für Deutsche Philologie, 70. u. 71. Bd., 1948/49 und 1950/51, S. 396–417 und 256–277.
43 P. Seifert zitiert diese Stelle im Zusammenhang der Haltung der Gebildeten, welcher sich Schleiermacher bei seiner Darstellung des Christentums in der 5. Rede gegenübergestellt sieht. Er hat aber den eigentlichen Sinn des Wortes offensichtlich nicht erkannt, der nur von der Gottesvorstellung des Novalis aus verständlich wird und nicht das besondere Mittleramt Christi einzuschränken gedenkt (a.a.O., S. 141).
44 Für ‚Monotheismus' steht in den „Vermischten Bemerkungen" ‚Entheismus'.
45 Bd. III, S. 443 u. 445. – Novalis ist sich also der Besonderheit seines Pantheismusbegriffs bewußt. Der Pantheismus ‚im gewöhnlichen Sinn' wäre das spinozistische ‚deus sive natura'.

beyde zu seyn scheinen, so läßt sich doch ihre Vereinigung bewerkstelligen, wenn man den monotheistischen Mittler zum Mittler der Mittelwelt des Pantheism macht, und diese gleichsam durch ihn centrirt, so daß beyde einander jedoch auf verschiedene Weise nothwendig machen."[46]

Dieser Satz zeigt deutlich, wie die Gottesvorstellung und Religionsauffassung des Novalis sich in seiner Christusanschauung vollendet. Die lange Reihe der Mittelglieder gipfelt in dem einen Gottmenschen, dem monotheistischen Mittler, der zugleich der Mittler der pantheistischen Mittelwelt ist; Novalis sieht in ihm also den Geist dieser Mittelwelt, so daß der höchste Mittler mit allen anderen Vermittlungsorganen und Erscheinungsweisen der Gottheit verbunden ist. Ohne den Namen ‚Christus' zu nennen, versucht hier Novalis, zu einer neuen Deutung der Gestalt Christi zu gelangen, die ihn ins Zentrum aller wahren Religion rückt. Um diese zentrale Bedeutung Christi geht es, wenn es heißt: „Jeder Gegenstand kann dem Religiösen ein Tempel im Sinn der Auguren seyn. Der Geist dieses Tempels ist der allgegenwärtige Hohepriester, der monotheistische Mittler, welcher allein im unmittelbaren Verhältnisse mit der Gottheit steht."[47] Die Einzigartigkeit des Mittleramtes Christi, sein alleiniges unmittelbares Verhältnis zur Gottheit — man wird auch sagen können, sein Gottesbewußtsein bzw. seine Gottheit — und zugleich Christus als der Geist des Tempels, zu dem für die pantheistische Religiosität alle Dinge werden können, die Vereinigung von pantheistischem mit dem monotheistisch-christlichen religiösen Erleben in der Zentrierung durch Christus, ist damit zum Ausdruck gebracht.[48]

Über die Bedeutung dieses Neuverständnisses der Gestalt Christi für die persönliche Religiosität des Novalis sagt H. Oberbeck: „Indem Christus zum höchsten Mittler wird, tritt er ins Zetrum der Religion Hardenbergs, denn jeder Weg zu Gott führt nun über Christus. Doch indem Christus zugleich zum Geist aller anderen Mittler wird, kann der Dichter all das, was er bis zu seiner Umwendung zum Christentum an Religion gehabt hat, beibehalten: Es findet nun seine Erfüllung in Christus. Gerade die Naturerkenntnis, die er immer suchte, wird nun in dem Augenblick, wo ihm auch aus der Natur das Antlitz Christi entgegenblickt, zur Gotteserkenntnis."[49]

---

46 Bd. III, S. 445
47 Bd. III, S. 445
48 Man wird nur mit Einschränkung davon reden können, daß Novalis hier den Glauben an den Gott-Menschen mit dem Glauben an die Gott-Natur, gleichsam Zinzendorf und Spinoza, habe verbinden wollen. Die Distanz zum spinozistischen Pantheismus wurde schon hervorgehoben. — Vgl. I. v. Minnigerode, a.a.O., S. 51, und A. Schubart, Novalis, Gütersloh 1887, S. 242.
49 H. Oberbeck, a.a.O., S. 51

P. Kluckhohn weist besonders auf den persönlichen Erlebnishintergrund dieses Mittlerfragments hin: „Wenn er in diesem Fragment eine Vereinigung dieser Religionsrichtungen anstrebt, . . . so weist diese Idee der doppelten Mittlerschaft wieder auf sein eigenes Erleben zurück: Sophie, von ihm willkürlich zum Mittler erhoben . . . und zwischen ihr und Gott der monotheistische Mittler Christus."[50]

Die Christusanschauung des Novalis ist in diesem Fragment schon im wesentlichen ausgesprochen. Christus erscheint als Erlöser von Mensch u n d Welt.[51] – Im 12. der „Geistlichen Lieder" wird besonders in dem Pfingstlied deutlich, wie die Naturanschauung sich zur Christusanschauung weitet:

„Er ist der Stern, er ist die Sonn',
Er ist des ewgen Lebens Bronn,
Aus Kraut und Stein und Meer und Licht
Schimmert sein kindlich Angesicht."[52]

3. Die Christologie der Reden im Blick auf Novalis

Wir wollen uns nun dem Mittlergedanken in Schleiermachers Reden zuwenden. Alle fünf Reden sind durch diesen Gedanken wie durch eine Klammer verbunden, so daß eine isolierte Behandlung von Schleiermachers Christus- und Christentumsdarstellung – am Schluß der 5. Rede –, in der der Mittlergedanke eine ganz bestimmte Anwendung erfährt, nicht möglich ist. Doch die Tatsache des die ganzen Reden durchziehenden Gedankens der Vermittlung besagt nicht, daß dieser jeweils in gleicher oder ähnlicher Gestalt auftritt. Vielmehr ist es gerade das Kennzeichen dieses Hauptgedankens der Reden, daß er verschiedene Schichtungen aufweist.[53] Die Unterschiede wie aber auch die Beziehungsmomente zwischen den Ausprägungen des Mittlerbegriffs in den Reden werden erst von der Idee der Vermittlung und ihrer Darstellung in der 5. Rede in ein klärendes Licht gerückt. Das aber deutet schon darauf hin, daß die Mittler-Stellen der vier ersten Reden von der Anwendung der Mittler- idee in der 5. Rede in bestimmter Weise vorgeprägt sind.

---

50 Bd. I, S. 52
51 Es sei auf die Naturanschauung in den „Lehrlingen zu Sais" hingewiesen (vor allem auf die Paralipomena) und auf den Gedanken des „Messias der Natur" (Bd. III, S. 590). Diese Bedeutung Christi bezeichnet ein anderes Fragment als „Schlüssel der Welt" (Bd. II, S. 606).
52 Bd. I, S. 174
53 In der Schleiermacher-Forschung hat auf die verschiedene Schichtung des Mittler- begriffs in den Reden erstmals O. Ritschl, a.a.O., S. 79 ff., aufmerksam gemacht. Ihm hat sich im wesentlichen nur P. Seifert angeschlossen (a.a.O., S. 137 ff.).

Schleiermacher führt gleich am Beginn der 1. Rede den Begriff des Mittlers ein. Das von uns schon erwähnte ‚metaphysische Schema', das die ganze Wirklichkeit von den zwei feindseligen und doch nur durch einander bestehenden Grundkräften als einem von der Gottheit bestimmten Gesetz durchwaltet sieht, zielt bereits auf den Gedanken der Vermittlung. Denn dieses Gesetz gilt ja vor allem auch für das Leben der Menschen. „Jedes Leben ist nur das Resultat eines beständigen Aneignens und Abstoßens, jedes Ding hat nur dadurch sein bestimmtes Dasein, daß es die beiden Urkräfte der Natur, das durstige an sich ziehen und das rege und lebendige Selbstverbreiten, auf eine eigentümliche Art vereinigt und festhält. Es scheint mir als ob auch die Geister, sobald sie auf diese Welt verpflanzt werden, einem solchen Gesetze folgen müßten. Jede menschliche Seele ... ist nur ein Produkt zweier entgegengesetzter Triebe."[54] Der eine Trieb äußert sich in dem Streben, alles um sich her einzusaugen, an sich zu ziehen und festzuhalten; der andere hingegen in der Sehnsucht, das innere Selbst auszudehnen, alles mit dem Eigenen zu durchdringen und anderen davon mitzuteilen. An diesen „beiden ursprünglichen Funktionen der geistigen Natur"[55] hat aber nun jeder einzelne Mensch Anteil, und Schleiermacher sieht den Sinn dieser beiden Grundrichtungen im Leben der Menschen darin, daß im lebendigen Austausch untereinander eine Ergänzung stattfindet, so daß jeder einzelne sich selbst wie den anderen als Individualität erkennt und die Menschheit als Ganzes verstehen lernt.[56] Menschliche Bildung zielt darum auf eine wechselseitige Durchdringung dieser beiden Urkräfte, und zwar sowohl im Leben der einzelnen Menschen in der Fülle ihrer individuellen Gestaltungen wie im Gesamtleben der Menschheit überhaupt.

Zunächst sieht Schleiermacher die Menschheit wie sie ist, und zwar im Bilde einer großen „Reihe", an deren beiden Enden die extreme Ausprägung jeweils eines Grundtriebes steht. Die eine Seite nehmen die unersättlich Sinnlichen ein, die andere die ihr Ziel überfliegenden Enthusiasten − und Schleiermacher fragt: „Wie sollen diese äußersten Entfernungen zusammengebracht werden, um die lange Reihe in jenen geschlossenen Ring zu gestalten, der das Sinnbild der Ewigkeit und der Vollendung ist?"[57] Der Ausgleich zwischen den zwei Extremen kann nur durch solche Menschen herbeigeführt werden, bei denen die beiden Urkräfte der Natur harmonisch verbunden sind. „Darum

54 Reden, S. 6
55 a.a.O., S. 7
56 Es ist zu beachten, wie das „metaphysische Schema" hier mit dem Individualitätsgedanken Schleiermachers eng verknüpft ist.
57 Reden, S. 9

sendet die Gottheit zu allen Zeiten hie und da Einige, in denen beides auf eine fruchtbarere Weise verbunden ist, rüstet sie aus mit wunderbaren Gaben, ebnet ihren Weg durch ein allmächtiges Wort, und setzt sie ein zu Dolmetschern ihres Willens und ihrer Werke, und zu Mittlern desjenigen, was sonst ewig geschieden geblieben wäre."[58]

Diese Mittler, die Schleiermacher sich offenkundig nicht sehr zahlreich denkt, werden im folgenden in dem, was sie darstellen und bewirken, ausführlich beschrieben; und man sieht bald, wie sie hinsichtlich ihres Wirkungsfeldes in zwei Arten von Mittlern aufgeteilt sind. Ihre Unterscheidung ergibt sich aus der Zweiheit der ursprünglichen Funktionen der geistigen Natur.

Für die untätigen Enthusiasten und spekulativen Idealisten, bei denen der Grundtrieb der Ausdehnung vorherrscht, werden solche Menschen zu Mittlern, die „einen hohen Grad von jener anziehenden Kraft, die sich der umgebenden Dinge tätig bemächtigt", mit dem „geistigen Durchdringungstriebe" zu verbinden wissen.[59] Ihnen „genügt es nicht eine rohe Masse irdischer Dinge gleichsam zerstörend zu verschlingen, sondern sie müssen etwas vor sich hinstellen, es in eine kleine Welt, die das Gepräge ihres Geistes trägt, ordnen und gestalten, und so herrschen sie vernünftiger, genießen bleibender und menschlicher, so werden sie Helden Gesetzgeber Erfinder Bezwinger der Natur, gute Dämonen ... Solche beweisen sich durch ihr bloßes Dasein als Gesandte Gottes und als Mittler zwischen dem eingeschränkten Menschen und der unendlichen Menschheit."[60] Durch ihr Dasein und Wirken zeigen sie dem einseitigen Idealisten, „der sein Wesen in einzelnen leeren Gedanken zersplittert, dasjenige tätig, was in ihm bloß träumend war, und in dem was er bisher verachtete, den Stoff den er eigentlich bearbeiten soll ... sie söhnen ihn aus mit der Erde und mit seinem Platz auf derselben."[61] Das Bild, das Schleiermacher hier von „dem untätigen bloß spekulativen Idealisten" zeichnet, läßt deutlich eine Kritik erkennen an dem idealistischen Menschenbild Fichtes sowie auch eine Distanz zu den enthusiastisch-romantischen Naturen. Man glaubt fast den Freund Fr. Schlegel wiederzuerkennen, wenn es heißt: „Die Anderen treibt ein ungebildeter, sein Ziel überfliegender Enthusiasmus rastlos im Universum umher; ohne irgend etwas wirkliches besser zu gestalten und zu bilden, schweben sie um leere Ideale herum und ihre Kraft ohne Nutzen verdünnend und verzehrend kehren sie tatenlos und erschöpft auf ihren ersten Punkt zurück."[62]

58 a.a.O., S. 9 f.
59 a.a.O., S. 10
60 a.a.O., S. 10
61 a.a.O., S. 10 f.
62 S. 8 f. Vgl. die Stelle, in der Schleiermacher von dem „höheren Idealismus" spricht, und die ebenfalls gegen den einseitigen Idealismus Fichtes gerichtet ist (S. 54).

Für die bloß Irdischen und Sinnlichen aber, bei denen der Grundtrieb der Anziehung vorherrscht, bedarf es der Mittler in noch viel stärkerem Maße. Ihnen muß die „höhere Grundkraft der Menschheit" begreiflich gemacht werden; und dazu verleiht Gott den Menschen, die für die nur Sinnlichen zum Mittler werden, zu ihrem „Streben nach Ausdehnung und Durchdringung auch jene mystische und schöpferische Sinnlichkeit, die allem Inneren auch ein äußeres Dasein zu geben strebt".[63] Ein solcher Mittler muß „auch unwillkürlich und gleichsam begeistert − denn er täte es, wenn auch Niemand da wäre − das was ihm begegnet ist, für Andere darstellen, als Dichter oder Seher, als Redner oder als Künstler. Ein solcher ist ein wahrer Priester des Höchsten, indem er ihn denjenigen näher bringt, die nur das Endliche und Geringe zu fassen gewohnt sind". „So strebt er den schlafenden Keim der besseren Menschheit zu wecken, die Liebe zum Höchsten zu entzünden, das gemeine Leben in ein höheres zu verwandeln, die Söhne der Erde auszusöhnen mit dem Himmel, der ihnen gehört, und das Gegengewicht zu halten gegen die schwerfällige Anhänglichkeit des Zeitalters an den gröberen Stoff."[64] − Schleiermacher bezeichnet nun diese Art des Mittlertums als „das höhere Priestertum, welches das Innere aller geistigen Geheimnisse verkündigt, und aus dem Reiche Gottes herabspricht".[65]

Bei der Beschreibung dieser Mittler, die für den Ausgleich zwischen den Einseitigkeiten unter den Menschen notwendig sind, fällt zunächst auf, daß sie als ‚Gesandte der Gottheit' bezeichnet werden, und sie ihre Mittlerfunktion als ‚Dolmetscher ihres Willens und ihrer Werke' ausüben. In diesem Bezug zur Gottheit, der sie ihre Mittlergaben verdanken, sind alle Mittler miteinander verbunden. Jedoch kann auch die Differenzierung nicht übersehen werden, die Schleiermacher zwischen den Mittlern und ihren Funktionen vornimmt. Denn nur von den letzteren heißt es, daß sie „keine andere Grenzen kennen wollen als das Universum, welches sie gefunden haben".[66] Wird das Wirken der einen „als Mittler zwischen dem eingeschränkten Menschen und der unendlichen Menschheit" gesehen, so erscheint die Mittlertätigkeit der anderen als „das höhere Priestertum" und der einzelne unter ihnen als „ein wahrer Priester des Höchsten". Von diesem „höheren Priestertum" sagt nun auch Schleiermacher: „Dies ist die Quelle aller Gesichte und Weissagungen, aller heiligen Kunstwerke und begeisterten Reden, welche ausgestreut werden aufs Ohngefähr, ob ein empfängliches Gemüt sie finde und bei sich Frucht bringen

---

63 Reden, S. 11
64 a.a.O., S. 11 f.
65 a.a.O., S. 12
66 a.a.O., S. 11

lasse".[67] Damit ist dieses Mittlertum als das im eigentlichen Sinn religiöse charakterisiert: die Wirkung auf das ‚empfängliche Gemüt', d.h. die Erweckung des ‚Sinnes'. Diese entscheidende Komponente des religiösen Mittleramtes aber spielt bei der ersten Art von Mittlern keine Rolle, so daß man mit Recht zwei Arten bzw. Typen von Mittlern unterscheiden muß. Die Unterscheidung ist jedoch mehr im Sinne einer Stufenfolge zu verstehen, insofern das religiöse Mittlertum das menschheitliche Mittlertum voraussetzt. So heißt es denn auch ausdrücklich: „. . . um die Welt anzuschauen und um Religion zu haben, muß der Mensch erst die Menschheit gefunden haben, und er findet sie nur in Liebe und durch Liebe."[68]

Es ist aber hervorzuheben, daß das Mittlertum zwischen dem „eingeschränkten Menschen und der unendlichen Menschheit" überhaupt schon unter religiösem Aspekt steht. Auch diese Mittler werden als Gesandte Gottes bezeichnet. Zu unterscheiden ist dabei jedoch zwischen dem „Priestertum der Menschheit", an dem alle Menschen teilnehmen sollen, und dem „höheren Priestertum", das allein im eigentlichen Sinne das religiöse Mittlertum bezeichnet.

Blicken wir von der Beschreibung des Mittlertums bei Schleiermacher noch einmal auf das Verständnis des Mittlers in der zeitgenössischen romantischen Religiosität, so sind die Parallelen offensichtlich. Sowohl in dem Zusammenhang zwischen Mittler als Gesandten Gottes und Offenbarung als auch in der Erweckung des „Sinnes" − der Hauptfunktion des religiösen Mittlers − stimmt Schleiermacher mit Novalis und Fr. Schlegel überein. Ganz besonders verbindet die Betonung der Freiheit in der Wahl des Mittlers Schleiermacher mit Novalis. Das Verhältnis von „Meistertum und Jüngerschaft", wie es in der 3. Rede dargestellt ist, enthält einen didaktischen Hinweis. Religion kann man überhaupt nicht begrifflich-schulmäßig lehren. Wenn es hier nun ein „Meistertum" und eine „Jüngerschaft" gibt, so bedeutet das schlicht: „Es gibt Einzelne, an welche Tausende sich anschließen: Aber dieses Anschließen ist keine blinde Nachahmung, und Jünger sind das nicht, weil ihr Meister sie dazu gemacht hat; sondern er ist ihr Meister, weil sie ihn dazu gewählt haben. . . . Sobald der heilige Funken aufglüht in einer Seele, breitet er sich aus zu einer freien und lebendigen Flamme, die aus ihrer eigenen Atmosphäre ihre Nahrung saugt . . . und nennt den ihren Meister, der diese ihre Lieblingsgegend zuerst aufgenommen und in ihrer Herrlichkeit dargestellt hat, seine Jüngerin durch eigene Wahl und freie Liebe".[69]

67 a.a.O., S. 12
68 Reden, S. 89; vgl. hierzu P. Seifert, a.a.O., S. 138 und O. Ritschl, a.a.O., S. 83.
69 Reden, S. 141 f.

Auch Schleiermachers Bild von der wahren Kirche in der 4. Rede zeigt deutlich die Übereinstimmung in der Hervorhebung sowohl der Freiheit wie der Bedingtheit in der Wahl des Mittlers durch die eigene Anlage. „Ein Privatgeschäft ist nach den Grundsätzen der wahren Kirche die Mission eines Priesters in der Welt; ein Privatzimmer sei auch der Tempel wo sein Gerede sich erhebt, um die Religion auszusprechen; eine Versammlung sei vor ihm und keine Gemeine; ein Redner sei er für alle, die hören wollen, aber nicht ein Hirt für eine bestimmte Herde." — „Gemildert wird durch die allgemeine Freiheit der Wahl, der Anerkennung und des Urteils der allzu harte und schneidende Unterschied zwischen Priestern und Laien . . ."[70]

Zugleich ist aber auch ein Unterschied deutlich: Schleiermacher läßt die Wahl des Mittlers durch die individuelle Art eines Menschen bestimmt sein, während Novalis sie mehr von dem Bildungsgrad des Menschen abhängig sieht. Die Verbindung des Mittlergedankens mit dem Individualitätsgedanken stellt das Besondere des Mittlerbegriffs der Reden dar. — Dies ist auch der Grund, weshalb das ganze Mittlertum bei Schleiermacher weitgehend unter religiösem Aspekt steht. Der religiöse Sinn des Individualitätsgedankens grenzt die Mittlerfunktion von vornherein auf den religiösen Bereich ein. Eine Ausdehnung auf das politische Gebiet — wie bei Novalis — wäre bei Schleiermacher nicht denkbar.[71]

Hat nun das religiöse Mittlertum seinen Wirkungsbereich im Verhältnis von Mensch zu Mensch, indem derjenige, dem der religiöse Sinn schon aufgegangen ist, einem anderen die Religion mitteilt, der sie seiner Anlage gemäß aufnimmt und wiederum an andere weitergibt,[72] so führt Schleiermacher in der 2. Rede den Mittlerbegriff auch im Zusammenhang der Hinführung zu einer bestimmten Art von Religion ein. Nicht nur die religiösen Anschauungen der Einzelnen, sondern auch die Religionsarten bedürfen zu ihrer Entstehung der Mittler. Schleiermacher will die „gebildeten Verächter" zunächst zur Menschheitsreligion führen, wenn er sagt: „Laßt Euch einen alten verworfenen Begriff gefallen, und sucht unter allen den heiligen Männern, in denen die Menschheit sich unmittelbarer offenbart, einen auf, der der Mittler sein könne zwischen Eurer eingeschränkten Denkungsart und den ewigen

---

70 a.a.O., S. 224 f. Vgl. hierzu das Entstehen der Landesreligionen in der Sicht des Novalis.

71 Vgl. zum Individualitätsgedanken S. Eck, Über die Herkunft des Individualitätsgedankens bei Schleiermacher, Gießen 1908, S 26 ff. — Diese Verbindung des Individualitäts- mit dem Mittlergedanken ist in der Forschung bisher noch kaum beachtet worden.

72 Als ein solcher religiöser Mittler versteht Schleiermacher sich selbst und seinen ‚Beruf' (vgl. Reden, S. 14 f.)

Grenzen der Welt; und wenn Ihr ihn gefunden habt, dann durchlauft die ganze Menschheit und laßt alles, was Euch bisher anders schien, von dem Widerschein dieses neuen Lichts erhellt werden."[73] Aber wenn die Gebildeten auch auf dem Gebiet der Menschheit am ehesten zur Anschauung der Religion geführt werden können[74], so macht doch Schleiermacher hier schon deutlich, daß er ein weiteres Ziel verfolgt: „Nach einer . . . Ahndung von etwas außer und über der Menschheit strebt alle Religion . . ."[75]. Schon die 2. Rede enthält die Steigerung von der Anschauung des Universums auf dem Gebiet der Natur und der Menschheit zu dem der Geschichte. Am Schluß der 3. Rede erscheint nochmals eine Geschichtsbetrachtung und zumal in der 5. Rede wird das Christentum wesentlich auf dem Weg über die Geschichte dargestellt. In hymnischen Worten führt Schleiermacher das Christentum ein: „Herrlicher, erhabener, der erwachsenen Menschheit würdiger, tiefer eindringend in den Geist der systematischen Religion, weiter sich verbreitend über das ganze Universum ist die ursprüngliche Anschauung des Christentums."[76] Sie wird beschrieben „als die des allgemeinen Entgegenstrebens alles Endlichen gegen die Einheit des Ganzen, und der Art wie die Gottheit dieses Entgegenstreben behandelt, wie sie die Feindschaft gegen sich vermittelt, und der größer werdenden Entfernung Grenzen setzt durch einzelne Punkte über das Ganze ausgestreut, welche zugleich Endliches und Unendliches, zugleich Menschliches und Göttliches sind. Das Verderben und die Erlösung, die Feindschaft und die Vermittlung, das sind die beiden unzertrennlich miteinander verbundenen Seiten dieser Anschauung, und durch sie wird die Gestalt alles religiösen Stoffs im Christentum und seine ganze Form bestimmt."[77]

Zur Bestimmung der Grundanschauung des Christentums als positiver Religion wird also wiederum der Gedanke der Vermittlung angewandt, aber jetzt in einem völlig neuen Sinne. Denn war das religiöse Mittlertum bisher im Verhältnis von Mensch zu Mensch vorgestellt, so ist nun der Vermittlungsgedanke mit einer umfassenden Geschichtsbetrachtung verbunden. Die ganze Menschheits- und Religionsgeschichte wird von der christlichen Grundanschauung aus betrachtet. Und unter diesem Blickpunkt wird überall „das irreligiöse Prinzip" erkannt, das Verderben und die Feindschaft, das Abweichen der physischen Welt von ihrer Vollkommenheit, die Abkehr der moralischen Welt von der Wahrheit.[78] Das Verderben ist „eine Folge des

---

73 Reden, S. 97 f.
74 a.a.O., S. 89ff.
75 a.a.O., S. 105
76 a.a.O., S. 291
77 a.a.O., S. 291
78 Für ‚physische Welt' und ‚moralische Welt' steht in der 3. Aufl. 1821 ‚geistige Welt'.

Willens, des selbstsüchtigen Strebens der individuellen Natur, die sich überall losreißt aus dem Zusammenhange mit dem Ganzen um etwas zu sein für sich; auch der Tod ist gekommen um der Sünde willen".[79] Darum ist die göttliche Vorsehung „nur bedacht dem Verderben zu steuern in großen Massen, zu zerstören ohne Gnade was nicht mehr zurückzuführen ist, ... so tut sie Zeichen und Wunder die den Lauf der Dinge unterbrechen und erschüttern, so schickt sie Gesandte in denen mehr oder weniger von ihrem eigenen Geiste wohnt, um göttliche Kräfte auszugießen unter die Menschen".[80]

Dieser Kampf gegen das irreligiöse Prinzip, der sich aus der Sicht des Christentums in der Geschichte vollzieht, steht unter dem Gesichtspunkt der Steigerung: „Immer neue Veranstaltungen trifft die Gottheit, immer herrlichere Offenbarungen gehn durch ihre Kraft allein aus dem Schoße der alten hervor, immer erhabnere Mittler stellt sie auf zwischen sich und den Menschen, immer inniger vereinigt sie in jedem späteren Gesandten die Gottheit mit der Menschheit".[81] Eine aufsteigende Vermittlungsreihe wird also vom Christentum aus in der Geschichte gesehen. An dieser Betrachtung der vor- und außerchristlichen Religionsgeschichte hat es seinen religiösen Stoff und von hier aus wird sein Charakter bestimmt. „Dieses, daß das Christentum in seiner eigentlichsten Grundanschauung am meisten und liebsten das Universum in der Religion und ihrer Geschichte anschaut, daß es die Religion selbst als Stoff für die Religion verarbeitet, und so gleichsam eine höhere Potenz derselben ist, das macht das unterscheidendste seines Charakters, das bestimmt seine ganze Form."[82] Aus dem Kampf gegen das irreligiöse Prinzip als Hauptbestandteil der christlichen Grundanschauung ergibt sich die Polemik des Christentums nach außen und innen. „Nirgends ist die Religion so vollkommen idealisiert, als im Christentum ... und eben damit zugleich ist immerwährendes Polemisieren gegen Alles Wirkliche in der Religion als eine Aufgabe hingestellt, der nie völlig Genüge geleistet werden kann."[83] Dieses beständige Streben gegen das Unheilige alles Wirklichen, das außerhalb wie innerhalb des Christentums zu keiner Befriedigung gelangen kann, bestimmt auch den Charakter der christlichen Gefühle. So ist „unendliche Heiligkeit das Ziel des Christentums".[84] „So hat das Christentum zuerst und wesentlich die Forderung gemacht, daß die Religiosität ein Kontinuum sein soll im Menschen."[85] Und die unbefriedigte Sehnsucht nach dem Göttlich-Heiligen

79 Reden, S. 291 f.
80 a.a.O., S. 292 f.
81 a.a.O., S. 293
82 a.a.O., S. 293 f.
83 a.a.O., S. 295 f.
84 a.a.O., S. 296
85 a.a.O., S. 298

inmitten des Unheiligen ist das Gefühl der „heiligen Wehmut".[86] Schleiermacher findet diese seelische Grundstimmung nicht nur bei den Christen, sondern auch bei dem Stifter des Christentums herrschend. Das Gefühl der heiligen Wehmut erwächst aber bei Christus im Gegensatz zu den Christen nicht aus einer unbewußten Empfindung heraus, sondern aus der Klarheit seines Gottesbewußtseins. Denn die Grundanschauung des Christentums von der Notwendigkeit der Vermittlung des Endlichen mit dem Unendlichen, die Idee der Vermittlung, ist in seiner Person zur Darstellung gekommen. Die aufsteigende Reihe der Vermittlungen in der Religionsgeschichte findet ihr Ziel in Christus: „Das wahrhaft Göttliche ist die herrliche Klarheit, zu welcher die große Idee, welche darzustellen er gekommen war, die Idee daß Alles Endliche höherer Vermittlungen bedarf, um mit der Gottheit zusammenzuhängen, sich in seiner Seele ausbildete".[87] Die einzigartige Verbindung der Gottheit mit der Menschheit in Christus beschreibt Schleiermacher mit den Worten: „Wenn alles Endliche der Vermittlung eines Höheren bedarf um sich nicht immer weiter vom Universum zu entfernen . . .: so kann ja das Vermittelnde, das doch selbst nicht wiederum der Vermittlung benötigt sein darf, unmöglich bloß endlich sein; es muß Beiden angehören, es muß der göttlichen Natur teilhaftig sein, ebenso und in eben dem Sinne, in welchem es der Endlichen teilhaftig ist". Die Würde des Mittleramtes Christi, welches in dem Bewußtsein seiner Gottheit besteht, läßt Schleiermacher schließlich in dem Christusbekenntnis vor dem Hohen Rat gipfeln, als er „jenes Ja aussprach, das größte Wort was je ein Sterblicher gesagt hat: so war dies die herrlichste Apotheose, und keine Gottheit kann gewisser sein als die, welche so sich selbst setzt".[88]

Aber diesem Teil der Christologie der Reden, der an der Gottheit Christi keinen Zweifel läßt, folgen nun Aussagen, die die Einzigartigkeit der göttlichen Würde Christi einzuschränken scheinen. Im Zusammenhang mit der „großen Schule", die Christus hinterlassen hat, steht der Satz: „Aber nie hat er behauptet, das einzige Objekt der Anwendung seiner Idee, der einzige Mittler zu sein, . . . er mochte es dulden, daß man seine Mittlerwürde dahingestellt sein ließ, wenn nur der Geist, das Prinzip woraus sich seine Religion in ihm und Anderen entwickelte, nicht gelästert ward".[89] Es ist hier deutlich zu unterscheiden zwischen der Darstellung der Idee — als der Idee der Vermitt-

---

86 a.a.O., S. 299
87 a.a.O., S. 301; für ‚höhere Vermittlungen' steht in der 3. Auflage ‚einer höheren Vermittlung'.
88 a.a.O., S. 302f.
89 a.a.O., S. 304

lung in Christus – und dem Objekt der Anwendung dieser Idee. Denn die
einmalige Darstellung der christlichen Grundidee in Christus läßt weitere
„Anwendungen" von ihr zu, so daß es mehrere Vermittlungen im Christentum gibt, die sich aber alle von der in Christus zur Darstellung gekommenen
herleiten. Allein der gottmenschliche Mittler Christus hat die Idee der Vermittlung in seiner Person verwirklicht, aber damit ist er zugleich auch der
Grund der anderen Vermittlungen im Christentum. Denn Christus „hat immer
auf die Wahrheit gewiesen, die nach ihm kommen würde" und seine Schüler
haben „dem heiligen Geist nie Grenzen gesetzt".[90] Mit dieser Freiheit des
christlichen Prinzips betont Schleiermacher: „Das Prinzip ist echt christlich,
solange es frei ist".[91] Damit will er hervorheben, daß es nach seinem Verständnis im Christentum allein auf den christlichen Geist ankommt, der als
der Geist Christi sich verschiedener und auch neuer Gestaltungen bedienen
kann. Jede neue „vermittelnde" Kraft im Christentum kann aber niemals
diese Vermittlung in Christus überbieten; vielmehr ist sie in jeder neuen geistig
gegenwärtig.

Wie die christliche Hauptidee in ihrer Darstellung durch Christus sich zu
den weiteren Vermittlungen im Christentum verhält, so ist auch das Verhältnis des Christentums zu den anderen Religionen gedacht. Insofern in der
Religionsgeschichte auch schon vor dem Entstehen des Christentums eine
Vermittlung zwischen dem Endlichen und dem Unendlichen erfolgte, sind die
anderen Religionen an dem Kampf gegen das irreligiöse Prinzip beteiligt, der
aber erst vom Christentum zur durchgängigen Polemik gestaltet wurde.

In der Hauptidee des Christentums kommt die Vermittlung des Endlichen
mit dem Unendlichen in voller Bewußtheit zum Ausdruck, während es bei
den anderen Religionen mehr oder weniger unbewußt geschieht. Aber soweit
sie an dem Kampf gegen das irreligiöse Prinzip teilhaben, bilden sie die
Elemente der Grundanschauung des Christentums, das darum auch die
„Religion der Religionen"[92] ist. Aus diesem Verhältnis des Christentums zu
den anderen Religionen ergibt sich aber auch die grundsätzliche Toleranz des
Christentums in Bezug auf die alten und neuen Religionen außerhalb seines
Bereiches. Gerade weil das Christentum von keiner anderen Religion über-
troffen werden kann, braucht es nicht nach extensiver Überlegenheit zu
streben. Wie Schleiermacher neue Religionsbildungen erwartet, so sieht er
auch eine Erneuerung im Christentum kommen, dessen Geist aber – der Geist
Christi – stets derselbe bleibt. Von der Zeit, in der es keinen Mittler mehr

90 Reden, S. 304 f.
91 a.a.O., S. 206
92 a.a.O., S. 310

geben wird, sondern – eschatologisch gesehen – der Vater alles in allem ist, sagt Schleiermacher: „Ich fürchte sie liegt außer aller Zeit."[93]

Blicken wir nun von den Reden noch einmal auf das Mittlerfragment im „Blüthenstaub" des Novalis. Wie Novalis zunächst das Mittlertum allgemein für die Religion unentbehrlich erklärt, so haben wir gesehen, wie das religiöse Mittlertum bei Schleiermacher mit der Aufgabe der Erweckung des ‚Sinnes' ebenfalls die entscheidende Bedingung für die Religiosität des Einzelnen ist. Beide betonten hierbei die Freiheit in der Wahl des Mittlers. Sodann erfolgt eine umfangreiche Geschichtsbetrachtung; die Gottheit sendet Gesandte, in denen die Verbindung des Irdischen mit dem Göttlichen in immer vollkommenerer Weise erfolgt, bis die aufsteigende Vermittlungsreihe in dem einen Gottmenschen zu ihrem Ziel kommt. Mit diesem Ziel sind aber die bisherigen Offenbarungen der Gottheit nicht gegenstandslos geworden, sondern als Vorbereitungsstufen für das Erscheinen des gottmenschlichen Mittlers verstanden. Novalis wie Schleiermacher lassen an dem einzigartigen unmittelbaren Gottesbewußtsein Christi, an seiner Gottheit in seiner menschlichen Person, keinen Zweifel. Aber die göttliche Würde Christi sehen sie damit zugleich in seinem Geist, der bei Novalis der Geist aller anderen Mittler ist und für Schleiermacher die Idee Christi, die in allen weiteren Vermittlungen im Christentum geistig gegenwärtig ist. Christus in seiner gottmenschlichen Mittlerfunktion ist die geistige Potenz aller anderen Vermittlungen, wie das Christentum die höhere Potenz der Religionen. Was also Novalis in seinem Gedanken der Vereinigung des Pantheismus mit dem Monotheismus in der Zentrierung durch Christus zum Ausdruck bringen will, ist dem außerordentlich ähnlich, was Schleiermacher mit seiner These vom Christentum als der höheren Potenz der Religionen (der Religion der Religionen) sagen will. Die höhere Potenz des Christentums gegenüber den anderen Religionen liegt – wie wir gesehen haben – in seiner Idee der Vermittlung, die alle anderen Vermittlungen sinnvoll in sich schließt. In Analogie hierzu ist Christus die höhere Potenz – der Geist – der anderen Vermittlungen im Christentum, aber nicht nur dies: auch die außer- und vorchristlichen religiösen Anschauungen erfahren in Christus ihre Potenzierung. Denn wenn das Universum zwar wohl in der Natur- und in der Menschheitsreligion angeschaut wird, so ist doch die Gottheit allein in Christus Mensch geworden. In dieser höchsten Gottesanschauung in Christus sind die anderen Anschauungen des Universums qualitativ überwunden. Die Gottheit Christi schließt die anderen niedriger stehenden Offenbarungsstufen ebensowenig aus, wie das Christentum die anderen Religio-

93 a.a.O., S. 308

nen.[94] Wie Novalis im monotheistischen Mittler alle pantheistischen Mittelglieder zentriert sehen möchte, so entspricht dem im Sinne Schleiermachers die Gottheit Christi als die höhere Potenz aller anderen religiösen Anschauungen.

Aber es fällt auch ein gewichtiger Unterschied zwischen Schleiermacher und Novalis auf: Den Kampf gegen das irreligiöse Prinzip, die Polemik des Christentums nach außen und innen, findet man bei Novalis nicht. Der mit diesem Kampf verbundene Sündenbegriff Schleiermachers, der hier in den Reden sogar tiefer verstanden wird als in der späteren Glaubenslehre, spielt in dem Mittlerfragment des Novalis keine Rolle. Wenn Fr. Schlegel in seinen „Ideen" in unmittelbarem Echo auf die Reden notierte: „Die eigentliche Zentralanschauung des Christentums ist die Sünde."[95], so urteilt Novalis in fast Fichteschen Kategorien: „Sollte nicht die Sünde nur das Nichtich des Xstenthums — oder vielleicht gar nur annihilando durch das Xstenthum gesetzt werden? "[96] Novalis ist der Auffassung, daß das Böse nur „eine notwendige Illusion" ist, „um das Gute zu verstärken und zu entwickeln — wie der Irrtum zum Behuf der Wahrheit. Diese Illusionen sind nur aus der Magie der Einbildungskraft zu erklären."[97]

Stellt man so Struktur und Inhalt des Mittlerfragmentes im „Blüthenstaub" des Novalis mit dem Mittlergedanken in den Reden nebeneinander, dann ist die Vermutung gerechtfertigt, daß Schleiermacher als Mitherausgeber des Athenäum aus dem ihm damit genau bekannten Mittlerfragment des Novalis wesentliche Anregungen schöpfte. Nicht nur der Schluß der 5. Rede, sondern der Aufbau des ganzen Werkes, wie er vom Mittlergedanken her ersichtlich wird, erscheint deutlich von diesem Fragment des Novalis aus konzipiert. Hier ergibt sich die Möglichkeit, eine bisher wenig beachtete, wesentliche Wurzel für Schleiermachers Reden aufzufinden, der neben den zahlreichen anderen, vor allem dem herrnhutischen Erbe, entscheidende Bedeutung zukommt.

Daß dieses Religionsfragment aus dem „Blüthenstaub" im Berliner Kreis als etwas Zentral-Neues empfunden wurde, und daß man es ernsthaft studierte, geht aus dem Brief Fr. Schlegels vom 28. Mai 1798 an Hardenberg hervor: „Es darf Dich nicht gereuen, Deine Heiligtümer ausgestellt und öffentlich gemacht zu haben. Wenn ich nach meinem kleinen Kreis urteilen darf, so sind

---

94 Vgl. dazu auch die Notiz des Novalis: „Es gibt keine Religion, die nicht Christentum wäre." (Bd. III, S. 566).
95 Fr. Schlegel, Ideen, a.a.O., S. 262
96 Bd. III, S. 491
97 Novalis-Schriften, 1. Aufl., Bd. 3, S. 147. Dem entspricht auch das Verständnis von Sünde als „Schein" und „Wahn" in den „Geistlichen Liedern"; vgl. vor allem I. v. Minnigerode, a.a.O. passim.

Dir alle gewiß, die viel Sinn haben. ... Du wirst beinah so viel Versteher als Leser haben."[98] Daß zu den „Verstehern" insbesondere Schleiermacher zählte, der ja auch an der Redaktion des Athenäum beteiligt war, kann als sicher gelten.[99]

98 Fr. Schlegel–Novalis, Briefwechsel, a.a.O., S. 115; Schlegel spricht hier auch pointiert von „Deiner Mittlertheorie".
99 In der Forschung haben Dilthey und Haym nur andeutungsweise die Beziehungen zwischen Mittler-Fragment und Reden gestreift (Dilthey, a.a.O., S. 363 u. Haym, Romantische Schule, 4. Aufl., S. 518/519). R. Unger hat vom literarhistorischen Aspekt den Begriffs- und Gedankenhorizont der ‚Heiligen Wehmut' als Bezugsmoment zwischen Schleiermacher und Novalis eingehend untersucht (Heilige Wehmut, in: Gesammelte Studien, Darmstadt 1966, S. 181 ff.).

VI. Die Christologie in der „Weihnachtsfeier"

A. Vorbemerkungen

1. Methodische Erwägungen zur Interpretation

Von den Reden wollen wir uns nun der „Weihnachtsfeier" zuwenden, welche die einzige im eigentlichen Sinne christologische Schrift des jungen Schleiermacher ist. Freilich zeigt schon der Untertitel ‚Ein Gespräch', daß wir hier ein Werk ganz besonderer Art vor uns haben. In dichterischer Prosa führt der Verfasser den Leser von der zwanglosen Schilderung einer Weihnachtsfeier in einem erweiterten Familienkreis zu tiefsinnigen Gedanken über die Geburt Christi und damit über die Bedeutung des Christentums überhaupt. Der Reiz dieser Erzählung liegt gewiß an der Art und Weise, wie der Weg vom scheinbar Zufällig-Allgemeinen in den Unterhaltungen der Weihnachtsgesellschaft — frei von aller Systematisierung — zu den letzten Fragen des Christ- und Menschseins beschritten wird. In der Form des Dialogs — in Wechselgesprächen zwischen Männern, Frauen und Kindern — denkt man hier über das Wesen des Christentums nach. In gegenseitiger Achtung gegenüber den verschiedenen individuellen Eigenarten und Ansichten, vereint in der gemeinsam erfahrenen Freude an der neuen Welt, die sie alle „dem gefeierten Kinde verdanken"[1]. Somit nimmt dieses kleine Werk mit seiner Form, christologische Gedanken zu entwickeln, wohl nicht nur in Schleiermachers Schriften, sondern überhaupt in der christologischen Literatur eine Sonderstellung ein.

Wenn wir nun im folgenden aus der „Weihnachtsfeier" die in ihr enthaltenen christologischen Gedanken zu entwickeln versuchen, so scheint es uns erforderlich, dem Charakter dieses Werkes zu entsprechen. Die Bemühung soll also dahin gehen, für die Interpretation eine Form zu finden, die soweit wie möglich der Schrift selbst adäquat ist. Denn wenn in einem Werk Form und Inhalt so aufeinander bezogen sind wie gerade in der „Weihnachtsfeier", so wäre eine Methode, die diesem Tatbestand nicht gerecht würde, die mit irgend einem vorgefaßten systematischen Schema oder Maßstab aus der Geschichte der Christologie an das Werk heranginge, wohl der unangemessenste Weg, Schleiermacher und seine christologischen Gedanken zu interpretieren. So sehen wir den gangbarsten Weg darin, am Aufbau des Werkes selbst die Frage nach der Christologie zu orientieren, zumal das Ganze der Darstellung für die Herausstellung seiner Christologie von Bedeutung ist, nicht nur die explizierte

---

1 „Weihnachtsfeier", hrsg. von der wissenschaftl. Buchgesellschaft, nach der Urausgabe, Darmstadt 1953, S. 37.

112

christologische Reflexion am Schluß des Gespräches. Wenn dabei vorübergehend die Einbeziehung der Gedankenwelt des Novalis zurücktritt, so wird sie am Schluß der Interpretation zum Vergleich herangezogen.

2. Die Stellung der „Weihnachtsfeier" in Schleiermachers geistiger Entwicklung

Schleiermacher schrieb die „Weihnachtsfeier" im Dezember 1805 in Halle. Seit dem Oktober 1804 stand er an der dortigen Universität in einer reichen und fruchtbaren Vorlesungstätigkeit; neben der philosophischen Ethik stammt aus dieser Zeit auch sein erster Entwurf zur Dogmatik. In seiner Ethik setzt Schleiermacher der philosophischen Konstruktion der Natur, wie sie Schelling vorgenommen hatte, ergänzend eine philosophische Konstruktion der geistigen und moralischen Welt gegenüber, die er als Wissenschaft der Prinzipien der Geschichte und der Sittlichkeit versteht. Während dieser Zeit in Halle, in der seine Hauptgedanken zur Ethik entstehen, hat sich Schleiermacher vor allem mit Schelling auseinandergesetzt. In seiner religiösen Entwicklung liegen schon bedeutende Epochen und Ereignisse hinter ihm – der gewichtige Einfluß herrnhutischer Frömmigkeit in Niesky und Barby, der Aufenthalt in Schlobitten, die Zuwendung zu dem rationalistisch-moralischen Christentumsverständnis und dessen Überwindung in den Reden zur Zeit der Berliner romantischen Jahre –, diese innere Entwicklung hatte Schleiermacher schon durchlebt, als er die „Weihnachtsfeier" schrieb. Offenbar setzte nun in Halle eine neue Besinnung auf das Wesen des Christentums ein, diesmal vor allem in Auseinandersetzung mit seiner eigenen und Schellings Philosophie. Schelling hatte in der 8. und 9. Vorlesung über die Methode des akademischen Studiums den Entwurf einer spekulativen Konstruktion des Christentums vorgelegt.[2] Schleiermacher wollte eine solche gegenüber dem Christentum nicht anwenden, jedoch auch keine bloß empirische Feststellung seines Gehaltes geben. In seiner „Kurze(n) Darstellung des theologischen Studiums" von 1811 wirkt diese Auseinandersetzung mit Schelling insofern nach, als Schleiermacher glaubte, nur durch das Zusammenwirken von philosophischem Geist und historischem Studium großen historischen Erscheinungen gerecht werden zu können.[3] Er wollte also weder rein

---

2 Die „Vorlesungen über die Methode des akademischen Studiums" hatte Schelling im Sommer 1802 an der Universität Jena vorgetragen. (Vgl. Ausgabe von Otto Braun, Leipzig 1907)

3 Kurze Darstellung des theologischen Studiums zum Behuf einleitender Vorlesungen. Kritische Ausgabe, hrsg. von H. Scholz. Nachdruck der 3. Aufl., Leipzig 1910, §§ 22–24, S. 9 f.

empirisch noch rein wissenschaftlich-philosophisch das Wesen des Christentums erfassen. Es ist für Schleiermachers Verständnis des Christentums in dieser Halleschen Zeit – wie es vor allem in der „Weihnachtsfeier" seinen Ausdruck gefunden hat – außerordentlich wichtig, auf diesen Sachverhalt hinzuweisen. Von diesem Standpunkt aus kann man dann auch nur seine christologischen Gedanken verstehen. Er unternimmt den Versuch, die historische Überlieferung des Christentums mit seiner gewonnenen ethisch-philosophischen Erkenntnis in Einklang zu bringen; aber mit der deutlichen Absicht, sie nicht philosophisch zu vergewaltigen, sondern auch der Historie ihr Recht zu belassen, mit einer sogenannten „höheren Behandlung der Geschichte", die er jedoch nicht als eine von der Philosophie her eingetragene verstanden wissen will. Das geht deutlich aus seinem Versuch zu einer „Einleitung in das Studium der Kirchengeschichte" aus dem Jahre 1806 hervor, in der er schreibt: „Das Wesen der Geschichte ist das Aufgehen der Zeit in der Idee, in ihr ist aller Gegensatz zwischen Empirie und Spekulation aufgehoben. Geschichte stammt vom Epos und der Mythologie ab, und diese geht doch offenbar auf die Identität der Erscheinung und der Idee."[4] Auch in der „Christliche(n) Sitte" von 1809 steht der Satz: „Das Christentum ist wesentliche Identität des Symbolischen und Historischen."[5] Im Prinzip decken sich also Spekulation (Philosophie) und Empirie; 1806 stehen Historie und Spekulation jedenfalls einander nahe; die Historie in der Mitte zwischen Empirie und Spekulation. Wenn dieser Hinweis auch eigentlich erst bei den Ausführungen Leonhards seine Bedeutung gewinnt, so muß er doch schon hier als Voraussetzung zu dem Gesamtverständnis und für die Charakterisierung der jetzigen Entwicklungsstufe Schleiermachers als ihr geistiger Hintergrund vermerkt werden. Auch die Arbeit an der Platonübersetzung, die Schleiermacher im Stolper Exil 1802 begonnen hatte, ist für den geistigen Hintergrund der „Weihnachtsfeier" von Bedeutung, weil unter dem Einfluß Platos die Frage nach dem „Wesen" des Christentums zu einer neuen christlichen Antwort drängt.

An dieser Stelle soll auch kurz auf das Verhältnis der „Weihnachtsfeier" zu den Reden eingegangen werden. In dieser Halleschen Zeit erschien im März 1806 auch die 2. Auflage des Werkes von 1799. Innerhalb der Schleiermacherforschung wurde verschiedentlich festgestellt, daß die „Weihnachtsfeier" gegenüber den Reden eine viel positivere Schätzung des eigentümlich Christlichen enthalte, wobei man dann eine gleichsam aufsteigende Linie in Schleiermachers Entwicklung vom allgemein sittlich-religiösen Glauben zum

---

4 Einleitung in das Studium der Kirchengeschichte, Sämtliche Werke, I. Abt., Bd. 11, S. 624
5 Christliche Sitte, Sämtliche Werke, I. Abt., Bd. 2, Beilage A, S. 9

spezifisch christlichen Erlösungsglauben meint konstatieren zu können.[6] H. Mulert stellt sogar in seiner kritischen Ausgabe der „Weihnachtsfeier" fest: „Es bleibt doch der Eindruck sehr stark, und namentlich die Zeitgenossen hatten ihn so, daß der Redner von 1799 in überraschender Weise zum Vertreter der Grundzüge der Kirchenlehre geworden sei."[7] Dabei ist vermutlich besonders an Schellings Rezension der „Weihnachtsfeier" gedacht. Aber daß dieser Eindruck entstehen kann, scheint uns vor allem daher zu kommen, daß die Reden in ihrem rhetorischen Charakter didaktisch einen anderen Zweck verfolgen und an andere Adressaten gerichtet sind, eben an „die gebildeten Verächter" der Religion; während die „Weihnachtsfeier" in ihrem intimen Charakter die Darstellung eines erweiterten christlichen Familienkreises gibt, in dem über die gemeinsam empfundene Weihnachtsfreude und ihres Ursprungs und Wesens reflektiert wird. Schon in der 5. Rede liegt die Bedeutung des Stifters des Christentums nicht in der „Reinigkeit seiner Sittenlehre", nicht in der „Eigentümlichkeit seines Charakters", sondern in der „herrliche(n) Klarheit, zu welcher die große Idee, welche darzustellen er gekommen, die Idee daß Alles Endliche höherer Vermittlungen bedarf, um mit der Gottheit zusammenzuhängen, sich in seiner Seele ausbildete".[8] Wir haben gesehen, welche einzigartige Mittlerwürde Schleiermacher Christus zukommen läßt. Diese sprach sich in seinem nur ihm eigenen Gottesbewußtsein aus. Rationalismus und Aufklärung, aber auch kirchliche Orthodoxie sind eindeutig überwunden, und in diesem Sinne der gleichweiten Entfernung zu ihnen ist auch Schleiermachers christologischer Standpunkt in den Reden und in der „Weihnachtsfeier" der gleiche.

Jedoch bei einem tiefergehenden Vergleich der Reden mit der „Weihnachtsfeier" scheint uns ein Unterschied in dem Verständnis des Mittlers, der Idee der Vermittlung und der Erlösung, aufzutauchen, der mit dem Hinweis, daß es sich in den Reden um eine Erörterung des Themas für die gebildeten Verächter der Religion handele – die Darstellung also durch das andere Gegenüber auch notwendig anders bestimmt sein müsse –, nicht ausreichend erklärt werden kann. In der 5. Rede wird die Idee der Vermittlung im Zusammenhang eines größeren Geschichtsprozesses gesehen, in welchem das Mittleramt Christi zwar die unüberbietbare, qualitativ höchste Stellung einnimmt, jedoch wird vor und nach der Erscheinung Christi von mehreren Mittlern gesprochen. In der „Weihnachtsfeier" dagegen erscheint Christus als der Menschensohn

---

6 So vor allem H. Bleek, a.a.O., S. 174 ff. und J. Wendland, a.a.O., S. 153 ff.
7 Die Weihnachtsfeier, hrsg. v. H. Mulert, Historisch-kritische Ausgabe, Phil. Bibl., Bd. 117, Leipzig 1908, S. 13
8 Reden, S. 301

schlechthin, und die Idee der Erlösung ist in dem einen göttlichen Kind verkörpert. Es ist darum eine gewisse Verdeutlichungslinie anzunehmen, die sich von den Reden zur „Weihnachtsfeier" hin erstreckt. Die „Weihnachtsfeier" aber kann im Blick auf die 5. Rede gewiß nicht als ein erneuertes Bekenntnis zum Christentum verstanden werden, das einen mehr allgemein gehaltenen, fast reservierten Standpunkt hinter sich gelassen hat. Vielmehr erscheint uns die in der „Weihnachtsfeier" hervortretende Verdeutlichung des dezidiert Christlichen in Schleiermachers Entwicklung selbst begründet. Durch seine theologische Vorlesungstätigkeit in Halle war er genötigt, intensive exegetische Studien zu treiben. So hat das vorgegebene Jesusbild der Evangelien seine christologischen Reflexionen zweifellos nachhaltig beeinflußt. Eine Entsprechung dieses Sachverhaltes kann man auch in der 2. Auflage der Reden erkennen, in welcher Schleiermacher zu dem Satz „man könne Christ sein, ob man historisch seine Religion aus sich selbst oder von einem anderen ableitet", die Worte hinzusetzt: „Denn das wird sich von selbst ergeben, daß wenn ihm dann Christus mit seiner ganzen Wirksamkeit gezeigt wird, er ihn auch anerkennen muß als den, der aller Vermittlung Mittelpunkt geschichtlich geworden ist, der Erlösung und Versöhnung wahrhaftig gestiftet hat".[9] Auf die Verbindungslinien zu den späteren Werken Schleiermachers werden wir im Verlauf der Interpretation eingehen.

3. Der Aufbau der „Weihnachtsfeier"

In der „Weihnachtsfeier" lassen sich im wesentlichen drei Teile unterscheiden. Zunächst gibt Schleiermacher eine Schilderung der Szene; daran schließen sich Wechselgespräche in bunter Reihenfolge an. Der Rechtsgelehrte Leonhard, der mit seinen kritisch-negierenden Argumenten das Gespräch außerordentlich befruchtet und ihm immer neue Wendungen gibt, nimmt dabei die eigentliche Schlüsselstellung ein. In den Weihnachtserzählungen der Frauen kann man einen zweiten und in den Reden der Männer am Schluß des Gesprächs einen dritten Teil sehen. Von der Schilderung der Weihnachtsfreude des versammelten Familien- und Freundeskreises, der Spannung und Ungeduld vor der verschlossenen Tür, geht der Gang des Gespräches immer mehr zu der Frage nach dem Wesen dieser Freude über, was in den Weihnachtserzählungen der Frauen anschaulich und in der christologischen Reflexion der Männer begrifflich zur Darstellung kommt. Diese Linie der Gesprächsführung darf im ganzen aber nicht als ein logisch-konstruierter Weg

9 Reden in der Ausgabe von Pünjer, S. 286, Anm. 5

vom Allgemeinen zum Besonderen betrachtet werden. Wie die „Weihnachtsfeier" überhaupt in ihrem Gesprächscharakter ein Bild von der Verschiedenheit möglicher Betrachtungsweisen des Christentums zeichnet, das freilich in
einer besonderen Dialektik wieder zu einer Einheit zusammenführt, so
kommen in den drei Teilen selbst nur verschiedene Aspekte und ihr Verhältnis zu dem einen Gegenstand zum Ausdruck. Im folgenden werden wir uns
zunächst dem ersten und zweiten Teil zuwenden, der den Rahmen für die
eigentlich christologischen Gedanken darstellt, jedoch als solcher für diese
christologische Reflexion von wesentlicher Bedeutung ist.

B. Die Betrachtung des Allgemein-Menschlichen im Verhältnis zum Christentum

4. Die Fragestellung

Wenn vor den eigentlich christologischen Gedanken das menschliche Dasein
in so vielfältigen Variationen geschildert wird, wie es in Beziehung und
Wechselwirkung zu dem religiös-christlichen Leben steht, ja wie es in seiner
Vollendung in dieses selbst über- und in ihm aufzugehen scheint, so stehen wir
zunächst vor einem grundsätzlichen Problem der Christologie in Schleier-
machers „Weihnachtsfeier". Es handelt sich um die Frage, ob wir bei den von
Schleiermacher ins Gespräch gebrachten Themen von Religion und Freude,
Religion und Kunst, der Freude des Kindes und der Erwachsenen usw. einen
Anthropozentrismus feststellen müssen, an dem dann auch die Christologie in
den Reden der Männer ihren Grund und ihre Vorbereitung gefunden hat.
Diese Grundfrage, die ja gegenüber Schleiermachers ganzem Werk immer
wieder erhoben wurde und die sich gegenüber der „Weihnachtsfeier" besonders aufdrängt, wird mit Absicht schon hier gestellt; im Verlauf der Interpretation gilt es, darauf eine Antwort zu finden.

5. Grundmotive als Rahmen und Voraussetzung der Christologie

Ein christlicher Familien- und Freundeskreis hat sich — wie schon angedeutet — am Weihnachtsabend versammelt, um gemeinsam das Fest der
Geburt Christi zu feiern. In diesem einfachen Sachverhalt ist schon ein
wesentlicher Grundzug für die Christologie enthalten, wie sie uns in der
„Weihnachtsfeier" entgegentritt. Alles, was von den versammelten Personen
an übereinstimmenden und gegensätzlichen Äußerungen im Gespräch vorge-

tragen wird, steht unter dem Zeichen einer sie verbindenden Gemeinschaft. Jeder Einzelne als selbständiges Individuum befindet sich in Relation zu diesem Ganzen, da er sich selbst und die Gemeinschaft und diese wiederum ihn nur in diesem Zusammenhang verstehen kann. Diese Relation von Individuum und Gemeinschaft, wie sie für Schleiermachers Individualitätsgedanken so bezeichnend ist, stellt für seine Christologie eine Grundvoraussetzung dar; und wenn er die christologischen Gedanken der „Weihnachtsfeier" anhand eines Gespräches, in der Spannung zwischen den gegensätzlichen individuellen Ansichten zu dem sie alle als Gemeinschaft verbindenden Grundgefühl entwickelt, so dürfte diese Gesprächsform schon für die Sache selbst ein besonderes Charakteristikum darstellen.[10]

Es wurde schon berührt, daß sich in der gemeinsam empfundenen Freude über das der Welt durch die Geburt des Erlösers geschenkte neue Leben das Grundgefühl ausspricht, das alle Personen der hier versammelten Gesellschaft miteinander verbindet. Wie verschieden diese Freude auch bei den Einzelnen erfahren wird und in Beziehung zu dem eigenen Leben und seinen jeweiligen Anlagen ihren spezifischen Ausdruck findet, so sind sie doch alle in dieser Grunderfahrung miteinander verbunden.[11]

So finden sie doch auch alle wieder zu der gemeinsamen Grunderfahrung der Freude zurück, nachdem Leonhard mancherlei Bedenken gegenüber der kindlichen, nach seiner Meinung allzu intensiven Frömmigkeit der kleinen Sofie geäußert hatte, die er in seiner Phantasie schon „im Schleier mit unfruchtbarem Rosenkranzdienst vor einem Heiligenbilde knien", oder „in dürftigem und kraftlosem Leben" eines herrnhutischen Schwesternhauses enden sieht.[12] In Leonhard übt Schleiermacher hierbei Kritik an den religiösen Übertreibungen seiner Zeit, zu denen er auch die Konversionen mancher Romantiker zur Una Sancta rechnete. Das „Schöne der Religiosität" will Leonhard wohl ehren und lieben, „aber sie muß ein Innerliches sein und bleiben. Wenn sie äußerlich hervortreten und eigentümliche Verhältnisse im Leben bilden will: so entsteht das Verhaßteste daraus, der geistliche Stolz, der am Ende nichts anderes ist als der wunderlichste und verrückteste Aberglauben".[13]

---

10 G. Wehrung hat in seiner Einleitung zur „Weihnachtsfeier" (s. Anm. 1) auf die offenkundige Anlehnung an den platonischen Dialog (besonders des „Symposion") in Bezug auf die Form hingewiesen.
11 In weitgehender Relativierung des christologischen Gehaltes verabsolutiert Dilthey den gesellschaftlichen Rahmen gehobener christlicher Bürgerkultur, wenn er hier anmerkt: „Die festliche Freude dieser christlichen Gesellkeit bildet nicht nur den Ausgangspunkt des Werkes, sondern in sie kehrt es zurück und ist in gewissem Sinn nichts (!) als eine Darstellung derselben." (Dilthey, a.a.O., S. 781).
12 „Weihnachtsfeier", S. 28
13 a.a.O., S. 37

Soweit ist in Leonhards Standpunkt bei dieser Auseinandersetzung gewiß ein wichtiges Anliegen Schleiermachers ausgedrückt; aber der eigentliche Anlaß zu seinen Einwendungen an dem religiösen Gefühlsleben des Kindes wird doch am Ende abgewehrt, wenn die Mutter Ernestine erklärt: „Wahrlich ich fühle es, daß sie in einer Hinsicht nicht zuviel gesagt hat, als sie sagte, ich könnte wohl auch die Mutter des angebeteten Kindes sein."[14] Denn hier taucht zum erstenmale das Mutter-Kind-Motiv auf, das dann in den Weihnachtserzählungen der Frauen eine besondere Rolle spielt – auch Eduard kommt in seiner Rede darauf zu sprechen –, und das Schleiermacher hier deutlich als reinen Ausdruck kindlich-religiösen Gefühls verstanden wissen will. Auch in Leonhards Abneigung gegenüber der Anwendung der Künste auf die Religion kommt eine kritische Stimme zu dem allgemein romantischen Ästhetizismus der Zeit zur Sprache. Jedoch sind diese Worte nur ausgesprochen, um von Ernst entkräftet zu werden, der Leonhard an seine eigenen Äußerungen erinnert, als dieser davon sprach, „daß Leben und Kunst ebenso wenig ein Gegensatz wären wie Leben und Wissenschaft, daß ein gebildetes Leben recht eigentlich ein Kunstwerk wäre, eine schöne Darstellung, die unmittelbare Vereinigung des Plastischen und Musikalischen."[15]

Dieser Ausspruch hebt einen wesentlichen Grundzug hervor, der die ganze „Weihnachtsfeier" durchzieht: In einem gebildeten Leben, das alles Schöne und Erhabene in Harmonie vereint und selbst ein ethisches Kunstwerk ist, sieht Schleiermacher das einzig würdige Gefäß für die Darstellung des christlichen Lebens in der menschlichen Gesellschaft. Zunächst scheint es sich hier um einen Ausdruck für das romantisch-ästhetische Zeitgefühl zu handeln, in dem auch Schleiermacher selbstverständlich verwurzelt ist. Aber die unbefangene Würdigung aller sogenannten höheren Werte im menschlichen Dasein, die mit dem Christentum in Beziehung gesetzt werden, stellt keineswegs nur ein ästhetisch-romantisches Zeitkolorit dar, sondern sie erfolgt im Sinne Schleiermachers auch ganz bewußt und legitim. Denn was „das gebildete Leben" zu einem erhöhten menschlichen Dasein erhebt, eben dem neuen christlichen Leben, ist nicht die Steigerung seiner eigenen Anlagen und Kräfte, sondern die gemeinsam empfundene Freude über das in Christus geschenkte neue Sein, wie es in den vielfältigen „Bildungen" des Lebens – in der Kunst und vor allem in der Musik – seinen adäquaten Ausdruck findet. Der vermeintliche Ästhetizismus der „Weihnachtsfeier" stellt also keinen Selbstzweck dar, sondern „in Beziehung auf das große Heil der Welt bekommt

14 a.a.O., S. 25
15 a.a.O., S. 45

alles Liebe und Gute eine größere Bedeutung".[16] Wie schon bei der Weihnachtsfreude „die fromme Freude an der Sache selbst",[17] die in einem Unvergänglichen gründet, herausgestellt wurde, so verhält es sich ebenso bei der Musik. Sie ist im Sinne der „Weihnachtsfeier" der unmittelbare Ausdruck für die Welt der religiösen Gefühle. Eduard betont besonders diese innere Verwandtschaft von Religion und Musik, indem er sagt: „Jedes schöne Gefühl tritt nur dann recht vollständig hervor, wenn wir den Ton dafür gefunden haben; nicht das Wort, dies kann immer nur ein mittelbarer Ausdruck sein, nur ein plastisches Element, wenn ich so sagen darf, sondern den Ton im eigentlichen Sinne. Und gerade dem religiösen Gefühl ist die Musik am nächsten verwandt".[18] Seine und auch Josephs Anschauung am Schluß der „Weihnachtsfeier" deckt sich mit der der Reden, innerhalb deren auch in der 4. Rede die Inadäquatheit des Wortes als Mittel des religiösen Gedankenaustausches hervorgehoben wird.[19] Bedeutet jedoch diese Schätzung der Musik „eine Flucht in die Welt der Töne", wie es Karl Barth genannt hat? [20] Wenn die ganze „Weihnachtsfeier" in verschiedenen Variationen das Bild einer umfassenden religiösen Lebensstimmung zeichnet, von dem religiösen Gefühl des Kindes und dem unterschiedlichen Leben und religiösen Empfinden der Männer und Frauen — das Gefühlsleben des Menschen also als der eigentliche Ort für das religiös-christliche Leben erscheint —, so ist es nicht verwunderlich, daß der Musik eine besondere Rolle zugestanden wird. Aber sie ist doch nur das Medium, durch das die Weihnachtsfreude am tiefsten in das religiöse Gefühl des Menschen eindringen und als Dank- und Lobpreis für die in Christus geschenkte Erlösung ihren entsprechendsten Widerhall finden kann. Dabei ist das Wort keineswegs abgewertet; Eduard drückt das beiderseitige Verhältnis folgendermaßen aus: „Was das Wort klargemacht hat, muß der Ton lebendig machen, unmittelbar in das ganze innere Wesen als Harmonie übertragen und festhalten."[21]

Schleiermacher ist die Musik aber noch aus einem anderen Grunde wesentlich, weil er an ihr die Beziehung und Bedeutung des Ganzen zu dem Einzel-

---

16 a.a.O., S. 48. Dieser umfassende Begriff des ‚Lebens' hat im Denken Schleiermachers keine vorwiegend ästhetische Bedeutung, sondern steht im Zusammenhang mit dem Individualitätsgedanken und der Idee der unendlichen Oszillation, die auch für das christliche Leben Gültigkeit hat.
17 a.a.O., S. 47
18 a.a.O., S. 49
19 Vgl. die Mitteilung der Religion durch die Priester der wahren Kirche (Reden, S. 228).
20 K. Barth, Schleiermachers Weihnachtsfeier, in: Zwischen den Zeiten, 3. Jahrgang 1925, Heft 1, S. 60.
21 „Weihnachtsfeier", S. 50

nen und Zufälligen zeigen kann. Von Jean Paul wird eine Wendung zitiert, in der es heißt: „Nie über einzelne Begebenheiten ... weint oder lacht die Musik, sondern immer nur über das Leben selbst."[22] − Und Agnes sagt: „Das Einzelne, das Persönliche, es sei nun Zukunft oder Gegenwart, Freude oder Leid, kann einem Gemüte, das sich in frommen Stimmungen bewegt, so wenig geben oder nehmen, wie durchgehende Noten, die nur leichte Spuren zurücklassen, den Gang der Harmonie affizieren."[23]

Diese Worte sind deshalb wichtig, weil sie uns auf einen Grundzug der Christologie in der „Weihnachtsfeier" hinlenken, zugleich uns aber auch Schleiermachers Verständnis des menschlichen Lebens, vor allem des weiblichen, erkennen lassen. Wie das Wesen der Musik nicht in den einzelnen Noten, sondern im Zusammenklang besteht, so ist auch das Einzelne, Persönliche, im Leben des Menschen vergänglich, der Grundakkord seines Wesens aber ewig. In der Christologie der Gesprächspartner Ernst und Eduard erscheint diese Betrachtungsweise insofern, als die Erlösung nicht von einzelnen Heilsereignissen im Leben Jesu, wie Auferstehung und Kreuzigung, abgeleitet wird, sondern von der grundsätzlich in Christus vorhandenen Einheit des Göttlichen und Menschlichen, von der Überwindung aller Gegensätze, die in der empirischen Menschheit vorherrschen. In diesem Sinne ist „die Mutterliebe das Ewige in uns, der Grundakkord unseres Wesens". Und diese Liebe geht nicht auf das, wozu man die Kinder bilden kann, sondern „auf das Schöne und Göttliche, was wir in ihnen schon glauben, was jede Mutter aufsucht in jeder Bewegung, sobald sich nur die Seele des Kindes äußert. ... Mit diesem Sinn ist wieder jede Mutter eine Maria."[24] Leonhard hätte zwar viel gegen diese Äußerungen der Frauen zu sagen: „Drückte sich nur nicht alles so lieblich ... aus, daß man es nicht kann verletzen wollen".[25] Diese Anschauung kommt in dreifacher Variation in den Erzählungen der Frauen zum Ausdruck und hat überhaupt eine wesentliche Bedeutung in der „Weihnachtsfeier". Eduard nimmt diesen Gedanken in seiner Rede wieder auf. Die allgemeinmenschliche Mutter-Kind-Beziehung wird in drei verschiedenen Bildern aus den Kindheitserinnerungen der Frauen als Abbildung des weihnachtlichen Urbildes hingestellt. Damit ist zum Ausdruck gebracht, wie das Weihnachtsgeschehen in das konkret menschliche Leben hineinwirkt, und wie es am Bild der Beziehung einer jeden Mutter zu ihrem Kind individuell nachempfunden wird. Man wird sagen können, daß gerade dadurch, daß an diesem

22 a.a.O., S. 52
23 a.a.O., S. 53
24 a.a.O., S. 54 f.
25 a.a.O., S. 55

menschlichen Grundmotiv die Geburt des Erlösers nachvollzogen wird, sein wahrhafter Eintritt in das menschliche Leben eine besondere Betonung erfährt. Auf jeden Fall bekommt auch das Mutter-Kind-Motiv wie das ganze menschliche Leben erst in Beziehung zu der Geburt Jesu Christi seine eigentliche Bedeutung. Schleiermacher will mit dieser Beziehung aber auch die Verwandtschaft der Christen mit Christus zum Ausdruck bringen. In einer früheren Weihnachtspredigt von 1794 über Lk 2, 15 ff. steht der Satz: „Wir sind auch, wie Maria, mit Christo verwandt."[26] Diese Verwandtschaft ist aber keineswegs als eine kreatürliche vorgestellt; wie absolut der Gegensatz zwischen Christus und den Gläubigen ist, geht aus den Reden der Männer deutlich hervor. Eine solche Verbindung stellt nur eine Annäherungsmöglichkeit im Glaubensleben der Christen dar aufgrund der in Christus geschehenen Erlösung.

Jedoch tritt an der Gegenüberstellung der religiösen Entwicklung von Mann und Frau ein besonderes Problem auf. In der gesamten Frühromantik spielen — wie erwähnt — Frauen eine besondere Rolle, jedoch nicht nur unter dem Aspekt des Emanzipatorischen; vielmehr geht es um ein tieferes Verstehen des Besonderen im weiblichen Wesen. Hatte schon Eduard bei den Tonarten von Dur und Moll in der Musik einen Vergleich zu dem Männlichen und Weiblichen gezogen, so stellt er nun fest, daß „Männer und Frauen auch in der Entwicklung des Geistigen . . . ihre abgesonderte Weise haben, um sich durch gegenseitiges Erkennen auch hierin zu vereinigen."[27] Die religiöse Entwicklung von Mann und Frau wird also in die für Schleiermacher charakteristische Gegensatzdialektik eingeordnet, die sich ja durch die ganze „Weihnachtsfeier" zieht. Aber der Gegensatz zwischen dem Unbewußten und Besonnenen, der seine Entsprechung in der Rede von Ernst in dem Gegensatz zwischen dem Werden und dem Sein, bei Eduard zwischen der endlich-sinnlichen Natur und dem Gedanken oder Erkennen hat, und der für die Gesamtheit der empirischen Menschheit gilt, ist letztlich hier nur bestimmend für die geistig-religiöse Entwicklung des Mannes. Bei den Frauen „vereinigt sich beides unmerklich miteinander".[28] Wenn Leonhard auch in dieser Phase des Gespräches den negierenden Gegenpol zu den Äußerungen aller anderen Personen darstellt, so wird doch aus dem Gesamtduktus deutlich erkennbar, daß Schleiermacher hierbei seine Position nicht vertritt, sondern vielmehr in der weiblichen Art der harmonisch-allmählichen Entfaltung, in dem „stufenweisen Hervortreten des Höheren", in der Bewahrung des Kindlichen in der weiblichen Entwick-

26 Ungedruckte Predigten Schleiermachers, hrsg. von J. Bauer, Leipzig 1909, S. 85
27 „Weihnachtsfeier", S. 65
28 a.a.O., S. 64 f.

lung gegenüber dem männlichen „unruhigen Streben, jenem leidenschaftlichen Kampf mit der Welt und sich selbst"[29], die dem Christentum wesensgemäßere Art empfindet. Wenn auch das Christentum überall „von einem Umkehren, einer Veränderung des Sinnes" redet, was also — wie Leonhard feststellt — in dem männlichen Übergang von dem wüsten, leidenschaftlichverworrenen Leben in das besonnene Dasein seine scheinbare Entsprechung finde, so „hat sich doch Christus selbst nicht bekehrt".[30] Und Karoline erwidert ihm noch weiter: „Eben deshalb ist er auch immer der Schutzherr der Frauen gewesen, und während ihr euch nur über ihn gestritten habt, haben wir ihn geliebt und verehrt."[31] Auch Ernst fügt hinzu: „. . . was ist die Feier der Kindheit Jesu anderes als die deutliche Anerkennung der unmittelbaren Vereinigung des Göttlichen mit dem Kindlichen, bei welcher es also keines Umkehrens weiter bedarf".[32] An diesem Punkt können wir Karl Barth zustimmen, wenn er formuliert: „Die Unbekehrtheit, Unbekehrbarkeit und Nichtbekehrungsbedürftigkeit macht neben der Musik auch die Frauen mit ihrem Herzen voll Liebe und Freude zu einem der Sache, diesem Inhalt gerechtwerdenden, seiner würdigen Gefäß der Weihnachtsbotschaft, zu einem Organ direkter Mitteilung."[33] So sind dann auch die drei Weihnachtserzählungen der Frauen ein Ausdruck für die Rückerinnerung und harmonische Nachempfindung ihrer weihnachtlichen Kindheitserlebnisse; sie stellen somit das spezifisch Weihnachtliche dar.

Es bleibt dabei aber eine Frage, ob Schleiermacher an diesem weiblichmusikalischen Ausdruck des Weihnachtsgeschehens, zu dem Eduard und Joseph am Schluß des Gesprächs zurückverweisen, den eigentlich höchsten gesehen hat. Zumindest hat er an den christologischen Gedanken der Männer ein ebenso starkes Interesse. Die christologische Reflexion erscheint keineswegs als überflüssig. Im Gegenteil — an diesen Reden offenbart sich wohl erst ein wesentliches Anliegen Schleiermachers. Es wird ihm also, allgemein gesagt, auf die Vielfalt der menschlichen Reaktionsmöglichkeiten auf das Weihnachtsgeschehen in dieser Schrift besonders angekommen sein. Aber es ist doch nicht zu übersehen, daß Schleiermacher in der weiblichkindlich-musikalischen Reaktion einen der Sache und dem Inhalt ganz besonders gemäßen Widerhall zu dem in Christus geschenkten neuen Leben erblickt hat. Joseph, in dem sich deutlich Schleiermachers damalige Lebens-

29 a.a.O., S. 65; 69
30 a.a.O., S. 66
31 a.a.O., S. 66
32 a.a.O., S. 67
33 K. Barth, a.a.O., S. 61

123

situation widerspiegelt, spricht als Abschluß der theologischen Reflexion die für Schleiermacher so bezeichnenden Worte: „Der sprachlose Gegenstand verlangt oder erzeugt auch mir eine sprachlose Freude, die meinige kann wie ein Kind nur lächeln und jauchzen."[34]

Als Abschluß für den ersten und zweiten Teil läßt sich folgendes sagen: Schleiermacher gibt anhand dieser Weihnachtsgesellschaft eine mannigfaltige Schilderung von der sie alle durchdringenden Erfahrung, daß mit der Geburt Christi ein neues Leben für die Welt begonnen hat. Dabei bekommen die Tugenden und Bildungen des menschlichen Lebens in Beziehung „auf das große Heil der Welt" ihren eigentlichen Sinn, indem diese selbst zu Ausdrucksorganen des weihnachtlichen Heilsereignisses werden. Wenn es sich so verhält, dann liegt kein Grund vor, von einer ‚Erhöhung der Menschlichkeit' zu sprechen, denn das erhöhte menschliche Dasein bedeutet keine Erhöhung des kreatürlichen Lebens im sittlich-geistig-religiösen Leben — durch eine Steigerung seiner natürlichen Anlagen und Kräfte —, sondern es erfährt diese ‚Erhöhung' allein aus der Freude über die den Gesamtbereich des menschlichen Lebens umgreifende Erlösungstat Gottes in Jesus Christus. Kritisch ist zu diesen beiden Teilen zu fragen, ob hier bei den Frauen nur ein relativer Unterschied zwischen Christus und den Gläubigen besteht, der sich im 3. Teil in einen absoluten verwandelt.[35]

C. Die christologische Reflexion

6. Vorbemerkung

Die Reden von Leonhard, Ernst und Eduard vertreten verschiedene Standpunkte in der Würdigung des Weihnachtsfestes. Verbunden sind alle in der gemeinsamen Grunderfahrung — wie wir gesehen haben —, daß mit Weihnachten das neue Leben für die Welt angebrochen ist. Aber in der Aufhellung der Ursprungssituation für die gemeinsame Grunderfahrung bestehen erhebliche Unterschiede. Daß Schleiermacher auch in diesen Reden die Vielfalt der möglichen Betrachtungsweisen des Weihnachtsgeschehens aufgezeigt sehen will, scheint aus dem Gesamtaufbau wie aus der Bemerkung Friederikes hervorzugehen, die das Fest als Thema der Reden vorgeschlagen hat und gleich zu Anfang eine Begründung dafür gibt, wenn sie über das Fest sagt: „Hat es doch so viele Seiten, daß jeder es verherrlichen kann, wie er am liebsten

---

34 „Weihnachtsfeier", S. 133
35 Diese Frage stellt auch Bleek, a.a.O., S. 197.

will."[36] Auch in der Vorerinnerung zur 2. Auflage der „Weihnachtsfeier" von 1826 schreibt Schleiermacher: „. . . es mag ein freundlicher Anblick sein, und nicht unwert als Weihnachtsgabe dargebracht zu werden, wie die verschiedensten Auffassungsweisen des Christentums hier in einem mäßigen Zimmer nicht etwa nur friedlich nebeneinander sind . . ., sondern wie sie sich einander freundlich stellen zur vergleichenden Betrachtung".[37] Es ist wiederholt gefragt worden, in welchem Verhältnis Schleiermacher selbst zu diesen drei Standpunkten steht. Vertritt etwa einer der Redner vollständig Schleiermachers Meinung oder keiner bzw. keiner vollständig, so daß jeder einzelne jeweils nur ein Moment aus Schleiermachers Christologie darstellt?

Alle diese unterschiedlichen Auffassungen sind in der Forschung vertreten worden; eine andere kommt noch hinzu, die z.B. Schelling vertreten hat, der in den drei Reden Vertreter der verschiedenen Gruppen innerhalb der damaligen Theologie erkennen zu können glaubte. Es wird davon noch die Rede sein. Wir meinen demgegenüber, daß Schleiermacher hier die ihm wesentlich erscheinenden seelisch-geistigen Reaktionsmöglichkeiten in ihrer Verschiedenheit charakterisieren wollte. Daß er dabei zu den Standpunkten der drei Redner jeweils eine Affinität besitzt, soll bei der Darstellung der einzelnen Reden gezeigt werden. Die besondere Dialektik des Gesprächsganges macht es allerdings unmöglich, systematisch-klare Abgrenzungen vorzunehmen. Wir müssen also in dem Hin und Her der Gedanken jeweils herausfinden, was als Schleiermachers Überzeugung zu gelten hat.

7. Die Rede Leonhards

Bei der Rede Leonhards ist es insofern schwierig, als sich hier Schleiermachers Auffassungen mit solchen durchdringen, die er bereits überwunden hat. Zunächst finden wir in ihr nämlich radikal-skeptische Bemerkungen historischer Kritik. Denn Leonhard will z.B. die Bedeutung des Christentums, das er zwar wie seine Gesprächspartner als „eine starke und kräftige Gegenwart gelten lassen" will[38], nicht durch die Schrift oder durch die katechetische Unterweisung begründet sehen, sondern für ihn ist das Fest selbst ein Ausdruck für seine „starke und kräftige Gegenwart". Das Fest als solches erscheint ihm jedenfalls als das geeignetere Mittel, den Ursprung des Christentums im Gedächtnis der Menschen lebendig zu erhalten als die Heilige Schrift.

---

36 „Weihnachtsfeier", S. 99
37 Sämtliche Werke, I. Abt., Bd. 1, S. 464
38 „Weihnachtsfeier", S. 104

In welchem Verhältnis stehen diese provozierenden Aussagen Leonhards zu Schleiermachers damaliger Position? Da er im Jahre 1806 Einflüsse der rationalistisch-aufklärerischen Theologie längst überwunden hatte, stellt Leonhards Rede im ganzen keineswegs nur den Standpunkt dieser überwundenen Theologie dar. Seine Ausführungen tragen ein vielfältigeres Gepräge. Leonhards Gestalt in der „Weihnachtsfeier" ist zunächst als ein lebendiges Zeugnis von Schleiermachers neuer Auseinandersetzung mit der Bibel zu verstehen, zu der ihn — wie gesagt — seine exegetische Arbeit in Halle genötigt hatte. Dabei hat Schleiermacher die Bedeutung der Bibelkritik seiner Zeit sehr wohl verstanden; in gewissem Sinn hat er sie auch selbst weitergeführt. Wenn Leonhard davon redet, wie wenig die Bibel im Zusammenhang verstanden werde, wie ungesichert ihre einzelnen Berichte seien, wie die Meinungen zu der Zeit, als die ersten Nachrichten abgefaßt wurden, auseinandergingen — ja, wie jede Nachricht, jede Behauptung die andere aufhebe, die Auferstehung den Tod ungeschehen und die Himmelfahrt das Leben verdächtig mache, wenn er von dem Streit zwischen dem doketistischen und ebionitischen, dem lutherischen und reformierten Verständnis Christi redet — so bekommen wir ein anschauliches Bild von den Fragen und Problemen, vor die sich die Bibelkritik zurzeit Schleiermachers gestellt sah, und die bis auf den heutigen Tag ihre Aktualität nicht verloren haben. In diesen Sätzen verbirgt sich gewiß ein Teil von Schleiermachers Bibelverständnis, der aus der Auseinandersetzung mit dem herrnhutischen Christentum stammt. In seine Hallesche Zeit hatte er eine starke Abneigung gegenüber einem Umgang mit der Bibel hinübergenommen, der sich vorwiegend auf einen aus dem historischen Zusammenhang losgelösten, im einzelnen des individuellen Glaubenslebens und -erlebens erschöpfenden Bezug beschränkt.

Wir können hierbei noch einmal an die erwähnte „Einleitung in das Studium der Kirchengeschichte" von 1806 erinnern, in der er die sogenannte „höhere Behandlung" der Geschichte und damit auch der biblischen Geschichte gefordert hatte, wie an sein grundsätzliches Verständnis des Einzelnen, das erst durch seinen Zusammenhang mit dem Ganzen „Haltung und bestimmtes Dasein" bekommt.[39] Wie offen Schleiermacher den Fragen der Bibelkritik seiner Zeit gegenüberstand, zeigt auch ein Brief aus dem Jahre 1804, in dem er fragt: „Warum soll man absichtlich dem natürlichen Resultat aller jetzigen Krisen in der Theologie entgegenwirken, dem nämlich, daß wir suchen müssen, das Christentum, wie es anfangs ohne die Urkunden bestanden hat, auch wieder von jenen unabhängig zu machen und über sie zu er-

39 Sämtliche Werke, I. Abt., Bd. 11, S. 624

heben? "[40] Aber auch in dem Satz, daß „Christus ehedem nicht auf eine andere und eigentlichere Art zugegen gewesen sei und gelebt habe auf Erden unter den Seinigen, als auch jetzt noch"[41], können wir einen Teil von Schleiermachers eigenen Ansichten ausgedrückt sehen, da für Leonhard, indem er von der starken und kräftigen Gegenwart des Christentums redet, sein Wahrheitsbeweis in dem empirischen Dasein begründet ist, und das Weihnachtsfest seine „geschichtserhaltende Kraft" (Barth) seiner Einführung in die Häuser und bei den Kindern verdankt, womit er sich wieder mit der Anschauung der Frauen verbindet.

Der Hauptakzent in der Rede Leonhards aber liegt in der historischen Kritik. Er sieht das wirkliche Vorhandensein Christi in der Geschichte, seine starke und kräftige Gegenwart nicht im Zusammenhang mit der historischen Person und dessen Geburt, sondern stellt vielmehr in Hinblick auf die gelebte Gegenwart fest: „Wie wenig hängt doch Christus, die wirkliche Person, damit zusammen!"[42] Und indem Leonhard vorher davon sprach, wieviel mehr das Volk aus der Geschichte durch festliche Gebräuche erfahre als durch die geschriebene Überlieferung, wie z.B. der einfache Katholik von den Heiligen vor allem daher etwas weiß, weil man ihre Festtage feiert, so bezieht er dies nun auch auf das Christentum überhaupt: „Der erfahrungsmäßig geschichtliche Grund der Sache ist so schwach, daß unser Fest dadurch umso mehr verherrlicht wird und seine Kraft nahe an das Obenerwähnte grenzt, daß nämlich durch solche Gebräuche die Geschichte bisweilen selbst erst gemacht wurde."[43] Diese Position würde Schleiermacher als seine persönliche Auffassung gewiß nicht derart „undialektisch" vertreten, wenngleich es ihm auch wichtig ist, daß dieser Standpunkt gebührend hervorgehoben wird. In Leonhard wendet sich Schleiermacher vielmehr gegen dessen Verabsolutierung einer negativ-kritisch argumentierenden Reflexion, die er in einem Brief einmal als „frivol" bezeichnet hat.[44] Leonhards Verdacht, daß wegen der Unsicherheit aller historisch überlieferten Nachrichten über den Ursprung des Christentums die festlichen Gebräuche vielleicht seine Geschichte am Ende erst „gemacht" haben, daß die Idee des Christentums vermutlich vor seiner geschichtlichen Wirklichkeit, und damit auch die Idee der Erlösung vor dem geschichtlichen Erlöser dagewesen sei, begegnet Ernst mit dem Hinweis auf die allgemeine Verbreitung des Christentums: „Was so allgemein ist, kann

40 Briefe, Bd. 4, S. 605
41 „Weihnachtsfeier", S. 107/108
42 a.a.O., S. 104
43 a.a.O., S. 108
44 Briefe, Bd. 2, S. 49

niemals willkürlich ersonnen sein. Etwas Innerliches muß dabei zum Grunde liegen"[45], was dann in seiner Rede als die allgemeine Erfahrung der Erlösungsbedürftigkeit und die in Christus wirklich geschehene Erlösung erscheint.

Wenn aus der Rede Leonhards deutlich hervorgeht, wie die bloß empirisch-historische Begründung des Christentums zum Scheitern verurteilt ist und der Glaube einer solchen Begründung durch empirische Einzeltatsachen auch nicht bedarf, so kann man vielleicht noch auf ein zweites wesentliches Moment in dieser Rede aufmerksam machen, das uns vor allem in ihrem zukunftweisenden Charakter zu liegen scheint.

Barth spricht von dem Feuerbachianismus Leonhards; die Ansätze zu der späteren Theologie eines D. Fr. Strauß sind deutlich erkennbar. Sogar den Leidensweg der gesamten liberalen Leben-Jesu-Forschung im 19. Jahrhundert hat Schleiermacher im Prinzip vorausgesehen. Die Ausführungen Leonhards nehmen jedenfalls von vornherein das Scheitern ihrer Methode und ihres Ergebnisses vorweg.

Daß Schleiermacher selbst diese Anschauungen Leonhards nicht unwidersprochen stehen läßt, geht aus der Rede von Ernst hervor. In ihr erfahren sie ihre notwendige Ergänzung. Eduard bestätigt Leonhard zwar, daß er sich recht sachwalterisch vorgesehen habe „durch seine Erklärung und durch die Art, wie er das Herabsetzende zusammengeflochten mit der Absicht des Erhebens, die er doch an die Spitze stellen mußte."[46] Auch Ernst entzieht sich der von den Frauen gestellten Aufgabe, Leonhard zu widerlegen, aber er hat doch Wesentliches zu Leonhards einseitigem Standpunkt zu entgegnen.

8. Die Christologie in der Rede von Ernst

Auf die große Frage nach der Beziehung des Weihnachtsfestes zu seinem Ausgangspunkt, die bei Leonhard auftauchte, entgegnet ihm nun Ernst: „„Du nämlich sahest nur darauf, daß jedes Fest ein Gedächtnis ist von irgend etwas, mir aber liegt daran von was? Demnach sage ich, daß nur zu dessen Gedächtnis ein Fest gestiftet wird, durch dessen Vorstellung eine gewisse Gemütsstimmung und Gesinnung in den Menschen kann aufgeregt werden".[47] Und diese Stimmung sieht Ernst in der Freude. Es ist die gleiche Grunderfahrung, die schon bei den Erzählungen der Frauen anschaulich zum Ausdruck kam, die allgemeine Erfahrung der Freude über das der Welt durch die Geburt des

45 „Weihnachtsfeier", S. 116
46 a.a.O., S. 110
47 a.a.O., S. 113f.

128

Erlösers geschenkte neue Leben als dem Wesen des Weihnachtsfestes und des Christentums überhaupt. Im Gegensatz zur Geburtstagsfreude, wo sich das „liebe Ich einmischt"[48], besteht „das Eigentümliche der Weihnachtsfreude eben in dieser gänzlichen Allgemeinheit".[49] „Und was so allgemein ist, kann niemals willkürlich ersonnen werden. Etwas Innerliches muß dabei zum Grunde liegen. Dieses Innere aber kann nichts anderes sein als eben der Grund aller Freude."[50] Wie wird dieses Innere, das der Grund aller Freude ist, charakterisiert? Wenn der Gegenstand der Freude die Erfahrung eines neuen Lebens ist, so besteht das Wesen und der Grund dieses neuen ungetrübten Lebens in der Aufhebung der Gegensätze allen endlichen Seins – der Gegensätze zwischen der Erscheinung und dem Wesen, der Zeit und der Ewigkeit, kurz, in der Erlösung. So ist das Prinzip der Freude die Erlösung und „von dieser wiederum muß für uns der erste Punkt sein die Geburt eines göttlichen Kindes".[51] Deutlich wird hierbei hervorgehoben, daß unser eigenes Dasein unter der Herrschaft dieser Gegensätze steht und daß das Leben und die Freude der ursprünglichen Natur nicht die unsrige ist. „Wir selbst fangen . . . im Zwiespalt an und gelangen erst zur Übereinstimmung durch die Erlösung, die eben nichts anderes ist als die Aufhebung jener Gegensätze und eben deshalb nur von dem ausgehen kann, für den sie nicht erst durften aufgehoben werden."[52] So kann die christliche Erfahrung von dem Aufgehobensein dieser Gegensätze in dem neuen Leben nicht in den Christen selbst begründet sein, sondern muß auf einen ersten Ausgangspunkt zurückgeführt werden, auf die Idee eines Erlösers. In Übereinstimmung und Ergänzung zu Leonhard fügt Ernst hinzu: „Mögen die historischen Spuren, die Sache so in einem niedrigen Sinn kritisch angesehen, noch so schwach sein; das Fest hängt nicht daran, sondern an der notwendigen Idee eines Erlösers".[53] Doch ist in der Rede von Ernst diese „notwendige Idee eines Erlösers" konkret mit der Geburt des göttlichen Kindes als seiner historischen Erscheinungsform verbunden. Die Bedingtheit der Erlösung durch „ein" göttliches Kind wird von Schleiermacher in der 2. Ausgabe der „Weihnachtsfeier" in „das" göttliche Kind geändert,[54] so daß also kein Zweifel mehr bestehen kann, daß die Erlösung an den historischen Jesus geknüpft ist. Daß die Idee der Erlösung in der Rede von Ernst nichts mit einer spekulativen Deduktion zu tun hat, daß

48 a.a.O., S. 123
49 a.a.O., S. 116
50 a.a.O., S. 117, vgl. auch Anm. 45
51 a.a.O., S. 118
52 a.a.O., S. 118
53 a.a.O., S. 120
54 Sämtliche Werke, I. Abt., 1. Bd., S. 488

diese Idee nicht im Gegensatz zur Geschichte steht, sondern ihre Erscheinungsform in der historischen Person des Jesus von Nazareth gefunden hat, formuliert Süskind mit Recht folgendermaßen: „Die Idee der Erlösung ist nicht auf spekulativem, sondern auf empirischem Weg gewonnen, sie hat ihren Grund nicht in der Notwendigkeit des philosophischen Gedankens, sondern in der Notwendigkeit, die gegebene, die christliche Erfahrung als einfache Tatsache zu verstehen und zu erklären."[55]

Wenn Kant das „Urbild" Jesu — der Terminus kommt allerdings in der „Weihnachtsfeier" nicht vor — auf eine Vernunftidee bezieht, so wird es hier in den Ausführungen von Ernst auf einen bestimmten Menschen bezogen. Für Kant ist es darum in seiner „Religion innerhalb der Grenzen der bloßen Vernunft" von 1793 unwesentlich, ob die Geschichtlichkeit eines der Idee des Guten entsprechenden Menschen nachweisbar sei oder nicht: „Die Idee hat ihre Realität in praktischer Beziehung vollständig in sich selbst."[56] Hiermit wird die Person Jesu Christi tatsächlich durch die Idee der Humanität ersetzt. Die Erlösungsidee in der Rede von Ernst schwebt aber nicht — wie es J. Wendland ausdrückt — „jenseits der historischen Wirklichkeit, sondern wie alle spekulativen Ideen geeignet sind, die empirische Wirklichkeit zu erfassen und zu durchleuchten, so hat auch die Idee des Erlösers in der Person Jesu ihre Erscheinungsform gefunden."[57] Daß es sich bei Ernst aber nicht um einen nur spekulativen Rückschluß handelt, hat G. Wehrung in seiner Einleitung zur „Weihnachtsfeier" betont, wenn er sagt, es erschließe sich uns des Erlösers „Wirklichkeit ... unmittelbar, indem wir uns des innersten Grundes und der unerschöpflichen Kraft des neuen ungetrübten Lebens bewußt werden. Das ist nicht einfach ein Rückschluß; ein ‚Anschauen' ist uns gewährt."[58] Man hat verschiedentlich geglaubt, in der Rede von Ernst Schleiermachers Meinung in extenso wiederfinden zu können.[59] Dieses Urteil ist insofern berechtigt, als die Christologie in der Rede von Ernst weitgehend mit der Christologie in Schleiermachers Predigten übereinstimmt. Wir haben an der Christusanschauung der frühen Predigten gesehen, wie für Schleiermacher vorwiegend die Wirkung Christi, d.h. die gegenwärtige religiöse Erfahrung der Christen das Fundament seiner Christusverkündigung bildete. Doch wenn die Rede von Ernst Schleiermachers eigene Anschauung vollständig wiedergäbe,

55 Süskind, a.a.O., S. 279
56 Kant, Werke, Berlin 1914, Bd. 6, S. 62
57 J. Wendland, a.a.O., S. 157
58 G. Wehrung, „Weihnachtsfeier", S. XIII
59 Stellvertretend für eine Reihe anderer Meinungen steht hier vor allem H. Bleek, a.a.O., S. 186

dann wäre die nachfolgende Rede Eduards ein seltsamer Anhang. In ihr aber kommt vielmehr die Christologie in der „Weihnachtsfeier" im Sinne Schleiermachers zu ihrem eigentlichen Höhepunkt.

9. Die Christologie in der Rede Eduards

In Eduards Rede kommt besonders Schleiermachers Auseinandersetzung mit der Philosophie Schellings und der spekulativen Christologie zum Ausdruck. Eduard beginnt seine Rede mit dem Prolog des „mystischen Lebensbeschreibers Christi", der „uns die geistige und höhere Ansicht unseres Festes" gibt.[60] Der Erlöser ist das fleischgewordene Wort Gottes. „Das Fleisch . . . ist die endliche beschränkte sinnliche Natur; das Wort dagegen ist der Gedanke, das Erkennen."[61] Somit ist „das Fleischwerden desselben . . . das Hervortreten dieses Ursprünglichen und Göttlichen in jener Gestalt. Was wir sonach feiern, ist nichts anderes als wir selbst, wie wir insgesamt sind, oder die menschliche Natur . . . angesehen und erkannt aus dem göttlichen Prinzip".[62]

Bedeuten nun diese Sätze eine Auflösung der Person des Erlösers in die Idee der Erlösung, in das „göttliche Prinzip"? Wie kann die menschliche Natur, die von diesem göttlichen Prinzip angesehen und erkannt wird, selbst der Gegenstand der Weihnachtsfeier sein? Aber warum das gesagt werden kann, geht aus dem folgenden hervor. Die Frage: „Warum wir Einen aufstellen müssen, in welchem sich die menschliche Natur allein so darstellen läßt, . . . und bei ihm schon in die Geburt diese Einerleiheit des Göttlichen und Irdischen setzen", führt zu dem „Menschen an sich", der die Einheit zwischen dem „ewigen Sein und dem immer wechselnden Werden" darstellt.[63] „Was ist der Mensch an sich anderes als der Erdgeist selbst, das Erkennen der Erde in seinem ewigen Sein und seinem immer wechselnden Werden. So ist auch kein Verderben in ihm und kein Abfall und kein Bedürfnis einer Erlösung." „Der Einzelne aber ist das Werden allein . . . er ist im Abfall und Verderben . . . und er findet die Erlösung nur in dem Menschen an sich."[64] Das Bedürfnis der Erlösung steht damit im Widerspruch zwischen dem empirischen Einzelmenschen und dem „Menschen an sich". Der „Mensch an sich" wird als die

60 „Weihnachtsfeier", S. 124
61 a.a.O., S. 125
62 a.a.O., S. 126
63 a.a.O., S. 126 f.
64 a.a.O., S. 127

gottgewollte Idee des Menschen verstanden. Dem entspricht, daß sich der Einzelne als ein Besonderer in einem Mißverhältnis zu der Gesamtheit der Menschheit befindet. Wie nun der Einzelmensch in dem „Menschen an sich" die Erlösung findet, wird damit begründet, „daß eben jene Einerleiheit des ewigen Seins und Werdens des Erdgeistes in ihm selbst aufgeht, daß er alles Werden und auch sich selbst nur in dem ewigen Sein betrachtet und liebt und daß er, wie er als ein Werden erscheint, nichts anderes sein will als ein Gedanke des ewigen Seins und in keinem anderen Sein will gegründet sein als in dem, welches einerlei ist mit dem immer wechselnden und wiederkehrenden Werden".[65] In der Menschheit ist die Identität von ewigem Sein und wechselndem Werden ewig, aber nur deshalb, „weil sie ewig als der Mensch an sich ist und wird; im Einzelnen aber muß sie ... auch werden als sein Gedanke und als der Gedanke eines gemeinschaftlichen Tuns und Lebens, in welchem eben jenes Erkennen der Erde ist nicht nur, sondern auch wird. Nur wenn der Einzelne die Menschheit als eine lebendige Gemeinschaft der Einzelnen anschaut und erbaut, ihren Geist und Bewußtsein in sich trägt und in ihr das abgesonderte Dasein verliert und wiederfindet, nur dann hat er das höhere Leben und den Frieden Gottes in sich".[66] Für die Denkweise in Eduards Rede ist es nun bezeichnend, daß die Kirche als diese Gemeinschaft verstanden wird, in der der „Mensch an sich" Wirklichkeit wird.

Die Grundidee des Christentums ist somit in der Rede Eduards die des „Menschen an sich". Dieser Begriff ist bei Schleiermacher aber nicht mit dem platonischen Urbild gleichzusetzen, obwohl er terminologisch aus dem Platonismus stammen wird. Seinem Inhalt nach bedeutet er aber etwas ganz anderes; denn bei Plato gibt es kein geschichtliches Erscheinen eines Urbildes; die Idee bleibt in der Seinswelt und wird nur abgebildet in der Welt des Werdens. Demgegenüber bleibt hier der „Mensch an sich" aber nicht in der reinen Idee, sondern erscheint in der ‚realen', d.h. der empirischen Welt. Wenn der einzelne Mensch in den für das Werden charakteristischen Gegensätzen verhaftet ist, so muß der „Mensch an sich", in dem die Gegensätze aufgehoben sind, doch in dieser gegensätzlichen Welt Wirklichkeit werden. Und dies erfolgt in der wahren, lebendigen Gemeinschaft der Menschen, wie sie die Kirche darstellt. Die in dem Begriff des „Menschen an sich" zum Ausdruck gebrachte gottgewollte Idee des Menschen entspricht der Ansicht Schleiermachers von der Vollendung der Schöpfung in Jesus Christus, wie er sie später in seiner Glaubenslehre entwickelt. In dem „Menschen an sich" ist also die Identität von ewigem Sein und immer wechselndem Werden gegeben. In der

---

65 „Weihnachtsfeier", S. 128
66 a.a.O., S. 128

Menschheit als der lebendigen Gemeinschaft der Einzelnen findet sich diese Einheit auch ewig, weil sich in ihr – und das heißt in der Kirche – der „Mensch an sich" darstellt. Der einzelne Mensch findet die Erlösung und damit die Einheit von Sein und Werden dadurch, daß er sich selbst als einen Gedanken des ewigen Seins betrachtet und in ihm allein gegründet sein will. So kann in ihm selbst jene Einheit aufgehen als ‚sein Gedanke und als der Gedanke eines gemeinschaftlichen Tuns und Lebens', d.h. daß er die Menschheit als eine lebendige Gemeinschaft[67] der Einzelnen anschaut, in ihr das abgesonderte Dasein verliert und wiederfindet und somit Anteil an dem höheren Leben und dem Frieden Gottes bekommt. Der Einzelne erfährt also im Anschauen der Gesamtheit seine Begrenztheit und Eigentümlichkeit. Hier begegnet uns Schleiermachers Individualitätsgedanke aus den Reden wieder, insbesondere seine Gedanken über den Dualismus von Mensch und Menschheit aus der 1. Rede. Und in den Monologen hieß es: „Unsere Aufgabe ist nur, immer mehr das zu werden, wozu wir bestimmt sind. Unseres Wesens Eigentümlichkeit sollen wir erkennen und ausbilden, um immer mehr ein reiner Spiegel des Göttlichen Universums zu werden. Der Mensch bedarf der Gemeinschaft, um sich seiner Eigentümlichkeit bewußt zu werden."[68]

Aber bisher konnte man aus Eduards Rede noch nicht die Beziehung auf die reale Kirche und ihren historischen Anfangspunkt finden. Es hätte auch von der idealen Kirche die Rede sein können: „Diese Gemeinschaft nun ist als Werdendes auch ein Gewordenes und als eine Gemeinschaft der Einzelnen ein durch Mitteilung derselben Gewordenes, und wir suchen also auch einen Punkt, von dem diese Mitteilung ausgegangen, wiewohl wir wissen, daß sie von einem Jeden wieder selbständig ausgehen muß ... Jener aber, der als der Anfangspunkt der Kirche angesehen wird ... muß als der Mensch an sich, als der Gottmensch schon geboren sein ... und das Licht der Menschen sein von Anfang an. Denn wir zwar werden wiedergeboren durch den Geist der Kirche, der Geist selbst aber geht nur aus vom Sohn, und dieser bedarf keiner Wiedergeburt, sondern ist ursprünglich aus Gott geboren. Das ist der Menschensohn schlechthin."[69] Die reale Kirche ist also nicht die ewig-reine Darstellung des

---

67 Daß hierbei Schleiermacher vermutlich von Herder beeinflußt ist, zeigen die Verbindungslinien, die von diesem zu Eduards Gedanken führen. In den „Ideen zur Philosophie der Geschichte der Menschheit": „... gottähnliche Humanität, die verschlossene Knospe der wahren Gestalt der Menschheit" – „Religion ist die höchste Humanität, die erhabenste Blüte der menschlichen Seele (Werke, hrsg. v. B. Suphan, Bd. 13, S. 191 u. 161).
68 Monologen, S. 104
69 „Weihnachtsfeier", S. 129f.

„Menschen an sich"; der in dieser vorhandene „Mensch an sich" kann nicht aus ihr selbst, bzw. aus ihren Mitgliedern „abgeleitet" werden. Vielmehr muß eine Darstellung des „Menschen an sich" schon vorhanden sein, die am Anfang der Kirche liegt — und dieser Anfangspunkt ist Jesus Christus als der Menschensohn schlechthin. Eduard findet also wie Ernst von der Idee zu der historischen Person, und seine Rede kann man als eine Steigerung gegenüber der Erlösungsidee bei Ernst ansehen, denn Eduard spricht von dem „Menschen an sich", der der Gottmensch ist und der ursprünglich aus Gott geboren ist, wohingegen alle Menschen immer der Wiedergeburt bedürfen.

Wenn Schelling in seiner Rezension der „Weihnachtsfeier" kritisiert, daß sich der Geist der Erde hier in den „engen Mauern und dumpfen Hallen der Kirchen zusammenzieht"[70], d.h. in der realen Kirche erscheint, so haben wir wohl einen unverdächtigen Zeugen dafür, daß Schleiermacher in Eduard keine spekulative Christologie vorträgt. Schelling hält „eben diese Idee der Erlösung für die Geburt des Christentums selbst".[70]

Weshalb aber bedeutet die Rede Eduards den krönenden Abschluß der „Weihnachtsfeier"? Sieht man von dieser Rede auf die beiden ersten zurück, so wird das Anliegen, das Schleiermacher in ihr verfolgt, und das zugleich das eigentliche Zentrum der Schrift ausmacht, besonders deutlich. Meldete sich in Leonhard der kritisch analysierende, rationalistische Verstand zu Wort, so bildete demgegenüber die Mitte von Ernsts Ausführungen das „Erlebnis", die fromme Erfahrung. Schleiermacher wollte es aber bei dieser Antinomie nicht bewenden lassen, sondern beide Standpunkte zu höherer Einheit zusammenführen. Und dies geschieht in der Rede Eduards. Die Verbindung von welthaft-kritischer Vernünftigkeit mit der christlich-religiösen Erfahrung ist das große Ziel der „Weihnachtsfeier" und letztlich das Hauptanliegen der Schleiermacherschen Theologie überhaupt.[71]

Um die angestrebte Synthese der beiden gegensätzlichen Positionen herbeizuführen, bedarf es jedoch einer Betrachtung welt- und menschheitsgeschichtlicher Zusammenhänge. Schleiermacher vollzieht deshalb in der Rede Eduards eine Geschichtsbetrachtung, und zwar eine von dem Christusgeschehen aus gedeutete Welt- und Menschheitsgeschichte. Das Erscheinen Christi ist ihm somit die zentrale Wende der Geschichte. Diese gliedert sich daher wesentlich in zwei Epochen: War der Mensch vor Christus noch in unbewußtem religiösen Streben befangen, so findet er in der Epoche nach Christus in Bewußt-

---

70 Schelling, Werke, I. Abt., Band 7, S. 498
71 E. Hirsch, Schleiermachers Christusglaube, Gütersloh 1968, S. 37 ff. hat in seiner Interpretation der Rede Eduards besonders auf diesen Verbindungshorizont im Denken Schleiermachers hingewiesen.

heit zu sich selbst. Das Christusereignis steht also in unmittelbarem Zusammenhang mit der Selbstwerdung des Menschen. Christus als der „Erdgeist" und als der „Mensch an sich" vollendet die Schöpfung; in ihm ist die Zwietracht und die Verwirrung aufgehoben, und der Mensch gewinnt Anteil an dieser Aufhebung, d.h. an der Erlösung, indem ihm das höhere Selbstbewußtsein aufgeht und er in allem Irdischen das Göttliche zu sehen vermag. In diesem höheren Selbstbewußtsein ist die fromme Innerlichkeit mit dem zur Klarheit gekommenen Menschengeist verbunden. Aber dieses höhere Selbstbewußtsein ist nicht das Werk des Einzelnen, sondern des Geistes Christi in ihm. Indem Christus als der „Mensch an sich" in allem höheren Bewußtsein des Menschen lebt und dieses in ihm, ist auch er der Geist einer großen allumfassenden Kirche, die ihren historischen Anfang aus seiner Geburt herleitet, und in der die kritische Wissenschaft ebenso wie die fromme Erfahrung ihren Platz haben.

10. Die christologische Dimension in den Schlußworten Josephs

Das Schlußwort Josephs steht in merkwürdigem Gegensatz zu den Reden von Leonhard, Ernst und Eduard. Alle drei nehmen — um es mit Hegel zu sagen — „die Anstrengung des Begriffs" auf sich, wenn auch im Ansatz wie in der Zielrichtung ihrer gedanklichen Bemühungen auf verschiedene, z.T. gegensätzliche Weise. Dennoch stimmen sie miteinander darin überein, daß das Weihnachtsfest einer theologischen Sinndeutung nicht nur zugänig ist, sondern durch eine Sinnklärung auch an Erlebnistiefe gewinnt.

Joseph erteilt mit wenigen Worten all diesen Bemühungen zunächst eine radikale Absage. Alles, was man für ein Verstehen des Weihnachtsfestes als Deutung aus dem Logos versuchen könnte, erscheint ihm in Hinblick auf das hier Wesentliche nicht nur bedeutungslos, sondern geradezu abwegig. Seiner der Reflexion von Grund auf abgeneigten Gemütswärme erscheint darum auch schlechthin „alles Reden zu langweilig und kalt".[72] Verständlicherweise lehnt er darum ab, selbst etwa eine „feierliche Rede" zu halten. Zugleich enthalten seine aufs Erbauliche zielenden Worte eine scharfe Abwehr, vor allem gegenüber dem Rationalisten Leonhard. Dieser verkörpert für ihn das aller wahren Frömmigkeit abträgliche „schlechte Prinzip". In der Tat stellt er mit den ihm zugesprochenen Merkmalen des „denkenden, reflektierenden, dialektischen (!), überverständigen Menschen"[73] den extremen Widerpart zu

72 „Weihnachtsfeier", S. 133
73 a.a.O., S. 132

Joseph dar. Im bewußten Gegensatz zu allen dreien bekennt sich Joseph schlicht zu einer „sprachlosen Freude", da für ihn der „Gegenstand" des Weihnachtsfestes — nämlich das Kind in der Krippe — wie er sagt, selbst „sprachlos" sei.[74]

Im Sinne der Evangelien und aus dem Selbstverständnis des zu vorbehaltloser Glaubenshingabe Geführten urteilt er über sich selbst: „Auch ich bin ganz ein Kind geworden zu meinem Glück".[75] Es fällt nicht schwer, hinter diesen Selbstaussagen die innere Glaubensgewißheit des „Herrnhuters einer höheren Ordnung" wiederzuerkennen. In der Gestalt des Joseph unterstreicht Schleiermacher noch einmal die uns schon in seinen Predigten begegnete feste Überzeugung, daß nur auf dem Fundament einer von Christus persönlich ergriffenen Frömmigkeit eine verstandesmäßig-reflektierende Haltung zu ihm eingenommen werden kann.

Damit stellen wir uns in Gegensatz zu jenen Deutungen, die in die Stellungnahme Josephs nur ein gefühlstrunkenes, weltimmanentes Religionsverständnis hineinlegen, es mit Schleiermachers eigener Definition der Religion als „Gefühl der schlechthinnigen Abhängigkeit" gleichsetzen und somit mißverstehen.[76] Wenn eine anscheinend mit Josephs „Sprachlosigkeit" verbundene Abwertung der geschichtlichen Wirklichkeit Jesu Christi, eine „Flucht in die Welt der Töne" behauptet wird[77] und damit eine Herabsetzung des „Wortes", so scheint uns hier vor allem mit dem Stellenwert der Worte Josephs deren Sinn mißverstanden zu sein. Gewiß, sie bilden den Abschluß der Darstellung, aber zweifellos nicht in jenem Sinne, Schleiermacher habe mit ihnen etwa „sein letztes Wort" sprechen wollen. Man kann die Worte Josephs nur in einem gleichsam zyklischen Aufbau des Ganzen sehen. Mit ihnen schließt sich der Kreis der Gedanken, den zunächst die Frauen mit ihren ganz subjektiven Berichten, Betrachtungen und Erzählungen eröffnet haben. Damit, daß sich abschließend nun auch Joseph als Mann zu einer der ihnen konformen Herzensfrömmigkeit bekennt, verliert diese jene geschlechtsspezifisch „weiblichen" Konturen, unter denen sie zunächst im Gegensatz zur Denkhaltung der drei Männer ins Gespräch gebracht worden war. Sie wird nun eben ganz deutlich als eine Frömmigkeitsstruktur herrnhutischer Prägung, die sowohl aller „orthodox" wie rationalistisch oder idealistisch tendierenden systematisierenden Reflexion abhold ist, und die von den „Stillen im Lande", zu denen

---

74 a.a.O., S. 133
75 a.a.O., S. 134
76 Es sei hier besonders auf die Deutung der „Weihnachtsfeier" durch Karl Barth hingewiesen: „Schleiermachers Weihnachtsfeier", a.a.O., auch auf die Interpretation von E. Hirsch a.a.O., vgl. Anm. 71
77 K. Barth, a.a.O., vgl. Anm. 20

man Joseph schon zählen darf, „in praxi" gelebt wurde aus der Selbstgewißheit des im Glauben an Christus Erlösten. Josephs Worte und die Gedanken der Frauen umschließen somit in ihrem inneren Einklang die christologischen Bemühungen der drei Redner. Deren Sinn erscheint somit letztenendes wohl relativiert, aber nicht negiert, vielmehr einbezogen in den übergreifenden Zusammenhang dessen, was in allem christlichen Glaubensleben am Anfang steht und am Ende.

Für Schleiermachers Theologie bildet zweifellos der Primat des Emotionalen als religiöse Ergriffenheit den Ausgang und besitzt darum den erkenntnisgenetischen Vorrang vor aller theologischen Reflexion. Zumal eine begriffliche Systematik bedarf, um ihren Sinn nicht zu verfehlen, dieser Ergriffenheit als unabdingbarer Voraussetzung. Wo aber diese gegeben ist, wird sie sich — wie hier angesichts der Geburt des Gottessohnes in Menschengestalt — bei der großen Verschiedenheit menschlicher Individualitäten notwendigerweise auf unterschiedliche Art in einer Christologie objektivieren. Je tiefer nun eine Reflexion in dieses Glaubensgeheimnis einzudringen versucht, umso stärker stößt sie an die Grenzen dessen, was rational kommensurabel erscheint und der „Aussage" zugänglig ist. So bedarf es auch der Toleranz eines theologisch weiträumigen Denkens, um in den kontroversen Positionen der drei Redner des allen Gemeinsamen inne zu werden. Die von ihnen auf verschiedene Weise vorgetragene christologische Reflexion behält darum bei Schleiermacher gerade auch dann Sinn und Rang, wenn am Ende alle Frauen und Männer der Anregung Josephs folgen und sich in einer wieder schlicht gewordenen Frömmigkeitshaltung zur feiernden Gemeinschaft zusammenfinden. Schleiermachers eigene ausgedehnte Wirksamkeit als Prediger mag diese Auffassung bestätigen, daß Josephs „Argumente" den Sinn der z.T. abstrakten christologischen Reflexionen nicht etwa ad absurdum führen sollen, vielmehr in ihrem tieferen Sinn hervortreten lassen, nämlich letztlich einzumünden in ein aus dem Glauben selbst gelebtes Leben.

D. Das Nachwirken von Novalis in der Christologie der „Weihnachtsfeier"

Daß Novalis nicht nur, wie dargelegt, auf Schleiermachers Konzeption der Reden nachhaltigen Einfluß gewonnen hat, sondern auch auf seine Grundauffassungen in der „Weihnachtsfeier", läßt sich vor allem an zwei Wesenszügen der Darstellung aufzeigen. Zunächst betrifft dies den Rahmen der Schrift, für dessen formale und inhaltliche Gestaltung Schleiermacher aus der religiösen Dichtung des Novalis nicht unwesentliche Impulse empfangen hat. Sodann wirken in der christologischen Reflexion Schleiermachers, besonders bei der Rede Eduards, einige zentrale Gedanken aus der Geschichtsmythologie des Novalis nach, mit denen er in seinen „Hymnen an die Nacht" und seinem Aufsatz „Die Christenheit oder Europa" das Christusereignis im welt- und menschheitsgeschichtlichen Zusammenhang zu deuten versucht.

Es ist schon einmal darauf hingewiesen worden, daß sich Schleiermacher nach des Dichters Tod eingehend mit dem „Ofterdingen" befaßte. Die dafür maßgebliche Textausgabe war in den 1802 von Ludwig Tieck und Friedrich Schlegel herausgegebenen Schriften des Novalis enthalten. Somit kann angenommen werden, daß er auch die darin enthaltenen anderen Werke des Dichters — soweit sie ihm nicht bereits aus dem „Athenäum" bekannt waren — studiert hat. Auch die 2. Auflage der Reden, die im gleichen Jahr wie die „Weihnachtsfeier" erschienen ist, zeigt, wie bereits erwähnt, den bedeutungsvollen Hinweis auf Novalis. Es ist darum auch kein Zufall, daß Schleiermacher in der „Weihnachtsfeier" Novalis als „Lieblingsdichter" Friederikes hervorhebt.[1] Wie bei den Reden handelt es sich aber auch bei dem Verhältnis Schleiermachers zu Novalis in der „Weihnachtsfeier" immer um Nähe und Distanz zugleich.

So ist es denn auch nicht nur der Ausdruck einer in vielen Zügen gleichgestimmten Wesensart und Empfindungsweise, wenn Schleiermacher in der „Weihnachtsfeier" Strophen von Novalis zitieren läßt. Seine „Geistlichen Lieder" schaffen für die Weihnachtserzählungen der Frauen den adäquaten religiösen Stimmungsgehalt, indem sie alles in eine musikalische Atmosphäre getaucht erscheinen lassen. Darüberhinaus strebt Schleiermacher unter dem Einfluß des Novalis nach der an ihm bewunderten Verbindung von innerstem religiösen Erleben mit dichterischer Gestaltung. Schon in den Reden hatte Schleiermacher um einen angemessenen Ausdruck für die religiöse Erfahrung gerungen, das Unendliche im Endlichen wahrzunehmen, und dabei vor allem

---

1 „Weihnachtsfeier" in der Ausgabe der Deutschen Bibliothek, hrsg. von Martin Rade, Leipzig o.J., S. 169 (In diesem Abschnitt wird diese Ausgabe benutzt).

den Terminus der „Anschauung des Universums" geprägt. Die visionären Schöpfungen der dichterischen Phantasie des Novalis, dem alles Irdische zum poetischen Gleichnis für das Göttliche wird, konnten für Schleiermacher zu einem Sinnbild seiner eigenen religiösen Grundüberzeugung werden, aus der heraus er mit dem geöffneten religiösen „Sinn" das Unendliche im Endlichen, das Ewige im Zeitlichen zum Ausdruck zu bringen suchte.

Das gilt in der „Weihnachtsfeier" im besonderen für sein Bemühen, die Bedeutung der Geburt Christi im religiösen Erleben wie im begrifflichen Denken der Menschen aufzuzeigen und zu veranschaulichen.

Dabei modifiziert aber Schleiermachers theologische Reflexion bewußt die in Novalis' dichterischer Phantasie lebendig vergegenwärtigten christlichen Symbole. Wenn z.B. an einer Stelle[2] Novalis' kleines Marienlied eingefügt erscheint, so wird dennoch aus dem Zusammenhang eine bezeichnend andere Stellung zu der Gestalt der Maria deutlich. In den Erzählungen der Frauen bekommt das schon vorher angeklungene Mutter-Kind-Motiv in drei Variationen einen einprägsamen Ausdruck, wobei jeweils in dem Verhältnis einer christlichen Mutter zu ihrem Kind die Jesusgeburt durch Maria in der religiösen Erfahrung „nacherlebt" wird. Dieses „Nacherleben" erhält bei Schleiermacher jedoch einen anderen Sinn als in der Marienfrömmigkeit des Novalis.[3] Die Geburt des Erlösers durch Maria wird für das religiöse Erleben des Novalis zum Mysterium der Neugeburt alles Geschaffenen. Maria ist somit zum Anfang einer neuen Schöpfung erhoben. In der andächtigen Haltung zu ihr gewinnt der Mensch Anteil an dem in Christus erschienenen neuen Leben. Von dem mit Christi Geburt einsetzenden Neubeginn heißt es in der 5. Hymne an die Nacht: „Ein Sohn der ersten Jungfrau und Mutter — Geheimnisvoller Umarmung unendliche Frucht."[4] In Schleiermachers „Weihnachtsfeier" kann man demgegenüber von einer eigentlichen Marienfrömmigkeit nicht sprechen. Er setzt einen völlig anderen Akzent, indem er Maria — darin in der lutherischen Tradition stehend — als die erste Christin versteht, die damit zum Vorbild einer jeden christlichen Mutter wird. Daß Schleiermacher das Mutter-Kind-Verhältnis zu einem Hauptmotiv in seiner Schrift gestaltet, hat noch einen anderen Grund als nur den der am Weihnachtsfest naheliegenden Einbeziehung der Maria. An ihre Gestalt knüpft er seine religiös vertiefenden Gedanken über das Wesen der Mutterschaft. Indem für Schleiermacher Maria als erste Christin zum Vorbild einer christlichen Mutter wird, sieht er in

2 „Weihnachtsfeier", S. 161
3 Vgl. für die Marienfrömmigkeit des Novalis besonders die ausführliche Darstellung bei R. Samuel, a.a.O., S. 185 ff.
4 Novalis, Schriften, Stuttgart 1960, Bd. I, S. 145

jeder Mutterschaft das Geheimnis der Doppelheit von irdischer Gebundenheit und ewiger Bestimmung des Menschen. Als einen bezeichnend Schleiermacherschen Wesenszug in der „Weihnachtsfeier" wird man auch die Meditationen über das Verhältnis von weiblicher und männlicher Art des Empfindens und Denkens anzusehen haben, in dem er zugleich ein Korrespondieren von Ton bzw. Musik einerseits mit dem logisierenden Wort andererseits erblickt. Auch in den Fragmenten von Novalis finden sich über diese Thematik ebenfalls viele Bemerkungen. Jedoch die besondere Gabe Schleiermachers, sich in andere menschliche Wesensart hineinzuversetzen, gibt seinen Frauengestalten in der „Weihnachtsfeier" jene religiöse Bedeutung, wie sie für Novalis nicht denkbar ist. Die weibliche Art der religiösen Empfindung kommt dem Wesen der religiösen Erfahrung, wie Schleiermacher sie versteht, in besonderer Weise nahe; und dieser Wertschätzung, zu der sich auch Joseph am Schluß des Werkes bekennt, entspricht eine Stellung zur Frau, wie sie unverkennbar der Frömmigkeitshaltung des „Herrnhuters einer höheren Ordnung" eigen ist.

Von Novalis hatte Schleiermacher auch Impulse empfangen, die sein im engeren Sinne theologisches Denken befruchtet haben. Vor allem seine christologische Reflexion konnte von der religiösen Dichtung des Novalis inspiriert werden, wie es bereits an den Reden erkennbar war. Das Neue in der „Weihnachtsfeier" aber, was über den primär theologisch-systematischen Charakter der Reden hinausweist, reißt den weiten historischen Horizont auf, innerhalb dessen das Christentum seinen Platz hat. Besonders seine Christologie – im Vergleich zu den Reden – weitet sich jetzt stärker ins Historisch-Systematische. Wie bereits erwähnt, ist im Jahre 1806 auch Schleiermachers „Einleitung in das Studium der Kirchengeschichte" erschienen. Schleiermachers Behandlungsweise der Geschichte „in einem höheren Sinn" zielt nicht allein auf die Erfassung von empirisch auf- und nachweisbaren Fakten, vielmehr geht es ihm um deren Bedeutung für eine gegenwärtig mögliche und gelebte Frömmigkeit. Das schließt zugleich seine kritische Stellung gegenüber der rein spekulativen Denkhaltung Schellings ein. Es drängt sich nun die Vermutung auf, daß Schleiermacher seinen eigenen Weg, sich weder an die nur empirisch aufweisbaren Fakten noch an die reine Spekulation im Sinne idealistischer Philosophie zu verlieren, in seiner inneren Begegnung mit der Geschichtsschau des Novalis geklärt hat.

Es ist schon – vor allem im Zusammenhang mit dem Mittlerfragment – von Novalis' Stellung zur Geschichte die Rede gewesen. In den „Hymnen an die Nacht" gewinnt sie nun im Sinne einer Geschichtsmythologie eine neue Dimension; in ihr zeichnet sich der lange Weg der Menschheit ab von ihren Anfängen bis zur Gegenwart und über diese hinaus. An der Bedeutung, die dem Mittlergedanken jetzt eigen ist, läßt sich diese neue Dimension aufzeigen. In der 3. Hymne weckt die verstorbene Geliebte in ihm die Selbstgewißheit seiner Teilhabe an einer das Irdische transzendierenden höheren Welt. Gleichwie sie ihm hier zur Mittlerin geworden ist, die ihm zu einem Leben als Bürger zweier Welten verholfen hat, so wird in Analogie dazu Christus der Mittler der gesamten Menschheit. Diese innere Erleuchtung, gewonnen aus persönlichstem Erleben, weitet vor allem jetzt das Christusereignis zum zentralen Geschehen in einer vertieften Geschichtsschau der Menschheit.[5] Im Mittelpunkt dieser Erleuchtung steht das Urerlebnis des Novalis, daß der Tod der Anfang des höheren Lebens ist. Vor allem in den „Geistlichen Liedern" verkündet er Christus als den Überwinder des Todes.[6]

Diese christozentrische Geschichtsschau des Novalis, verwurzelt in visionärer Transzendenzerfahrung, kommt der Schleiermacherschen „höheren Behandlung der Geschichte" in mancher Hinsicht entgegen. Was der Dichter mit dem „Zauberstab der Analogie"[7] in mythologischen Symbolen beschwor, entsprach mit seinem Ineinander von historischem Geschehen und unmittelbar gegenwärtig Erlebten Schleiermachers eigenen Intentionen.[8] In der „Weihnachtsfeier" hat er ihnen im dargelegten Sinne Ausdruck verliehen. Dabei treten für den Theologen Schleiermacher alle mythologischen Züge im Denken des Dichters zurück. Statt dessen behaupten die konkreten Ereignisse

---

5 Vgl. für die Forschungs- und Wirkungsgeschichte der „Hymnen an die Nacht" die Einleitungen der Herausgeber in Bd. I der Schriften des Novalis, S. 115 ff. und G. Schulz in seiner Novalis-Ausgabe a.a.O., S. 620 ff. Die Geschichtsschau der „Hymnen" haben in der Novalis-Forschung besonders H. J. Mähl, a.a.O., S. 386 ff., R. Samuel, a.a.O., S. 180 ff. und K. Ziegler, a.a.O., S. 262 ff. aufgezeigt. — In der 5. Hymne ist die Welt- und Menschheitsgeschichte in visionär-mystischen Bildern gedeutet. Diese vollzieht sich in einem Dreiklang: Am Anfang steht der mythische Urzustand des Menschen, das goldene Zeitalter, in dem Götter und Menschen harmonisch vereint sind. Dann bricht der Tod als furchtbare Bedrohung ins menschliche Bewußtsein, und die Zeit des kalten Verstandes hebt an. Mit der Erscheinung Christi und seiner Überwindung des Todes aber beginnt das dritte Zeitalter, das den ursprünglichen Zustand der Durchdringung des Göttlichen mit dem Weltlichen wiederherstellt und zugleich zu höherer Vollendung führt.

6 Vgl. besonders I. v. Minnigerode, a.a.O. — Es sei vor allem auf das IX. Geistliche Lied, Bd. I, S. 169 f. hingewiesen. In der 5. Hymne heißt es: „Im Tode ward das ewge Leben kund, Du bist der Tod und machst uns erst gesund." (Bd. I, S. 147). Die 6. Hymne ist mit „Sehnsucht nach dem Tode" überschrieben. In ihr kommt die Todessehnsucht des Dichters als Lebenshoffnung in einer höheren Welt besonders deutlich zum Ausdruck. Schon in der Sammlung „Blüthenstaub" bemerkt Novalis: „Leben ist der Anfang des Todes. Das Leben ist um des Todes willen. Der Tod ist Endigung und Anfang zugleich." (G. Schulz, Novalis Werke a.a.O., S. 325).

7 Aus „Die Christenheit oder Europa", Bd. III, S. 517 f.

8 S. unseren Abschnitt „Die Stellung der ‚Weihnachtsfeier' in Schleiermachers geistiger Entwicklung", besonders Anmerkung 4

der christlichen Glaubens- und Kirchengeschichte ihren Platz. Das zeigt sich zunächst schon darin, daß in den Gesprächen eines christlichen Familien- und Freundeskreises die religiösen Erfahrungen und theologischen Reflexionen ausgetauscht werden. Insbesondere aber profilieren sich die geschichtlichen Konturen des Christentums in den Reden von Ernst und Eduard, nachdem in Leonhard die Stimme der historischen Kritik laut geworden war. Während die Betrachtungen von Ernst über die Geburt des göttlichen Kindes im wesentlichen im Bereich der frommen Erfahrung verbleiben, zielen die christologischen Reflexionen Eduards darüberhinaus zentral in den Bereich der Geschichte. Dies zeigt sich an dem besonderen Auftrag, den er der Kirche zuweist. Als ecclesia visibilis obliegt es ihr, die Menschen in die lebendige Teilhabe am Geiste Christi zu rufen, der sich in ihr manifestiert. So führt die Besinnung auf die Geburt Christi, der man am Weihnachtsfest der Kirche feiernd gedenkt, zugleich auf die Geistgeburt des Menschen und der Menschheit sowie einer vom Geiste Christi erneuerten Erde.

Die hier anklingende Nähe zu Novalis macht dreierlei deutlich:

1. Beide, Schleiermacher und Novalis, verbindet die Deutung des Christusereignisses als die zentrale Wende der Menschheitsgeschichte. Sie verstehen dabei die Geburt Christi und seinen Eintritt in die Welt als den Beginn eines erneuerten Menschentums, das sich bekundet in den einzelnen Menschen als ein vom Geist Christi erneuertes Selbstbewußtsein.

2. Diese erneuerte Menschheit stellt sich für Schleiermacher im Raum einer universalen Kirche dar, der alle angehören, die vom Geist Christi erfüllt und erleuchtet sind; wenn er auch weiß und zum Ausdruck bringt, daß die Verwirklichung dieses Glaubens an die erneuerte Menschheit außerhalb aller Zeit liegt.[9] Damit unterscheidet er sich von Novalis, dem kraft der dichterischen Phantasie die Vision einer erneuerten Menschheit aus dem christlichen Geist im innerweltlichen Bereich bildhaft vor Augen steht.[10]

3. Der Begriff des „Erdgeistes" in der Rede Eduards ist in den bisherigen Interpretationen der „Weihnachtsfeier" nicht befriedigend geklärt. Wir kommen einer möglichen Deutung vielleicht insofern näher, als wir auch hier einen Einfluß von Novalis auf Schleiermacher in der Entstehungszeit der „Weihnachtsfeier" vermuten. Mit der Idee einer im Geiste Christi erneuerten Menschheit verbindet Schleiermacher zugleich — in Anlehnung an die kosmo-

---

9 Es sei besonders auf die eschatologische Stelle in den Reden hingewiesen, S. 308 und 188/89.
10 Diese Vision kommt besonders deutlich am Ende seines Aufsatzes „Die Christenheit oder Europa" zum Ausdruck. Auf das unterschiedliche Zeitverständnis bei Schleiermacher und Novalis hat vor allem H.-J. Mähl, a.a.O., S. 383 hingewiesen.

logische Ausweitung des Christusereignisses bei Novalis — den Gedanken einer erneuerten Erde. Für die menschheitsgeschichtliche Deutung des Christusereignisses besteht bei Novalis ein Zusammenhang mit seiner Naturbetrachtung, in der auch die Erde in die erneuerte Gestalt der Schöpfung einbezogen erscheint.[11] In diesem Sinne liegt eine Entsprechung zwischen dem Schleiermacherschen „Erdgeist" und dem „Messias der Natur" in Novalis' „Lehrlingen zu Sais" nahe.[12]

Der in der Zeit der Reden und der „Weihnachtsfeier" kaum zu bezweifelnde Einfluß von Novalis auf Schleiermacher tritt in der weiteren Ausformung der Theologie Schleiermachers wieder zurück, wenngleich sich die Wertschätzung von Novalis als frommem Dichter bis zum Ende seines Lebens erhalten hat.

Das Hauptanliegen der Theologie Schleiermachers bereits zu dieser Zeit aber war es, eine Brücke zu schlagen zwischen den getrennten Welten des kritisch-rationalen Verstandes und der christlichen Frömmigkeit, der Wissenschaft und der Kirche, des Glaubens und der Kultur. Die berühmt gewordene Frage des älteren Schleiermacher: „Soll der Knoten der Geschichte so auseinander gehn; das Christentum mit der Barbarei, und die Wissenschaft mit dem Unglauben?"[13] gilt auch für seine Intentionen in den Reden und in der „Weihnachtsfeier". Im Horizont dieser prophetisch-mahnenden Frage sah Schleiermacher nicht ohne Grund in Novalis einen Geistesverwandten, der auf seine Weise eine Brücke zwischen diesen getrennten Welten geschlagen hat.

---

11 Über die Aufgabe des Menschen heißt es schon im „Blüthenstaub": „Wir sind auf einer Mission. Zur Bildung der Erde sind wir berufen." (Novalis Werke, hrsg. von G. Schulz, a.a.O., S. 330).
12 Aus den „Materialien zu den ,Lehrlingen zu Sais' ", S. 128 (Ausgabe von G. Schulz).
13 Schleiermachers Sendschreiben über seine Glaubenslehre, a.a.O., S. 37

VII. Zusammenfassender Rückblick

Die Christologie des jungen Schleiermacher haben wir in Verbindung mit seiner geistig-religiösen Entwicklung in seinen frühen Predigten, den „Reden über die Religion" und in der „Weihnachtsfeier" herauszustellen versucht. Dabei zeichnen sich mannigfaltige Verbindungen zu den geistigen Strömungen der Zeit deutlich ab. In den frühen Predigten haben neben dem Geist der Aufklärung vor allem die weiterwirkenden religiösen Grunderfahrungen der Herrnhuter Jahre das Christusbild Schleiermachers entscheidend geprägt. So verband sich schon hier dieser religiöse Erfahrungshorizont der herrnhutischen Religiosität mit einem weltoffenen Verständnis der christlichen Religion, wie es seit dem Aufenthalt in Schlobitten für Frömmigkeit und Theologie Schleiermachers charakteristisch geblieben ist. In Herrnhut und Schlobitten liegen auch die Wurzeln für die Herausbildung des Schleiermacherschen Individualitätsgedankens, der sich in den von der Frühromantik bestimmten Berliner Jahren mit dem Mittlergedanken verbindet und in dieser Verbindung die Struktur seines christologischen Denkens in den Reden darstellt. Es ging in der vorliegenden Arbeit um den Nachweis, daß Schleiermacher für seine Gestaltung des Mittlergedankens in den Reden entscheidende Anregungen aus dem Mittlerfragment von Novalis aufgenommen hat.

Die Verbundenheit Schleiermachers mit Novalis bezieht sich aber nicht nur auf den Mittlergedanken, vielmehr erscheinen beide durch die Formkräfte herrnhutischer Frömmigkeit von Jugend auf geprägt. Bei aller Verschiedenheit der inneren Entwicklung des theologischen Denkers und des im christlichen Sinn religiös ergriffenen Dichters verbindet beide eine religiöse Erlebnisweise miteinander, die mit dem Gedanken der Teilhaberschaft des Irdischen am Göttlichen auch ihre Gottesanschauung wie ihre Christologie wesentlich bestimmt. Das Gott-Welt-Verhältnis stellt sich bei beiden Denkern weder in einem Verhältnis pantheistischer Einheit noch in dem einer supranaturalen Trennung dar. Vielmehr ist das Gottesverhältnis durch eine sich annäherungsweise vollziehende Teilhaberschaft des religiös aufgeschlossenen Menschen am Göttlichen bestimmt. Mit seinem geöffneten religiösen „Sinn" vermag er in allen innerweltlichen Gestaltungen des Göttlichen inne zu werden. Infolge der wesenhaften Geschiedenheit des göttlichen und des irdischen Bereiches wird dem Menschen aber immer nur eine gradweise Erfahrbarkeit des Göttlichen zuteil; darum bleibt ihm das Göttliche in seiner Vollkommenheit erkenntnismäßig verschlossen.

Dieselbe religiöse Erlebnisstruktur bildet auch die Grundlage der christlichen Erfahrung. Das Christusereignis wird als die zentrale Wende der Welt- und Menschheitsgeschichte verstanden. Mit der Offenbarung Gottes in

Christus ist der Mensch in seinem Bewußtsein aus Dumpfheit und Zerrissenheit zur Klarheit befreit worden, und diese Befreiung erlebt der Christ als Erlösung. In der Teilhabe am Geist Christi kommt der Mensch wie die Menschheit zu ihrer gottgewollten Bestimmung.

Aus all dem geht hervor, daß Schleiermacher in den „Reden über die Religion" keineswegs ein „Christentum ohne Christus"[1] und in der „Weihnachtsfeier" eine nur spekulative Christologie verkündet. Bewußt hat unsere Interpretation dabei die Frage nach der dogmatischen Haltbarkeit von Schleiermachers christologischem Denken unberücksichtigt gelassen. Es kam ihr allein darauf an, ein neues vertieftes Verständnis für Schleiermachers besondere Stellung zu Christus und dem Christentum in der Konfrontation mit dem christlichen Dichter Novalis zu erschließen. Damit versteht sie sich als eine immer noch notwendige Vorarbeit für eine erneute kritische Würdigung seiner Theologie.

1 H. Bleek, a.a.O., S. 149

Literaturverzeichnis
(in Auswahl)

I. Quellen

A. Schleiermacher

Über die Religion. Reden an die Gebildeten unter ihren Verächtern. Hrsg. von H. J. Rothert, Phil. Bibl., Bd. 255, Hamburg 1958.

Friedrich Schleiermachers Reden über die Religion. Kritische Ausgabe. Besorgt von G. Ch. Pünjer, Braunschweig 1879.

Monologen, Sonderausgabe der Wiss. Buchgesellschaft, Darmstadt 1953.

Die Weihnachtsfeier. Ein Gespräch. Sonderausgabe der Wiss. Buchgesellschaft, eingeleitet von G. Wehrung, Darmstadt 1953.

Friedrich Schleiermachers Weihnachtsfeier. Kritische Ausgabe. Mit Einleitung und Register von H. Mulert, Leipzig 1908.

Einleitung in das Studium der Kirchengeschichte, in: Sämtliche Werke, I. Abt., Bd. 11.

Die christliche Sitte, in: Sämtliche Werke, I. Abt., Bd. 2.

Kurze Darstellung des theologischen Studiums zum Behuf einleitender Vorlesungen, 4. unveränderte Aufl., hrsg. von H. Scholz. Nachdruck der Ausgabe Leipzig 1910.

Der christliche Glaube nach den Grundsätzen der evangelischen Kirche im Zusammenhang dargestellt. 7. Aufl., Berlin 1960, Bd. I u. II, hrsg. von M. Redeker.

Schleiermachers Sendschreiben über seine Glaubenslehre, hrsg. von H. Mulert, Gießen 1908.

Dialektik, in: Sämtliche Werke, II. Abt., Bd. 4, 1. u. 2. Teil, hrsg. von L. Jonas (aus Schleiermachers handschriftlichem Nachlaß).

Grundriß der philosophischen Ethik, hrsg. von A. Twesten, Berlin 1841.

Predigten, in: Sämtliche Werke, II. Abt., Bd. I (Erste bis Vierte Sammlung), Berlin 1843.

dto., Bd. VII: Predigten (1789–1810), aus dem Nachlaß hrsg. von A. Sydow, Berlin 1836.

Ungedruckte Predigten Schleiermachers, hrsg. von J. Bauer, Leipzig 1909.

Aus Schleiermachers Leben. In Briefen, hrsg. von Dilthey und Jonas, Bd. 1–4, Berlin 1858–1863.

Schleiermacher als Mensch. Sein Werden. Familien- und Freundesbriefe, hrsg. von H. Meisner, I. Bd.: 1783–1804, Gotha 1922/23.

Denkmale der inneren Entwicklung Schleiermachers. Gedruckt als Anhang zu: W. Dilthey, Leben Schleiermachers, 1. Aufl., Berlin 1870.

B. Novalis

Novalis. Schriften, hrsg. von J. Minor, Bd. 1–4, Jena 1907.

Novalis. Schriften. Im Verein mit Richard Samuel, hrsg. von Paul Kluckhohn. Nach den Handschriften ergänzte und neugeordnete Ausgabe, Bd. 1–4, Leipzig 1929.

Novalis. Schriften. Die Werke Friedrich von Hardenbergs, hrsg. von P. Kluckhohn(†) und R. Samuel. Zweite, nach den Handschriften ergänzte, erweiterte und verbesserte Auflage in vier Bänden und einem Begleitband, Bd. I–IV; Bd. I: Das dichterische Werk, Darmstadt 1960; Bd. II: Das philosophische Werk I, Stuttgart 1965; Bd. III: Das philosophische Werk II, Darmstadt 1968.

Novalis. Werke, hrsg. und kommentiert von G. Schulz, München 1969.

C. Sonstige

Friedrich Schlegel und Novalis. Briefwechsel, hrsg. von M. Preitz, Darmstadt 1957.

Kritische Friedrich Schlegel-Ausgabe, hrsg. von E. Behler, München 1964.

Schelling, Sämtliche Werke, Stuttgart 1860.

Schelling, Vorlesungen über die Methode des akademischen Studiums. Eingeleitet von A. Glockner, Stuttgart 1954 u. Ausgabe von O. Braun, Leipzig 1907.

Kant, Sämtliche Werke, hrsg. von J. H. v. Kirchmann, Leipzig 1901.

Herder, Sämtliche Werke, hrsg. von B. Suphan, Leipzig 1884.

II. Gesamtdarstellungen und Einzeluntersuchungen

Bartelheimer, W.: Schleiermacher und die gegenwärtige Schleiermacherkritik, Leipzig 1931
Barth, K.: Die christliche Dogmatik im Entwurf, Bd. 1, München 1927
–, Brunners Schleiermacherbuch, in: Zwischen den Zeiten, 1924, Heft 8
–, Die protestantische Theologie im 19. Jahrhundert, Zürich 1947 u. 1960[3]
–, Schleiermachers Weihnachtsfeier, in: Zwischen den Zeiten, 3. Jahrgang 1925, Heft 1
Bleek, H.: Die Grundlagen der Christologie Schleiermachers, Freiburg i.B., 1898
Brunner, E.: Die Mystik und das Wort, Tübingen 1924, 2. Aufl. 1928
Dick, M.: Die Entwicklung des Gedankens der Poesie in den Fragmenten des Novalis (Mainzer phil. Forschungen, Bd. 7, Bonn 1967)
Dilthey, W.: Leben Schleiermachers, 1. Bd., Berlin 1870, 2. Aufl.: 1922, hrsg. von H. Mulert
–, Das Erlebnis und die Dichtung, Leipzig 1906
Ebeling, G.: Artikel: „Theologie und Philosophie" II in: RGG[3], Bd. VI, Sp. 813/14, Tübingen 1962
Eck, S.: Über die Herkunft des Individualitätsgedankens bei Schleiermacher, Gießen 1908
Greiffenhagen, G.: Die Christologie Schleiermachers in seiner Reifezeit, Diss. Göttingen 1930
Gundolf, Fr.: Schleiermachers Romantik, in: DVfLG 1924, Bd. II
Hartmann, N.: Philosophie des deutschen Idealismus, 1. Teil, Berlin 1923
Haym, R.: Die romantische Schule, Berlin 1870
Hertel, Fr.: Das theologische Denken Schleiermachers, Zürich 1965

Hirsch, E.: Die idealistische Philosophie und das Christentum, in: ZSTh 1, Jahrgang 1923/24, S. 533–608

–, Die Romantik und das Christentum, insbesondere bei Novalis und dem jungen Hegel, in: ZSTh 1, Jahrgang 1923/24, S. 28–43

–, Schleiermachers Christusglaube, Gütersloh 1968

–, Geschichte der neueren evangelischen Theologie im Zusammenhang mit den allgemeinen Bewegungen des europäischen Denkens, IV. Bd., 2. Hälfte, Gütersloh 1960

Kattenbusch, F.: Die deutsche evangelische Theologie seit Schleiermacher, 5. Aufl., Gießen 1926

Knittermeyer, H.: Schelling und die romantische Schule, München 1929

Korff, H. A.: Geist der Goethezeit, Bd. III, Leipzig 1958/59

Kreppel, F.: Das Problem Zeitgeist, in: ZRGG, Bd. XX, 1968, Heft 2, S. 97

Link, W.: Das Ringen Luthers um die Freiheit der Theologie von der Philosophie, 2. Aufl., München 1955

Loew, W.: Das Grundproblem der Ethik Schleiermachers in seiner Beziehung zu Kants Ethik, Diss. Marburg 1914

Mähl, H. J.: Die Idee des goldenen Zeitalters im Werk des Novalis, Hamburg 1959

Meyer, E. R.: Schleiermachers und C. G. von Brinkmanns Gang durch die Brüdergemeine, Leipzig 1905

Minnigerode, I. v.: Die Christusanschauung des Novalis, Berlin 1941

Oberbeck, H.: Die religiöse Weltanschauung des Novalis, Theol. Diss. Berlin 1928

Ritschl, O.: Schleiermachers Stellung zum Christentum in seinen Reden über die Religion, Gotha 1888

Ritter, H.: Der unbekannte Novalis. Fr. von Hardenberg im Spiegel seiner Dichtung, Göttingen 1967

Samuel, R.: Die poetische Staats- und Geschichtsauffassung Friedrich von Hardenbergs (Novalis), Frankfurt am Main 1925

Schaeder, E.: Theozentrische Theologie, 3. Aufl., Leipzig 1925

Schoeps, H. J.: Was ist und was will die Geistesgeschichte, Göttingen 1959

Scholz, H.: Schleiermacher und Goethe, Leipzig 1914

Schubart, A.: Novalis' Leben, Dichtung und Denken, Gütersloh 1887

Schultz, W.: Die unendliche Bewegung in der Hermeneutik Schleiermachers, in: ZThK 65. Jahrgang, 1968, Heft 1, S. 23 ff.

–, Das griechische Ethos in Schleiermachers Reden und Monologen, in: NZSTh, 10. Bd. 1968, Heft 3, S. 284 ff.

Schulz, G.: Die Berufstätigkeit Friedrich von Hardenbergs und ihre Bedeutung für seine Dichtung und seine Gedankenwelt, Diss. Leipzig 1958 (Masch.)

Seifert, P.: Die Theologie des jungen Schleiermacher, Gütersloh 1960

Senft, Chr.: Wahrhaftigkeit und Wahrheit. Die Theologie des 19. Jahrhunderts zwischen Orthodoxie und Aufklärung, Tübingen 1956

Siegfried, Th.: Kant und Schleiermacher, Gotha 1931

–, Das romantische Prinzip in Schleiermachers Reden über die Religion, Diss. Jena 1916

Stange, C.: Novalis' Weltanschauung, in: ZSTh 1, Jahrgang 1923/24, S. 609–636

Stock, H.: Friedrich Schlegel und Schleiermacher, Diss. Marburg 1930/31

Strich, Fr.: Die Mythologie in der deutschen Literatur von Klopstock bis Wagner, Bd. 1 u. 2, Halle 1910

Süskind, H.: Der Einfluß Schellings auf die Entwicklung von Schleiermachers System, Tübingen 1909

Thierstein, J. R.: Novalis und der Pietismus, Diss. Bern 1910

Trillhaas, W.: Schleiermachers Predigt und das homiletische Problem, Leipzig 1933

Unger, R.: Heilige Wehmut, in: Gesammelte Studien, Darmstadt 1966, S. 181 ff.

Ungern-Sternberg, A. v.: Freiheit und Wirklichkeit. Schleiermachers philosophischer Reifeweg durch den deutschen Idealismus, Gotha 1931

Wackwitz, A.: Johann Gottlieb Adolph Schleyermacher als Prediger, in: Jhrb. f. schl. Kirchengeschichte, Bd. 47, 1968, S. 58–107

Wehrung, G.: Der geschichtsphilosophische Standpunkt Schleiermachers zur Zeit seiner Freundschaft mit den Romantikern, Straßburg 1907

Wendland, J.: Die religiöse Entwicklung Schleiermachers, Tübingen 1915

Wobbermin, G.: Methodenfragen der heutigen Schleiermacher-Forschung, Leipzig 1933

Ziegler, K.: Die Religiosität des Novalis im Spiegel der ‚Hymnen an die Nacht‘, in: Zeitschrift für Deutsche Philologie, 70. u. 71. Bd., 1948/49 und 1950/51, S. 396–417 u. 256–277

Zumpe, G.: Die Gottesanschauung Schleiermachers und die Pantheismusfrage, Theol. Diss. Berlin 1942

Abkürzungsverzeichnis

DVfLG	Deutsche Vierteljahresschrift für Literatur- und Geistesgeschichte
RGG	Die Religion in Geschichte und Gegenwart
ZRGG	Zeitschrift für Religions- und Geistesgeschichte
ZThK	Zeitschrift für Theologie und Kirche
ZSTh	Zeitschrift für Systematische Theologie
NZSTh	Neue Zeitschrift für Systematische Theologie und Religionsphilosophie